किसान:

भूखों का देवता

I0498307

notionpress.com

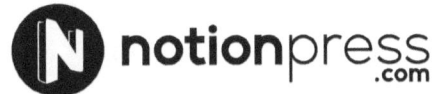

किसान:

भूखों का देवता

नीरज कृष्ण

notionpress
.com

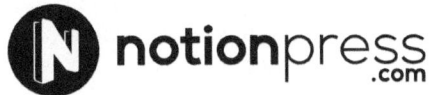

Notion Press

Old No. 38, New No. 6
McNichols Road, Chetpet
Chennai - 600 031

First Published by Notion Press 2017
Copyright © Neeraj Krishna 2017
All Rights Reserved.

ISBN 978-1-947634-74-9

This book has been published with all reasonable efforts taken to make the material error-free after the consent of the author. No part of this book shall be used, reproduced in any manner whatsoever without written permission from the author, except in the case of brief quotations embodied in critical articles and reviews.

The Author of this book is solely responsible and liable for its content including but not limited to the views, representations, descriptions, statements, information, opinions and references ["Content"]. The Content of this book shall not constitute or be construed or deemed to reflect the opinion or expression of the Publisher or Editor. Neither the Publisher nor Editor endorse or approve the Content of this book or guarantee the reliability, accuracy or completeness of the Content published herein and do not make any representations or warranties of any kind, express or implied, including but not limited to the implied warranties of merchantability, fitness for a particular purpose. The Publisher and Editor shall not be liable whatsoever for any errors, omissions, whether such errors or omissions result from negligence, accident, or any other cause or claims for loss or damages of any kind, including without limitation, indirect or consequential loss or damage arising out of use, inability to use, or about the reliability, accuracy or sufficiency of the information contained in this book.

Dedicated to

"देश के उन सभी किसानों व मजदूरों को समर्पित जिनकी अथक मेहनत व लगन से आज भारत विश्व के समक्ष अपना स्थान बना सका"

- नीरज कृष्ण

आभार

बचपन से उन सभी गरीब किसानों व मजदूरों के प्रति एक संवेदना थी जिसे कहानी के माध्यम से समाज के समक्ष पहुंचाने का प्रयास कर रहा हूँ।

इस कहानी को लिखने की प्रेरणा व सहयोग जिन लोंगों से मिला है उनका आभार व्यक्त करता हूँ। परिवार के सदस्य व सहयोगियों का जिन्होने परोक्ष व अपरोक्ष रूप से अपना योगदान दिया है उनका मै ऋणी हूँ और जिनकी प्रेरणा से मेरा दूसरा संग्रह "किसान : भूखों का देवता" मूर्त रूप ले सका

NOTION PRESS का भी आभार जिन्होने मेरी कहानी प्रकाशित करने में मेरा सहयोग किया है

- नीरज कृष्ण

1

आकाश आज काफी ज्यादा परेशान हो गया था। फिल्म की शूटिंग करते हुए एक साल से भी ज्यादा समय हो चुका था नब्बे प्रतिशत फिल्म का काम पूरा हो हो चुका था। लेकिन फिल्म के अंतिम भाग को किस तरह से खत्म किया जाए यह उसके समझ मे नहीं आ रहा था। फिल्म के स्क्रिप्ट राइटर ने फिल्म की फिनिशिंग पर जो कार्य किया था वह उसे बहुत प्रभावित नहीं कर रहा था। चुंकि फिल्म की कहानी किसान के जीवन संघर्ष पर आधारित थी इसलिए वह इस फिल्म का अंत मीनिंगफुल तरीके से करना चाहता था। जिससे फिल्म लोगों के दिलों को छू सके।

आकाश का जन्म गाँव मे हुआ था लेकिन पिता के साथ दस वर्ष की उम्र में ही बनारस आ गया था। पिता राम लाल शहर में मजदूरी करते थे। गाँव छोड़ना उनकी मजबूरी हो गयी थी। उधार मांगते-मांगते उनका स्वाभिमान चूर-चूर हो गया था। थोड़ी सी जमीन थी जो देश के आजाद होने के बाद चकबंदी में भाइयों के बटवारे में मिली थी। जो खेती करके पेट भरने के लिए नाकाफी थी। शहर में आकाश के पिता जी तोड़ मेहनत करके आकाश व उसकी माँ लीला का पेट भरने की कोशिश करते थे। आकाश के मात-पिता गाँव से जरूर आए थे और कम पढ़े लिखे थे लेकिन शिक्षा की महत्ता को समझते थे। उनके गाँव के कुछ लोग ठीक समय पर पढ़ कर शहर चले गए और अच्छा जीवन जी रहे थे, कुछ ने तो गाँव में जमीन भी बढ़ा ली थी और संपन्नता के साथ जीवनयापन कर रहे थे इसलिए आकाश की पढ़ाई चलती रहे इसका इंतजाम करने के लिए उसकी माँ भी लोगों के घर बर्तन माँजने का काम करने लगी।

चुंकि माँ पर ज़िम्मेदारी ज्यादा थी इसलिए वह कुछ घर ही बर्तन माँजती थी और आकाश को अपनी क्षमता के अनुसार पढ़ाने का कार्य भी करती थी। मगर उसकी पढ़ाई अच्छे स्कूल में हो इसके लिए प्रयास करती रहती थी। पिता दिन मे मजदूरी करने के बाद शाम को एक सेठ के गोदाम में बोरियाँ ढोने का काम भी कर लिया करते थे। इसलिए उनकी तबियत ज्यादा खराब होने लगी थी।

इधर बीच एक भली औरत, जो काफी रईस थी, ने आकाश की माँ को फुलटाईम अपने घर पर काम करने को रख लिया तथा घर मे एक छोटी सी जगह भी रहने के लिए दी थी शर्त यह थी कि वह सिर्फ बच्चे को साथ रख सकेगी। यह शर्त कठिन थी कि आकाश के पिता को बाहर ही रहना पड़ेगा। आकाश के माता-पिता ने निश्चय किया कि आकाश के बेहतर जीवन के लिए वह अलग रह कर पैसा कमाएंगे। इसलिए परिवार को बनारस मे छोड़ कर आकाश के पिता मुंबई चले गये। इधर आकाश जिस घर मे रह रहा था ए उसकी मालकिन को वह दादी कहता था। उनका नाम यशोदा था। नाम के अनुकूल ही वह अपना स्नेह व प्यार आकाश पर रखती थी। यशोदा के पौत्र भी उसके साथ ही रहते थे। वह भी आकाश को भाई की तरह मानते थे। वह उनसे छोटा भी था। यशोदा ने अपने पौत्र के ही स्कूल में आकाश का एडमिशन करवा दिया। आकाश की माँ लीला को इस बात का कष्ट था कि उसका पति उसके साथ नहीं रहता है। वही इस बात का सुकून था कि उसके पुत्र का जीवन धीरे-धीरे संवरने लगा था।

रात में सोते समय लीला की आँख में दुःख व सुख के मिश्रण से जो आंसू निकलते उसको देख कर आकाश उसकी गहराई में जाने की कोशिश करता, मगर दस साल का अबोध बालक यह समझ नहीं पाता कि माँ क्यों रो रही है। उधर रामलाल पैसा कमाने की धुन में अपना ध्यान नहीं रख पा रहा था। पहले लीला उसके खाने-पीने का ध्यान रखती थी लेकिन मुंबई में वह क्या खा-पी रहा है यह हजार किलोमीटर दूर से देखना संभव नहीं था। लीला आकाश को सुलाते

समय गांव में अपनी आप-बीती व किसानों की दुर्दशा को बताती थी। छोटे बच्चे के मानस पटल यह बात एक अमिट रेखा की तह बन कर धीरे-धीरे जम रही थी, भले ही आकाश उस गांव व किसान की समस्या को समझ नहीं पा रहा था। माँ भी जानती थी कि छोटे बच्चे को यह बातें बताने का कोई मतलब नहीं है लेकिन लीला अपना दुःख और कहती भी किससे।

एक दिन एकाएक फोन पर खबर मिली कि राम लाल की मृत्यु हो गयी। फोन यशोदा ने उठाया था, यशोदा ने फ़ोन पर यह सुना तो उसके पैरो तले जमीं खिसक गयी। उसने यह बात लीला को नहीं बताई। राम लाल के गांव के साथी उसके मृत शरीर को लेकर बनारस पहुचे। तो घर के बाहर गाड़ी को रुकते देख कर आकाश दौड़ कर घर के अन्दर आया और लीला से बोला माँ बाहर गाड़ी आई है। लीला ने सोचा कि मालकिन से मिलने कोई आया होगा। वह यशोदा के पास जाकर बोली "माँ जी, बाहर कुछ लोग गाड़ी से आये हैं।" यशोदा को चुंकि इस बात का पता पहले से था इसलिए वह तुरंत बाहर भागी। पीछे-पीछे लीला भी भागी कि क्या हो गया। वहाँ का दृश्य देख कर लीला सन्न रह गयी, लगा कि यमराज ने उसके हृदय को चीर कर रख दिया है। वह आकाश को पकड़ कर जमीन पर गिर पड़ी।वह अपना संतुलन खो चुकी थी। यशोदा ने तुरंत ही आकाश को कुछ लोगों के साथ भेज कर राम लाल का अंतिम संस्कार कराया।

यशोदा ने लीला को संभाला और उसको वचन दिया कि आकाश और तुम्हारी जिम्मेदारी मेरी है और जब तक आकाश जीवन में कुछ नहीं बन जाता वह यहीं पर रह कर पढ़ेगा। लीला ने उस दिन से उस घर में अपना काम धाय माँ की तरह करना शुरू कर दिया। आकाश के मन में मुंबई को लेकर एक जिज्ञासा पैदा हो गयी कि ऐसा क्यों हो गया कि उसके पिता की जान चली गयी। इस तरह वह गॉव के किसान से लेकर मुंबई के जीवन संघर्ष में बीच की कहानी से तालमेल बैठाने की कोशिश करते हुए बड़ा हो गया।

बड़े होने पर उसका दिमाग न तो गॉव का किसान भूल सका, ना ही पिता की मृत्यु का दृश्य। उसे यह समझ नहीं आ रहा था कि गॉव के किसान को ऐसा क्यों करना पड़ता है कि वह जमीं छोड़ कर बड़े शहर का रुख करता है? भारत के हर छोटे व मझले किसान की हालत ऐसी ही थी। गॉव की मिट्टी भी छूटती है और शहर के रिवाजों को वह अपना नहीं पाता है। जीते-जी वह शहर में मौत से बदतर जिंदगी जीता है। पुरुष शहर आ जाता है और औरते बच्चो को लेकर गॉव में रह जाती है और जिन किसानों की पत्नियाँ गॉव में अकेली रहती हैं, उनके पुरुष प्रधान समाज के लोग उसके सतीत्व की परीक्षा लेते रहते हैं। यह कहानी भारतीय समाज की सच्चाई है। भारत को आजाद हुए कई दशको से भी ज्यादा हो चुके हैं लेकिन भारत जैसे कृषि प्रधान देश में सरकारों ने किसानों को दोयम दर्जे का नागरिक बना रखा है, जिसके भरोसे हर कोई पेट भर कर खाना खाता है वही किसान अपने बच्चों को भूखे पेट सुलाने पर मजबूर है और मज़बूरी जब हद से पार हो जाती है तो किसान अपने सामने बच्चे को मरता देखने के बजाय खुद मौत को गले लगा लेता है।

समय ऐसे ही धीरे धीरे आगे बढ़ने लगा। पंद्रह वर्ष पश्चात जब आकाश ने अपनी ग्रेजुएशन कंप्लीट कर ली तब एक दिन यशोदा ने आकाश से पूछा कि भविष्य में क्या करने का इरादा है तो आकाश ने जवाब दिया कि वह कुछ निश्चय नहीं कर पा रहा है। इधर लीला ने यशोदा से कहा माँ जी आकाश पर मुझसे ज्यादा आपका हक़ है अतः आप जो उचित समझे उसे करने के लिए कहें, वह आपकी बात नहीं टालेगा। कॉलेज में आकाश नाटकों में एक्टिंग व निर्देशन करता था। इसलिए यशोदा के पौत्र ने यशोदा से कहा कि दादी यदि आकाश को पूना से फिल्म डायेरेक्शन का कोर्स कराया जाय तो ठीक रहेगा। बस बात फाइनल हो गयी। आकाश ने फिल्म एंड टेलिविजन इंस्टीट्यूट ऑफ इंडिया (एफ़टीआईआई)पुणे का एक्जाम दिया और उसका सेलेक्सन भी हो गया मगर जब यशोदा ने आकाश को पुणे जाने की

बात कही, तो आकाश उन सभी को छोड़ने के लिए तैयार नहीं हुआ, मगर लीला की जिद व यशोदा के आग्रह पर वह जाने के लिए तैयार हो गया।

लीला इतने वर्षो से घर के अन्दर रहने के कारण बाहर की दुनिया से दूर हो चुकी थी। आकाश के दूर जाने की बात सोच कर उसका दिल बैठा जा रहा था। पति की कमी तो कोई दूर नहीं कर सकता था लेकिन आकाश में अपने पति का अक्स देख कर वह मोक्ष पाने की कामना करती रहती थी। आकाश भी यशोदा की छत्र छाया में माँ के प्रति आश्वत हो कर जा रहा था। यशोदा ने लीला को आकाश को ट्रेन में छोड़ने के लिए भेज दिया। यशोदा का बड़ा पौत्र रवि भी स्टेशन चला गया।

स्टेशन की भीड़ देखकर लीला को अब बाहरी दुनिया का मकड़जाल समझ में आ रहा था। ट्रेन छूटने में आधे घंटे से ज्यादा का समय था। लीला का दिल बेटे को देख-देख कर बैठता जा रहा था। आकाश भी माँ को छोड़ने की बात सोच-सोच कर अन्दर ही अन्दर काँप जा रहा था। लीला चुपचाप अपने आंसुओ पर काबू करके एक टक अपने बेटे को देख रही थी। थोड़ी देर पर मुँह को दूसरी तरफ करके अपने आँखों के अन्दर के आँसुओ को पोछने की कोशिश करती। रवि लीला के मन को अच्छी तरह पढ़ लेता था। वह यह भी जानता था कि लीला भीड़ में आकाश से एक शब्द भी नहीं बोलेगी। इसी कश्मकश में ट्रेन के छूटने का समय करीब आ गया।

रवि ने आकाश को सामान ट्रेन में रख कर बाहर आने को कहा। ट्रेन के चलने का ग्रीन सिगनल हो गया था। लीला का दिल ज़ोर से धडकने लगा अन्दर का दुख आँसुओ से बाहर नहीं आ रहा था। आकाश तेजी से डिब्बे के बाहर आ गया। रवि ने लीला को अपने दोनों हाथो से पकड़ लिया ओर आकाश की तरफ देखते हुए बोला - "आकाश, तुम्हारी माँ सिर्फ तुम्हारी ही नहीं है। वह हम सभी की माँ है वह तुमसे

ज्यादा मुझे स्नेह करती है इसलिए तुम बिना किसी परेशानी के जाओ। हम सभी उसका खयाल रखेंगे।" इसी बीच इंजन की सीटी बोली तो आकाश माँ के पैर छूने के लिए झुका ही था कि रवि ने आकाश और लीला दोनों को अपने हाथो से करीब कर दिया। लीला जो इतनी देर से अपने आँखों के जल को रोक रही थी, वह झर-झर कर बहने लगे। आकाश व लीला उस क्षण को रोक देना चाहते थे। लीला को अपने पति राम लाल का खालीपन आज अपने चरम पर ले जा रहा था। दुबली-पतली लीला का जर्जर शरीर अपने बेटे की बाहों में काँप रहा था। तभी रवि ने लीला को अपनी तरफ खीचते हुये आकाश से कहा - "ट्रेन चलने वाली है जल्दी बैठो।" आकाश ट्रेन में बैठ गया। ट्रेन धीरे - धीरे आगे बढ़ाने लगी। रवि ने ज़ोर से आवाज़ लगा कर कहा - "आकाश माँ की उम्मीदों को पूरा करना ही तुम्हारे जीवन का लक्ष्य है" दूसरी तरफ लीला खामोश वीरान आँखों से ट्रेन को प्लटेफार्म से दूर जाते हुए देख रही थी। ट्रेन प्लेटफॉर्म से दूर जा चुकी थी लीला अभी भी रवि के कंधे पर सिर रख कर रो रही थी।रवि उसका हाथ पकड़कर कार तक ले आया। कार में बैठने पर लीला ने रवि से कहा-"बेटा मै तुम्हारे घर में नौकरानी बन कर आयी थी लेकिन आज तुम लोगों ने मुझे माँ का दर्जा देकर जो सम्मान दिया है वह शायद इस संसार में कहीं नहीं हो सकता।" रवि ने लीला के मुँह पर हाथ रख कर कहा - "नहीं माँ, आप जैसी स्वभाव मे सहृदयता और सरलता आज संसार मे ढूँढने पर भी नहीं मिलेगी।अब चुप हो जाईये और आकाश के बेहतर भविष्य की कामना कीजिये।"

2

आकाश पूना पहुँचने के रास्ते मे जगह - जगह पर स्टेशनों की भीड़ - भाड़, लोगों के बातचीत के तरीके पहनावे और व्यवहार को पढ़ता जा रहा था। बीच-बीच में माँ की याद आते ही घबड़ाकर बैठ जाता। पहली बार बनारस से इतनी दूर जा रहा था।यह भी पता नहीं था कि वापस कब लौटेगा।

रास्ते में जो चीज़ अब उसको सबसे ज्यादा आकर्षित कर रही थी वह थी ग्रामीण व खेत में काम करने वाले लोग। कहीं तो गॉव में खेत हरे भरे लग रहे थे तो कहीं खेत सूखे पड़े थे अर्धनग्न बच्चे ट्रेन को देखकर खुश हो रहे थे। ऐसा लग रहा था वह कभी ट्रेन में नहीं बैठे हो। ज्यादातर गाँवों में गरीबी का आलम बुरा ही था। वह हीरो जो लोगों के जीवन को पोषित करता है, अपनी ही मौत की प्रतीक्षा करता हुआ खेत में काम कर रहा था। वह भी भारत जैसे देश में जहाँ कृषि ही जीवन का आधार है। एक समय ऐसा कहा जाता था कि किसान ही जीवन का आधार है और राजा किसान को ज़्यादा से ज़्यादा सुविधाये उपलब्ध कराता था। पुणे के करीब आते ही ज्यादातर ग्रामीण क्षेत्र गायब होने लगे। ऊंचे-ऊंचे स्काईक्रेपरस दिख रहे थे। खेतो में अनाज की जगह मकान व बिल्डिंग उगी हुई थी। कौन है जो किसानों को खाने पर तुला हुआ है? क्यों खाने से ज्यादा, रहने की जगह ज्यादा जरुरी होती जा रही है? वो लोग कौन है जो किसानों को बर्बाद करने पर तुले हैं? ये इन्सान है या हैवान। कौन इसकी जिम्मेदारी लेगा-राजनीति करने वाले, व्यवसाय करने वाले, सरकारी महकमे के लोग, काला धन कमाने वाले लालची व भ्रष्ट लोग। यही

सोचते-सोचते आकाश को नींद आ गयी। एक घंटे पश्चात आकाश के बगल वाले यात्री ने उसे नींद से जगाया और कहा - "भाई साहब पुणे आ गया है। तैयार हो जाइये उतरने के लिए।"

पुणे में आकाश का खास ध्यान संघर्ष शील सिनेमा की तरफ रहा। वह मदर इण्डिया, दो बीघा जमीन व अन्य इसी तरह फिल्मो के प्रति ज्यादा संवेदन शील था। आकाश ने अपने निर्देशन के कोर्स के दौरान पैरलल सिनेमा का गहराई से अध्यन किया। देश के अलग-अलग क्षेत्रों से आये लड़को के साथ उसके मानसिक स्तर को अलग-अलग विधाओ के सिनेमा को भी समझने का अवसर मिला। समय बीतने के साथ-साथ वह गाँव की बातो को धीरे-धीरे भूलने लगा व सिनेमा की चका चौंध में नई दुनियाँ की तरफ उसके पैर बढ़ने लगे।

ग्लोबलाइजेशन के दौर में पैसे ने सभी क्षेत्रों में पैर पसार लिए थे तो सिनेमा इससे कहाँ बच पाता। धीरे-धीरे वह माँ की कमी को भूलने लगा और ग्लैमर की दुनिया में उसने पैर रख दिया। वह अपने कुछ मित्रों के साथ कोर्स पूरा कर मुंबई चला गया। जल्द ही उसे एक टॉप डायरेक्टर के साथ काम करने का मौका मिल गया। एक असिस्टेन्ट डायरेक्टर की हैसियत से उसने बहुत मेहनत की और दो-तीन फिल्मो के बाद उसे एक फिल्म में ब्रेक मिल गया। फिल्म बड़े बजट की थी। असली दिक्कत उसे अब शुरू होने वाली थी। फाइनेंस व प्रोडयूसर चाहते थे कि फिल्म में सारे मसाले हो जिससे की पैसा वसूल किया जा सके मगर आकाश इसके विपरित फिल्म को एक अलग टच देना चाहता था। अंततः वह पैसे के लिए उनके आगे झुक गया और अब हर फिल्म में वही आइटम सांग,अंगप्रदर्शन व फूहड़ कॉमेडी दिखाने का दबाव उस पर पड़ने लगा।

उसी दौरान एक बड़े बजट की स्टंट फिल्म में डायेरेक्शन का आफर मिल गया। अब स्टंट तो हीरो करता नहीं है वह काम हमेशा एक्ट्राज से कराया जाता है इसलिए फिल्म की शूटिंग में रिस्क बहुत

ज्यादा था कुछ स्टंट मैन बाहर के देशों से बुलाये गए जिनका पेमेंट बहुत ज्यादा था जबकि लोकल स्टंट मैन से बहुत कम पैसो में काम कराया जा रहा था। उसी शूटिंग के दौरान एक दिन ऊंचाई से गिरने की वजह से एक जूनियर आर्टिस्ट की डेथ हो गयी। आकाश ने तुरंत उसका अंतिम संस्कार कराने की व्यवस्था कराई। तत्पश्चात उसके परिवार की सहायता जो उससे बन पड़ी, वह उसने की। जूनियर आर्टिस्ट के परिवार में छोटे बच्चे थे यह जानकर उसने प्रोड्यूसर को कुछ रकम परिवार को भरण पोषण के लिए देने का दबाव बनाया लेकिन प्रोड्युसर ने एक भी पैसा देने से मना कर दिया। बात बढ़ गई। आकाश ने साफ़-साफ़ चेतावनी दे दी कि यदि उस आर्टिस्ट के परिवार को फौरी तौर पर कुछ रकम न दी गयी तो वह फिल्म छोड़ देगा। इस झगड़े का यह अंत हुआ कि आकाश ने फिल्म छोड़ दी।

फिल्म छोड़ने के पश्चात आकाश सोच में पड़ गया कि जिन छोटे-छोटे आर्टिस्टो के दम से फिल्म में जान आती है। जिस फिल्म की बदौलत लोग दौलतमंद हो जाते है वही दौलतमंद लोग उन आर्टिस्टो पर ध्यान देना नहीं चाहते है। अब वह कुछ दिनों के लिए फिल्मो से ब्रेक लेना चाहता था। अब उसका दिमाग फिर उन पुरानी चीजे व यादों की तरफ जाने लगा जहाँ से उसकी जिंदगी शुरू हुई थी। इसलिए वह कुछ समय के लिए बनारस चला गया। वहाँ अपनी माँ के पास आकर वह बहुत सुकुन महसूस कर रहा था। इतनी सफलता मिलने के बाद भी उसकी माँ को इस बात का अंदाजा नहीं था कि उसका बेटा कितनी ऊंचाई छू चुका था।

काफी दिन वहाँ रहने के बाद उसकी मुँह बोली दादी यशोदा ने आकाश से कहा - "काफी दिन हो गया तुम्हे यहाँ आये हुए, क्या बात है इस समय तुम्हारे पास कोई काम नहीं है?" आकाश ने कहा - "दादी, उस ग्लैमर की दुनियाँ में सब कुछ नकली लगता है। हर चीज पैसा है। मूल्यों की बात कही रह नहीं गयी है। अब वापस जाने का मन नहीं कर रहा है।" यशोदा ने आकाश से कहा - "तुम उस विषय को तलाशो

जिसको करने में तुम्हे संतोष व सुख मिले। ऐसा नहीं है कि अच्छी विषयों पर फिल्मों को लोग देखना नहीं चाहते है मगर अब इस तरह की फिल्मों का अकाल पड़ गया है।" अब आकाश को जैसे नयी दिशा में काम करने की प्रेरणा मिली। लीला ने बेटे के दुःख को समझने की काफी कोशिश की। एक दिन लीला ने आकाश से कहा - "बेटा विषय तलाशने के लिए कही जाने व काम छोड़ कर बैठने की जरुरत नहीं है। तुम्हारे दिल में यदि मानवता को लेकर दर्द है तो अपने पिता जैसे व्यक्ति व किसानों पर एक फिल्म बनाओ जिसमें उसकी समस्याओं को जनता तक पहुँचाओ वरना ये लोगों की भूख मिटाने वाला देवता भूखों मर जायेगा। भारतीय समाज की रीढ़ की हड्डी है ये किसान, अगर इसकी जीवन गाथा जल्द ही लोगों को नहीं बताई गयी तो समाज की डोर टूट जाएगी।"

आकाश अपनी माँ व यशोदा से विदा लेकर पहले अपने गाँव गया। वहाँ अपने पुराने रिश्तेदारों से मिला जिनकी स्थिति वैसी ही थी जैसी उस माँ ने उसके बचपन के समय में उसे बताया करती थी। इसके बाद वह देश के अलग-अलग हिस्सों में घूमने निकल गया। देश के अलग-अलग क्षेत्रों की भौगोलिक स्थितियों को समझता हुआ वह लगभग सभी क्षेत्रो में घूमता रहा। भूख व गरीबी को इतने करीब से देखने पर उसकी आत्मा ने उसे अन्दर तक झकझोर दिया। छः महीने की यात्रा को अपने जहन में समेट कर वह एक कहानी लेकर मुंबई लौटा। चुंकि आकाश कहानी को स्क्रिप्ट में लिखना चाहता था। उसे अपने दोस्त नदीम की याद आ गयी। नदीम उसके पुणे के कोर्स के दौरान मिला था। नदीम उस समय मुंबई में स्क्रिप्ट राईटर के तौर पर काम कर रहा था। उसने नदीम को तुरंत अपने घर बुलाया।

नदीम व आकाश के सोचने का ढंग एक जैसा होने के कारण दोनों में दोस्ती बहुत अच्छी थी। दोनों ने चाय पी और किसान के संघर्षपूर्ण जीवन पर चर्चा करने बैठ गए। लेकिन नदीम ने कहा-"यार, बीच पर चलते है। खुली जगह पर बातें करेगे।" दोनों सारी रात समुन्द्र के

किनारे लहरों की आवाज सुनते रहे और आकाश अपनी छः महीने की कहानी नदीम को सुनाता रहा। नदीम कहानी के अंशों को अपने मानस पटल पर बैठाता जा रहा था। उसी समय रात के कारीब दो बजे एक अजीब सी हलचल आकाश ने महसुस की। ऐसा लगा जैसे उन दोनों की बात कोई सुन रहा है उसने पीछे की बेंच पर देखा तो पैंतालिस वर्ष का एक व्यक्ति चुपचाप उनकी बात सुन रहा था। उसकी आँख में आँसू बह रहे थे। उसका चेहरा उसे कुछ जाना पहचाना सा लग रहा था। मगर बहुत ज़ोर लगाने पर भी उसके दिमाग में वह चेहरा साफ़-साफ़ पहचान में नहीं आ रहा था। आकाश ने नदीम को बताना चाहा कि पीछे कोई हमारी बातें सुन रहा है। मगर एक अनजान अदृश्य शक्ति ने उसे रोक दिया।

आकाश व नदीम को बातें करते-करते पूरी रात बीत गयी।भोर होने वाली थी। दोनों की आँखे भारी होने लगी थी। कहानी के अंत के विषय में आकाश ने कुछ सोचा नहीं था।फ़िलहाल इतनी कहानी की स्क्रिप्ट लिखो बाद में इसके फिनिशिंग पर काम करेगे।दोनों बेंच से उठने लगे तो आकाश की नजर अनायास ही पीछे की बेंच पर चली गयी।वह उसका चेहरा नहीं देख पाया। इसके बाद दोनों वापस लौट आये।

दो महीने में नब्बे प्रतिशत स्क्रिप्ट तैयार हो गयी। इसी बीच कुछ पुराने मित्र मुंबई में मिल गए जो प्रोडक्सन में काम कर रहे थे। इस तरह की फिल्म में कोई पैसा लगाने को तैयार नहीं था। इसलिए फेसबुक पर सारे दोस्तों को सर्च किया गया और एक फिक्स डेट पर मुंबई आने के लिए कहा गया। हरीश डडलानी,अनिमेष बत्रा, आलोक, गौरी, मनोज वर्मा व अन्य सभी मित्र मुंबई पहुँच गये।

आकाश ने अपनी कहानी की स्क्रिप्ट पर सबसे चर्चा की। सभी इस समय स्ट्रगल कर रहे थे इसलिए सभी साथ में काम करने के लिए तैयार हो गए। अब फिल्म की शूटिंग शुरू हो गयी। फिल्म की कहानी

की वास्तविकता लाने के लिए ज्यादातर लोकेशन गाँव में ही रक्खी गयी थी। गाँव में शूटिंग करने में खर्च भी कम हो रहा था। चुंकि फिल्म छोटे बजट की थी इसलिए पैसे की तंगी से काम कभी-कभी रुक भी जाता था। फिल्म में किसानों से जुड़ी सारी समस्याए दिखने का प्रयास किया गया।

फिल्म के अंतिम भाग की स्क्रिप्ट अभी तैयार नहीं थी इसलिए शूटिंग रुक गयी। आकाश ने फिल्म यूनिट के सभी लोगों को एक महीने तक छुट्टी दे दी और सभी को जितना पेमेंट हो सकता था कर दिया ताकि किसी को पैसे की तंगी न हो। इसके बाद वह मुंबई वापस आ गया।

आज वह परेशान था कि फिल्म यूनिट को छुट्टी दिए हुए बीस दिन बीत चुके थे। दस दिन बाद वह फिर फिल्म की शूटिंग कैसे करेगा। काम यदि शुरू नहीं हुआ तो जूनियर आर्टिस्ट काम छोड़ कर चले जायेगे। इसी कशमकश में फ़्लैट में बैठे-बैठे शाम हो गयी। उसने नदीम को फोन किया नदीम ने फोन पर बताया कि वह पूना से वापस लौट रहा है। वह रात ग्यारह बजे तक मुंबई पहुँच जायेगा। आकाश ने उसे बीच पर उसी जगह बुलाया जहाँ उसने फिल्म की कहानी सुनाई थी। नदीम ने हर हालत में वहाँ पहुँचने की हामी भर दी। यह भी कहा कि चाहे जितनी भी देर हो जाये वह उसी स्थान पर मिलेगा।

आकाश घर से थोड़ा खाना व कुछ स्नैक्स रख कर सी-बीच की तरफ करीब दस बजे निकल गया। रात के ग्यारह बज गए लेकिन नदीम का कही पता नहीं था। ग्यारह बजे उसने नदीम को फोन किया मगर कोई रिसपांस नहीं मिल रहा था। कभी नेटवर्क बिजी हो जाता तो कभी नेटवर्क क्षेत्र से मोबाईल बाहर बताता। यह करते-करते रात के बारह बज गए। अब आकाश को समझ में नहीं आ रहा था कि वह वहाँ और इंतजार करे या वापस लौट जाये। इसी उहापोह में वह उठ कर टहलने लगा। उसी समय पता नहीं कहाँ से एक चाय वाला वहाँ

प्रकट हो गया। आकाश ने चाय वाले से कहा - "भाई, एक चाय पिला दो" आकाश को इंतजार करते-करते रात के एक बज गए। आकाश वापस इस लिए नहीं लौट सकता था क्योंकि नदीम जबान का बहुत पक्का था। यदि नदीम ने कहा है कि वह पहुंचेगा, तो वह हर हालत में आयेगा। यही सोच-सोच कर वह घबराने लगा कि रास्ते में क्या हो गया कि वह अभी तक नहीं आया। अपनी आशंका से वह थोड़ा भयभीत हो गया। अब वह उसी बेंच पर बैठ गया। पीछे की बेंच पर वही पैंतालिस साल का आदमी पहले से बैठा था जिसे पहले उसने नदीम को स्क्रिप्ट सुनाने वाली रात में देखा था। थोड़ी देर बाद वह व्यक्ति उठ कर टहलने लगा। फिर आकाश के बग़ल में आकर बैठ गया। उसने बात ख़ुद ही छेड़ दी - "क्या बात है। आप कुछ परेशान लग रहे हैं?" आकाश ने कहा - "कुछ ख़ास बात नहीं है, मेरा मित्र आने वाला था। काफ़ी देर हो गयी है इसलिये परेशान हो रहा हूँ।" बीस-पच्चीस मिनट बीतने के पश्चात उस व्यक्ति ने फिर से कहा - "यहाँ पर अगर किसी भी मित्र को इतनी रात को मिलने के लिये बुलाया है, तो कारण कुछ ख़ास ही होगा" आकाश ने उसकी बातों पर कुछ भी ध्यान नहीं दिया और आसमान की तरफ़ देखने लगा। रात के एक बज गये तो आकाश नदीम का इन्तज़ार करते- करते अनजानी घटना से सशंकित हो रहा था।

3

अजनबी व्यक्ति ने बात फिर शुरू करने की कोशिश की। आकाश ने भी थोड़ा नरम रूख़ अपनाते हुये उससे बात शुरू की। आकाश ने सोचा जब तक नदीम नहीं आता तब तक समय बिताने के लिये उस अजनबी से बात-चीत की जाय। अजनबी ने अपना परिचय देते हुये कहा - "मेरा नाम समर्थ प्रकाश है और आप का नाम?" आकाश ने अपना परिचय दिया और धीरे-धीरे दोनो में बातों का सिलसिला आगे बढ़ने लगा। थोड़ी देर बाद आकाश उस व्यक्ति के व्यक्तित्व से बहुत प्रभावित हो गया और उसके प्रति सम्मोहित होने लगा। समर्थ प्रकाश ने उससे फिर वही प्रश्न किया कि वह इतनी रात में बीच के किनारे किस उद्देश्य से बैठा है। समर्थ प्रकाश ने उससे कहा हो सकता है कि वह उसकी समस्या के समाधान में कोई सहायता कर सके। आकाश ने अपनी सारी समस्या समर्थ प्रकाश को बताई। जब समर्थ प्रकाश ने उसकी फ़िल्म की स्टोरी सुनी तो उसकी आँखों में आँसू आ गये। समर्थ प्रकाश ने कहा - "यह कहानी मेरे जीवन से मिलती-जुलती है। मैं तुम्हें अपनी ज़िन्दगी की कहानी सुनाता हूँ, शायद तीन-चार घण्टे लग जायें। मगर आने वाली सुबह शायद तुम्हारे जीवन में एक समाधान व नया मोड़ लेकर आये।"

समर्थ ने बताया कि उसकी उम्र पैंतालिस वर्ष की है लेकिन आकाश के साथ एक दोस्ताना सम्बन्ध बन गया था। चाय वाला अभी वहीं घूम रहा था। आकाश ने चायवाले से पूछा - "भाई इतनी रात में तुम चाय बेच रहे हो" चायवाले ने कहा - "बाबूजी,दिन के समय मै दुकान में काम करता हूँ, बच्चों की पढ़ाई के लिए रात में यहाँ चाय

बेचता हूँ, रात को यहाँ काफी लोग आते हैं" दोनो ने चाय पी और समर्थ प्रकाश ने अपनी कहानी सुनानी शुरू कर दी।

समर्थ ने अपने जीवन में घटित घटनायें सिलसिलेवार तरीक़े से सुनानी आरम्भ थी। बचपन की बातें शुरू करते ही उसकी आँखे नम हो गयीं। भर्राये हुये गले को साफ़ करते हुये उसने कहा - "आकाश ! बचपन सभी का एक जैसा नहीं होता है। मेरा जन्म एक ग़रीब परिवार में हुआ था। मेरे पिता एक किसान थे। उनके पास कुछ एक-दो बीघा ज़मीन थी मगर वह भी हर भारतीय किसान की तरह ग़रीब थे। किसान शब्द ग़रीबी का पर्यायवाची बन चुका है। या यह भी कह सकते हैं कि यदि किसी व्यक्ति को ग़रीब कहना हो तो किसान शब्द से सम्बोधित कर सकते हैं जब मै पैदा हुआ तो घर में खुशियाँ मनायी गयीं। पहला बच्चा होने की खुशी में समाज का हर परिवार, चाहे वह शहर का हो या गाँव का हो, वह अपनी क्षमता से ज़्यादा ख़र्च करता है। वहीं से भारतीय परिवार उधार की ज़िन्दगी में प्रवेश कर जाता है। यहाँ तो घर में लड़का पैदा हुआ था। मेरे परिवार में अम्मा, बाबूजी, बाबा व दादी थे। मेरे परिवार में ख़र्च चलाने की ज़िम्मेदारी सिर्फ़ व सिर्फ़ बाबूजी पर ही थी। बाबा व दादी उम्र के ऐसे पड़ाव पर थे, जहाँ उनके इलाज के पैसे के लिये महाजन का ही सहारा था। बीच-बीच में पुरखों के रखे गहने बेच कर इलाज कराया जाता था। गाँव में हॉस्पिटल नहीं था। प्राइमरी हेल्थ सेंटर में डॉक्टर नदारद रहते थे इसलिये इलाज के लिये हमेशा शहर जाना पड़ता था। जिसमें जाने-आने, शहर में रहने का व दवाइयों का ख़र्च इतना ज़्यादा होता था कि गहने बेचना मजबूरी हो जाता था।"

यहाँ यह बात जानना ज़रूरी है आकाश कि भारत जैसे देश में, जो एक कृषि प्रधान देश था व है भी, वहाँ किसान की हालत ऐसी कैसे हो गयी। जहाँ तक मैंने इतिहास के पन्नों को पलटा है उसमें यह पाया है कि अँग्रेजों ने भारतीयों पर शासन करने के लिये भारत के दो प्रमुख क्षेत्रों ने वर्चस्व स्थापित किया - पहला व्यापार, दूसरा कृषि

का क्षेत्र था। अंग्रेज़ों ने भारत में ज़मींदार प्रथा लाकर एक तरह से सरकारी गुण्डे पैदा कर दिये। जो अमानवीय व्यवहार वह किसानों के साथ करते थे वह शायद जानवरों के साथ भी नहीं होता था। वह परम्परा आज़ादी के बाद राजनीतिक नेताओं के रूप में ट्रान्सफ़र हो गयी। आज भी किसानों की बदहाली के लिये वही ज़िम्मेदार हैं। यहाँ सभी राजनीतिक व्यक्तियों को शामिल...? इससे आगे समर्थ और कुछ कह न सका।

मेरे गाँव में मेरे परिवार के अलावा जितने भी घर थे, उन सभी की हालत कमोवेश यही थी। ग़रीबी इतनी कि कई बार एक वक्त का खाना ही बन पाता था। फसल ख़राब होने के बाद घर की बदहाली ऐसी हो जाती थी कि यदि खाना बनता भी तो सिर्फ़ बच्चे ही खाकर रह सकते थे। उस ज़माने में आज की तरह सिंचाई के साधन उपलब्ध नहीं थे। न ही खाद की कोई ऐसी व्यवस्था थी कि एक बीघे में ज़्यादा उपज पैदा की जा सके। सारी खेती मौसम की अनुकूलता पर निर्भर थी। बीच में आकाश ने पूछा - "आपकी पढ़ाई-लिखाई कैसे हुई?" समर्थ ने कहा - "गाँव में एक भी प्राइमरी स्कूल नहीं था। इसलिये दूसरा गाँव, जो कि क़रीब दो किलोमीटर दूर था, वहाँ मैं आठ वर्ष की उम्र में गाँव के अन्य बच्चों के साथ पढ़ने जाया करता था। मैं पढ़ने में अच्छा भी था इसलिये गाँव के लोगों का मैं लाड़ला भी था। मेरी फ़ीस के लिये पैसे भी नहीं होने के बावजूद मैं कभी निराश नहीं होता था कि मेरी पढ़ाई का क्या होगा? मैं गुरूजी के प्रिय शिष्यों में था। इसलिये मेरी फ़ीस की कमी को वह दूर कर दिया करते थे।"

जब मेरी उम्र आठ वर्ष की हुई थी तो घर में एक लड़की पैदा हुई। ग़रीबी में आटा गीला वाली कहावत चरितार्थ हो गयी। पाँच व्यक्तियों का परिवार बड़ी मुश्किल से चल रहा था, अब परिवार की संख्या छ: हो गयी थी। छोटे बच्चे को तो आप भूखा रख नहीं सकते हैं इसलिये घर की माली हालत और ज़्यादा बिगड़ने लगी। उधार देने वाले मुकरने लगे। जिस दरवाज़े पर बाबूजी जाते वहाँ लोग उनसे दुर्व्यवहार करते।

दूसरे भी दोषी कहाँ थे। उनके घर की हालत हमारे घर से कोई इतर तो थी नहीं। माँ के गहने, जो कि संख्या में बहुत कम बचे थे, वह भी धीरे-धीरे बिकने लगे। ग़रीब के घर ग़रीबी और बढ़ गयी। कहते हैं अमीर और ग़रीब में एक ही समानता होती है - वह है कम खाना। ग़रीब पैसे की कमी से कम खाता है, अमीर पैसे की अधिकता से जो बीमारी पालता है, उसकी वजह से कम खाता है।

आमतौर पर किसान के परिवारों की स्थिति, चाहे आज का दौर हो या चालीस-पचास वर्ष के पूर्व का समय हो, अन्न को लेकर यथावत् बनी हुई है। गॉव के अन्य परिवार के मुखिया घर की तंगी दूर करने के लिये शहर पलायन कर रहे थे। लेकिन पिताजी बाबा, दादी व अन्य लोगों को छोड़ कर शहर जाना नहीं चाहते थे। एक-दो वर्ष बीतते-बीतते दादी इस दुनिया को छोड़ कर चली गयीं और बाबा को ग़रीबों की बीमारी टी0बी0 हो गयी। डॉक्टर ने इलाज करने के लिये शहर जाने का सुझाव दिया। प्राइमरी हेल्थ सेंटर पर दवाओं की कमी इसका मुख्य कारण है कि डॉक्टर गॉव के हर किसान व मज़दूर को शहर भेज देते हैं।

गॉव में डॉक्टर भी रहना नहीं चाहते थे। इसलिये अपनी बला टालने के लिये वह बुखार, खॉसी के अलावा अन्य किसी प्रकार की समस्या को शहर की तरफ़ रिफ़र कर दिया करते थे। वैसे तो आज भी स्थिति यही है कि डॉक्टर गॉव में नहीं रहना चाहते हैं। समर्थ ने अपने ऑसू पोछते हुये आगे कहा - "शायद तुमने दादी बाबा का साथ नहीं देखा होगा, लेकिन अगर बचपन में जन्नत महसूस करनी हो तो दादी का ऑचल है व बाबा का दिया मनोबल होता है। शरारत करना तो बच्चों का नैसर्गिक गुण है लेकिन उनको पता चलने पर मॉ-बाप से बचाना बाबा-दादी का नैसर्गिक गुण है"

समर्थ बात आगे बढ़ाता हुआ बोला - "बुज़ुर्ग घर की नींव होते हैं। उनका काम घर की अच्छी-बुरी बातों पर नज़र रखना तथा कोई

किसान: भूखों का देवता

ऊँच-नीच हो जाये तो उसको नियंत्रण करना है। बाबा तो नाश्ता-पानी जो भी मिल जाये, खाकर गाँव में घूमते रहते थे। लेकिन दादी हर वक्त इसी फ़िक्र में रहती थीं कि सबने खाना खाया या नहीं" मेरी माँ यदि बीमार हो जायें तो दादी मुझसे कहतीं-समर्थ चल मेरा हाथ बटा, तेरी माँ की तबियत ठीक नहीं है" तब मैं व दादी रसोईघर में जाकर खाना तैयार कर लेते थे। यह बात दादी की औरों से बहुत अलग थी कि अन्य घरों की भाँति वह बहू को काम करने वाली दायी से ज़्यादा न समझते। वह माँ को पिताजी से ज़्यादा मानती थीं। इसका एक कारण था। मेरे पिताजी की जब शादी हुई थी उस वक्त घर के हालात इतने ख़राब नहीं थे। खाते-पीते घर के लोग थे। मैरी माँ भी मैके से सम्पन्न थीं। इस घर में आकर वह घर की ज़रूरतों के अनुसार ढल गयीं और स्थिति ख़राब होने पर भी वह इस बात को लेकर कभी नाराज़ या क्षुब्ध नहीं हुईं।

खेती में बरक़त न होने से पिताजी ने शहर का रूख़ किया तथा खेती की ज़मीन के टुकड़े को एक रिश्तेदार के हवाले कर दिया। हम लोग उस समय गाँव पर ही रह रहे थे। बाबा की हालत बिगड़ने लगी। रह-रह कर उनकी साँस उखड़ने लगती। मुंह से कभी-कभी ख़ून भी आने लगता। समर्थ आगे रूंधे हुये गले से आगे की कहानी बताना शुरू किया - दीपावली के एक महीने पहले पिताजी ने जाने से पहले कहा कि वह सीधे दीपावली पर लौटेंगे। क्योंकि बीच में आने-जाने से पैसे ज़्यादा ख़र्च हो जायेंगे। और काफ़ी समय बाद हम सभी इस बार की दीपावली का बेसब्री से इन्तज़ार कर रहे थे। मेरी बहन, जिसका नाम रेनू रखा गया था, वह भी खुश थी। उस समय उसकी उम्र छः वर्ष की रही होगी। और मैं चौदह वर्ष का था। लेकिन अनहोनी को कौन टाल सकता था। पिताजी दस बजे के आस-पास ठीक दीपावली के दिन सुबह घर पहुंचे थे कि घर के सामने की भीड़ देख कर सहम गये कि क्या हो गया। धीरे-धीरे धड़कते दिल से घर के अन्दर पैर रखा ही था कि माँ के सिसकने की आवाज़ से उनकी साँसे थम सी गयीं। घर के

आँगन में अपने पिताजी का शव देख कर वह ज़मीन पर गिर गये। गाँव के लोगों ने उनको ज़मीन से उठाया और मृत शरीर के पास उनको बैठाया। पिताजी की आँखों में एक कसक दिख रही थी कि काफ़ी समय बाद कुछ पैसे इकट्ठा करके वह घर लौटे थे कि बाबा को इस दीपावली के बाद शहर ले जाकर इलाज शुरू करायेंगे। मगर एक किसान, जो मज़दूर बन गया था, मज़लूम हो गया।

समर्थ ने आकाश का हाथ पकड़ कर कहा - "आकाश मेरे पिताजी का दर्द उस समय मैं घर के कोने में खड़ा महसूस कर रहा था। उस समय मेरी खुली आँखे ऐसा महसूस कर रही थीं जैसे मैं पैसे कमा कर लौटा हूँ और मेरे पिताजी शव की जगह लेटे हुये हैं। ऐसा लग रहा था जैसे आने वाले बीस साल बाद यही स्थिति होगी। मेरे अन्दर दुःख का एक सैलाब उमड़ रहा था। एक क्रोध समाज की व्यवस्था को लेकर बढ़ रहा था। तेरह साल की उम्र में मेरे अन्दर एक संवेदनशील मनुष्य ने जन्म ले लिया था और कुछ दृढ़प्रतिज्ञ हो गया था कि भविष्य अब ऐसा नहीं होगा जहाँ पैसे की तंगी जीवन का सर्वनाश करे।"

जिन रूपयों से दीपावली मनाने की तैयारी थी, उन्हीं रूपयों से अर्थी व तेरहवीं की तैयारी की गयी। जितनी सामर्थ्य थी उतना इंतज़ाम किया गया। पिता जी व माँ ने चार-पाँच दिन में यह निश्चय कर लिया कि तेरहवीं के बाद हम सभी शहर जायेंगे और दोनो लोग मिल कर मज़दूरी करेंगे और बच्चों को शिक्षित करेंगे। इस तरह एक ग़रीब किसान की मृत्यु ने एक परिवार को शहर का रास्ता पकड़ने और मज़दूर बनने के लिये मजबूर कर दिया।

एक महीना गाँव में बिताने के पश्चात पिताजी ने सामान तैयार करने को कहा। माँ, पिताजी गाँव छोड़ने की बात करते तो दोनों की आँखों में आँसू आ जाते। पिताजी गाँव के हर स्थान, हर घटना को याद कर रोते कि जिस जगह जन्म लिया वह जगह छूट रही है। पता नहीं लौट कर आ सकूँगा या नहीं। माँ भी शादी के बाद से कभी अपने

मैके को छोड़ कर कभी किसी अन्य स्थान नहीं गयीं थीं। जैसा कि गॉव-देहात में पहले भी कहते थे कि जिस घर में डोली गयी है वहॉं से उसकी अर्थी उठती है।

इस तरह कश्मकश में हम लोगों ने गॉव छोड़ा। रेनू को छोड़ कर हम सभी की आत्मा हिल गयी। स्टेशन पर बैठ कर यही सोचता रहा क्या इसी तरह किसी किसान की मौत इलाज के अभाव में होगी और हर गॉव से परिवारों का पलायन शहर की ओर होगा। इसी सोच व ख़्यालों के बीच ट्रेन के आने का सिगनल हो गया। छोटा सा स्टेशन, ट्रेन में चढ़ने वाले गिनती के लोग। रेनू बहुत खुश थी कि हम लोग घूमने जा रहे हैं। ट्रेन प्लेटफ़ार्म पर रूकी, मॉं व पिताजी दुःखी मन से ट्रेन में चढ़े। मैं ट्रेन में खिड़की की सीट पर बैठ गया, पॉंच मिनट बाद ट्रेन चलना शुरू हो गयी। प्लेटफ़ार्म पार करते ही खेत आ गये। चूँकि हमारा घर रेलवे ट्रैक से दूर नहीं था तथा ट्रेन से घर दिखाई देता था इसलिये ट्रेन जैसे ही घर के क़रीब पहुँची ऐसा लगा जैसे बाबा-दादी घर पर खड़े कह रहे हों कि बेटा घर ज़रूर आना और जब तक तुम एक बार लौट कर नहीं आओगे, हम तुम्हारी यहीं इंतज़ार करेंगे।

समर्थ लगभग फूट-फूट कर रोने लगा। उसने कहा - "आकाश मैं बता नहीं सकता कि उस समय लगा मेरा शरीर फट पड़ेगा और मैं चलती ट्रेन से कूद पड़ूँ और दादी से लिपट जाऊँ और कहूँ, दादी मैं कहीं नहीं जाऊँगा। मगर यह सोचते-सोचते शरीर सुन्न और शिथिल हो गया। ट्रेन ने रफ़्तार पकड़ ली थी। हम लोग अपने गॉव से बहुत दूर निकल चुके थे, बाबा और दादी की आत्मा को उस घर की रखवाली करने के लिये छोड़ कर।"

4

हम लोगों की ट्रेन अपने गन्तव्य तक पहुंच गयी। नया शहर था,नाशिक वह भी इतना बड़ा कि वह शहर देख कर पिछली ज़िन्दगी धूमिल होने लगी। पिताजी हम लोगों को लेकर स्टेशन से क़रीब बीस किलोमीटर दूर एक झोपड़ पट्टी में लेकर पहुँचे। यह स्थान एक नाले के किनारे बसा हुआ था, लगातार बदबू आ रही थी। सड़क पर कीचड़ जैसा फैला हुआ था। हम लोग किसी तरह उस स्थान पर पहुंचे, वहाँ पर दो मज़दूर पहले से रह रहे थे। उन्होंने हमें देखा तो जल्दी से सारा सामान लेकर रखा। खाने के लिये बड़ा पाव लेकर आये। शहर में ग़रीब मज़दूर दूसरे मज़दूर को भाई समझता है। ग़रीब का ग़रीब से सगा हो ही नहीं सकता। माँ के लिये वही स्थान पवित्र था जहाँ पिताजी के संग खुश रह सके चाहे अन्न मिले या न मिले। यह भारतीय नारी का गुण है कि पति के साथ बुरे वक्त में उसका हमसाया बन कर रहती है। रेनू ज़रूर मुंह बिचका रही थी कि बाबूजी कहाँ लेकर आ गये। यहाँ तो जगह ही नहीं है, मैं कहाँ खेलूंगी। रेनू बाबूजी से बोली - "बाबूजी! यह जगह बहुत गंदी है। यहाँ मैं कैसे रहूँगी?" बाबू जी समझाते हुये बोले - "बिटिया बस कुछ ही दिन की बात है। हम लोग दूसरी जगह जाकर रहेंगे, पहले इंतज़ाम तो कर लें।" फिर बाबूजी ने मुझसे कहा - "समर्थ! रेनू को बाहर ले जाकर खेलो।" एक दो दिन घर पर रहने के पश्चात बाबूजी ने मज़दूरी करने जाना शुरू कर दिया। पास में ही एक बिल्डिंग बन रही थी। पिताजी वहीं पर काम करते थे। दिन में थोड़ा सा वक्त निकाल कर खाना खाने के लिए खोली में आ जाते थे। एक रात कुछ आवाज सुन कर मेरी आँख खुली तो सुनाई दिया माँ बाबूजी आपस में बातें कर रहे थे कि समर्थ और रेनू की पढ़ाई भी करानी है।

इतनी मज़दूरी में तो सिर्फ़ दो वक्त का खाना ही मुश्किल से हो पा रहा है। बाबूजी ने माँ से कहा - "यदि तुम तैयार हो तो ठेकेदार से कह कर तुमको भी मज़दूरी का काम दिलवा देता हूँ। दोनो मिल कर इतना तो कमा लेंगे कि छोटे स्कूल में बच्चों की पढ़ाई शुरू की जा सकेगी"

दो दिन पश्चात बाबूजी हम लोगों को हिदायत देकर माँ को साथ लेकर गये जहाँ पर माँ-बाबूजी साथ-साथ काम करने लगे। एक महीने में कुछ पैसे इकट्ठे हो गये तो रेनू और मेरा एड्मिशन पास के एक स्कूल में हो गया। हम दोनो भाई-बहन सुबह स्कूल जाते, दिन में लौटते और माँ सुबह जो खाना बनाकर रख जातीं, उसे खाकर बर्तन धोकर रख देते कि माँ को आने के बाद अतिरिक्त काम न करना पड़े। माँ-बाबूजी अन्य मज़दूरों की तरह जी तोड़ मेहनत करते। कई बार ज़्यादा पैसे के लिये देर तक रूक कर भी काम करते। साइट के इंजीनियर श्री राम कृष्ण जी बाबूजी व माँ के काम व स्वभाव से बहुत खुश थे इसलिये उन्होंने बाबूजी को सलाह दी कि यदि तुम थोड़ा लिखना-पढ़ना सीख लो तो मैं तुम्हें थोड़ा अलग काम दे दूंगा जिससे तुम्हें पैसे भी ज़्यादा मिल जायेंगे। बाबूजी ने कहा - "इंजीनियर साहब! मैंने आठवीं तक की पढ़ाई की है, मैं पढ़ - लिख लेता हूँ तथा मेरी गणित भी ठीक है" इंजीनियर रामकृष्ण जी बहुत ही भले मनुष्य थे, उन्होंने जो उपकार किया, उस क़र्ज़ को हम कभी भुला नहीं सकते थे। अब ये कभी हो सकता है कि इतनी बड़ी कंस्ट्रक्सन कम्पनी में हिसाब रखने व देखने के लिये कोई भी पढ़ा-लिखा ग्रेजुएट या पोस्ट ग्रेजुएट मिल सकता था तो उन्होंने बाबूजी को ही क्यों रखा? इसका सीधा सा उत्तर मेरे ज़ेहन में आता है कि शायद मेरे पिताजी की ईमानदारी और स्वामिभक्ति से वो ज़्यादा प्रभावित हुये हों। यह तो कहा ही जा सकता है कि भले मनुष्य सभी को जीवन में मिलते हैं। कोई उसको उपकार समझता है तो कोई उसको व्यावसायिकता का नाम देता है। लेकिन जिस तरह अच्छे चरित्र के मनुष्य हर सदी में पाये जाते है, उसी तरह बुरे मनुष्य भी हर सदी में मिलते हैं। वहीं का ठेकेदार बहुत ही गिरे हुये चरित्र का

व्यक्ति था। वह वहाँ पर काम करने वाली हर एक स्त्री पर बुरी निगाह रखता था। यदपि उसकी शिकायत कई बार इंजीनियर साहब से की गयी थी, लेकिन ठेकेदार कम्पनी के मालिक का रिश्तेदार था इसलिये इंजीनियर साहब की बात ठेकेदार मानता ही नहीं था। अब पिताजी मुंशी का काम करते थे इसलिये माँ को मज़दूरी अकेले ही करनी पड़ती थी। एक दिन वह अनहोनी घटना घट गयी, जिसका डर माँ को था। शाम के समय अँधेरा हो चुका था। माँ घर को लौट रहीं थीं। उसी समय ठेकेदार शराब के नशे में धुत होकर माँ के सामने आकर खड़ा हो गया। माँ के तो होश उड़ गये कि अब क्या करें। ठेकेदार अव्वल दर्जे का बदमाश था। उससे वहाँ काम करने वाले सारे मज़दूर डरते थे। रिवाल्वर लेकर घूमता था। अब माँ को भगवान के सिवा किसी का सहारा नहीं था। उसने माँ का हाथ पकड़ कर अपनी ओर खींचा और माँ उसी तरह हाथ जोड़ कर खड़ी हो गयी जैसे मगरमच्छ के मुंह में हाथी का पैर फँस गया था। यह एक ऐसा समय होता है जब स्त्री अपनी अस्मत खोने से बेहतर मर जाना पसंद करती है। क्योंकि पराये आदमी का शरीर को छूना आत्मा को मारने जैसा होता है। उस वक्त स्त्री, जिसका दोष नहीं होता है, ग्लानि से भर जाती है। और कुकृत्य करने वाला स्त्री समाज पर ऐसा कुकर्म करने पर ऐसा सोचता भी नहीं कि यह स्त्री उसकी माँ, बहन या बेटी हो सकती है।

उसी समय इंजीनियर साहब भगवान का रूप लेकर आ गये और उन्होंने ठेकेदार को बीच सड़क पर धक्का देकर गिरा दिया। नशे में धुत ठेकेदार पर तो जैसे भूत सवार था। वह धमकी देता हुआ चला गया। इंजीनियर साहब ने माँ को घर तक छोड़ा और अगले दिन काम पर आने के लिये मना कर दिया और माँ से कहा कि मैं तुम्हारे पति से बात करूंगा। रात में जब पिताजी लौटे तो उन्हें सारी बात पता लग गयी। माँ उस समय भी डर से काँप रहीं थीं। पिताजी ग़ुस्से में थे

लेकिन इतने बड़े शहर में किससे लड़ें। वह जानते थे कि मज़दूर की ताक़त कितनी होती है जो ठेकेदार व ग़ुण्डों से लड़ सकें।

अगली सुबह बाबूजी ने निश्चय किया कि वह वहाँ काम नहीं करेंगे। इसलिये वह प्रोजेक्ट के इंजीनियर राम कृष्ण जी के पास गये और अपना निर्णय सुनाया। राम कृष्ण जी ने कहा - "मैं ख़ुद यह कम्पनी छोड़ रहा हूँ क्योंकि ठेकेदार की शिकायत मैंने रात में ही मालिक से कर दी थी लेकिन उसको हटाने के बजाय यह कहा गया कि आप अपने काम से काम रखिये, ज़्यादा मज़दूरों के हितैषी मत बनिये। ऐसे में मैं एक सुझाव तुमको दे सकता हूँ कि मैं जल्दी ही दूसरी कम्पनी में चला जाऊँगा, वहाँ मैं तुमको बुला लूँगा" इंजीनियर साहब आगे बोले - "मुझे पता है कि तुम अपने बच्चों को लेकर ज़्यादा चिंतित हैं इसलिये मैं तुमसे कहूँगा कि यदि तुम्हारी पत्नी मेरे घर पर खाना बनाने का काम कर सके तो उसे भेज देना"

घर लौट कर बाबूजी ने माँ को किसी तरह से तैयार किया जबकि अब माँ घर से बाहर जाने के लिये तैयार नहीं थीं। वह एक ही बात बार-बार कहतीं कि आज गाँव में होते तो शायद यह दिन नहीं देखना पड़ता। कितना भी बुरा क्यों न हो, गाँव में बहू - बेटियाँ सभी की इज़्ज़त होती हैं।

लेकिन हम दोनो बच्चों की ख़ातिर माँ ने काम करना स्वीकार कर लिया। माँ हम दोनो का खाना बना कर सुबह सात बजे निकल जातीं और दिन में इंजीनियर साहब के घर का काम निपटा कर एक बजे तक लौटती थीं। शाम को पाँच बजे फिर जातीं और आठ बजे तक लौट कर आती थीं। इस तरह माँ की रोज़ की दिनचर्या यही हो गयी थी। दूसरी तरफ रामकृष्ण जी ने कंपनी बदल ली और पिताजी को भी नयी कम्पनी में काम मिल गया।

मेरी व रेनू की पढ़ाई इसी तरह चलती रही। पढ़ने में रेनू मुझसे भी तेज़ थी लेकिन छोटे से गाँव से शहर आने पर जो बदलाव आने चाहिये, वह तब्दीली हम लोग अपने अन्दर नहीं ला पा रहे थे। एक दबाव सा महसूस करने लगे थे हम दोनो भाई-बहन। गाँव में हम लोगों

का रहन-सहन, पहनावा अलग था, शहर का रहन-सहन, पहनावा अलग था। हम लोग शहर की भाषा अभी तक ठीक से सीख नहीं पाये थे, जिसकी वजह से बच्चे व मित्र हम लोगों पर हँसते थे। इससे ज़्यादा हास्यास्पद तब हो जाता, जब स्कूल टीचर भी हम पर हँसते थे।

इन परिस्थितियों में स्कूल जाने की इच्छा नहीं होती थी। कभी-कभी रेनू फैल जाती कि भइया मैं स्कूल नहीं जाऊँगी। रेनू को समझा-बुझा कर मैं उसे स्कूल ले जाता था। लेकिन मेरा डिप्रेशन कम नहीं होता था। मुझे उस छोटी बहन पर बहुत दुलार व तरस आता कि जब मैं इस तिरस्कार को सह नहीं पाता हूँ तो वो छोटी सी बच्ची कैसे सहती होगी। रेनू तो मेरे जीवन का ऐसा हिस्सा थी जैसे कि जीवन में ऑक्सीज़न। स्कूल से लौटते समय रास्ते में उसकी बातें सुनता तो कभी खुश होता तो कभी आँसू भी निकल आते। कभी-कभी वो दिन याद आते जब मेरी किसी ज़िद पर माँ-बाबूजी गुस्साते तो दादी-बाबा उसे चुपके से पूरा कर देते। लेकिन जब रेनू कोई ज़िद करती तो मैं उसे पूरा नहीं कर पाता। तब कहाँ से बाबा-दादी को बुलाता कि इसे भी वो प्यार दो जिसकी ज़रूरत रेनू को है। कभी-कभी सपने में दादी आतीं और कहतीं-'" समर्थ! तुम घबराओ मत, बस मेहनत से पढ़ाई करो। तुम वो सब जीवन में पा सकोगे जो तुम चाहते हो और रेनू की वो सारी इच्छायें पूरी कर सकोगे जो वो तुमसे उम्मीद करती है।"

मैं डिप्रेशन में अन्तर्मुखी होता चला गया। स्कूल में दो ही दोस्त बने थे। एक अरविन्द व दूसरी निहारिका। दोनो चूंकि उसी शहर के रहने वाले थे इसलिये उन्हें हमारे ग्रामीण जीवन की समस्या व किसान की हालत का अन्दाज़ा नहीं था। लेकिन स्कूल के दौरान हम सभी ने एक दूसरे से अपनी-अपनी बातें शेयर कीं तो हम लोगों में एक चीज़ कॉमन थी, वह थी समाज में ग़रीबों को लेकर चिंतायें। अरविन्द व निहारिका कई बार मेरी खोली पर आने के लिये कहते मगर मैं उनको किसी न किसी बहाने टाल जाता। जबकि मैं उनके घर कई बार जा चुका था। उनके परिवार के लोग बहुत ही सपोर्टिव थे। मैंने उन्हें

अपनी परिस्थितियों का सारा हाल बता दिया था कि मेरे पिताजी मुनीम हैं और मेरी माँ खाना पकाने का काम करती हैं। फिर भी घर बुलाने के नाम पर मेरे हाथ-पाँव फूल जाते थे। मैं नहीं चाहता था कि मेरा रहन-सहन वो देखें और उनके मन में मेरे लिये कोई ऐसी बात पैदा हो जिसे मैं सहन न कर सकूँ। जबकि स्कूल के कई बदमाश बच्चे मेरे घर की माली हालत जानते थे फिर भी मेरा मज़ाक क्लास व स्कूल भर में उड़ाया जाता था।

एक बार इसी डिप्रेशन में सात दिन तक स्कूल नहीं गया। मेरी वजह से रेनू भी स्कूल नहीं गयी। वह समझ गयी कि बात क्या है। उसने कहा कि भैया जब मैं कहती थी कि लोग मुझे चिढ़ाते हैं तो तुम मुझे समझाते थे। अब तुम्हें क्या हो गया है? सातवें दिन समर्थ को एक झटका लगा जब दिन के तीन बजे के लगभग खोली के दरवाज़े पर किसी ने दस्तक दी। रेनू ने दौड़ कर दरवाज़ा खोला तो सामने अरविन्द व निहारिका खड़े थे। रेनू ने चिल्लाते हुये कहा - "भइया देखो कौन आया है? अरविन्द भइया व निहारिका दीदी आये हैं" समर्थ हड़बड़ाते हुये दरवाज़े की तरफ़ भागा। वहाँ अरविन्द व निहारिका को देख कर समर्थ के पैरों तले ज़मीन खिसक गयी थी। समर्थ ने कहा - "अरे तुम लोग कैसे आये?" निहारिका ने कहा - "सात दिन हो गये, तुम स्कूल नहीं आये इस लिये ढूँढते-ढूँढते यहाँ पहुँच गये"

समर्थ थोड़ी देर तक सर नीचा कर बैठा रहा। सन्नाटे को तोड़ते हुये निहारिका ने कहा - "समर्थ! तुमको क्या लगता है। तुम ऐसी जगह रहते हो तो मैं व अरविन्द तुमसे दूरी बना लेंगे?" समर्थ ने पलट कर कहा - "नहीं ऐसा नहीं है" निहारिका ने कहा - "ऐसा ही है, नहीं तो तुम हम लोगों के आने पर इतना शर्मिन्दा नहीं होते" अरविन्द ने भी इस बात का समर्थन किया। इतने में रेनू दौड़ कर पानी ले आयी। सभी बैठ कर बातें करने में मगन हो गये।

साढ़े तीन बजे के आस पास माँ काम से लौटी तो खोली के बाहर कार खड़ी देख कर वह आष्चर्य में पड़ गयी। अन्दर पहुँची तो देखा मेरे

दोस्त आये हुये हैं। वह भी थोड़ा ग्लानि महसूस कर रही थीं। इसके बाद मेरी माँ ने थोड़ा नाश्ता तैयार किया। अरविन्द व निहारिका ने नाश्ता करने के बाद चलने की इजाज़त माँगी और कहा - "कल से स्कूल आना शुरू करो, लोगों के कहने से तुम्हारा जीनव बनेगा नहीं, बिगड़ जायेगा। इसलिये इस बात का ध्यान रखो कि तुम्हारा रास्ता ऐसे ही काँटों से होकर गुज़रेगा"

अगले दिन स्कूल पहुँचने पर समर्थ ने इस बात का धन्यवाद अरविन्द व निहारिका को दिया कि आज मुझे जीवन में आशा की किरण दिख रही है। मैंने कहा - "निहारिका, आज मैं उस डिप्रेशन व आत्मग्लानि से बाहर निकल आया हूँ, जिससे कुछ अरसे से मैं तनाव में रहता था" निहारिका ने समझाते हुए कहा - "नहीं समर्थ, तुमने अपना सेल्फ़ कॉन्फ़िडेंस खो दिया था इसलिये तुम ऐसा सोच रहे थे" इसके पश्चात तो जैसे मेरी ज़िन्दगी ने एक नया मोड़ ले लिया। मै हर वक्त खुश रहता और जीवन के प्रति मेरा दृष्टिकोण बदल गया।

धीरे-धीरे समय बीतता गया। मेरे पिता ने पैसे जोड़-जोड़ कर एक छोटा सा मकान ख़रीदा जिसमें सिर्फ़ एक कमरा व बरामदा था लेकिन हमारे लिये खोली में रहने से बेहतर स्थिति थी। नये मकान में मेरे व रेनू के लिये पढ़ने की जगह अच्छी थी। हम लोगों को इस शहर में आये हुये लगभग आठ साल बीत चुके थे। मैंने बारहवीं का एक्ज़ाम दे दिया था। इस बीच अरविन्द और निहारिका दिन में बैठ कर प्लान करते रहते थे कि आगे क्या करना है।

अपनी आपबीती सुनाते हुये समर्थ ने आकाश से पूछा - "हल्की नींद आ रही है। चाय पीना चाहोगे?" चाय वाला पता नहीं कहाँ से फिर आ गया। दोनो ने एक-एक चाय पी। उठ कर दोनो टहलने लगे। बैठे-बैठे शरीर ऐंठ गया था। टहलते हुये आकाश ने उत्सुकता से पूछा - "गाँव से सम्बन्ध बना रहा या छूट गया था?" समर्थ ने कहा - "पिताजी गाँव अक्सर जाते थे और एक साल के अन्दर जो भी अनाज

खेत में मिलता था, उसे लेकर शहर आ जाते थे। चूँकि खेती रिश्तेदार को अधिया पर दिया था इसलिये जो वह दे देता उसे लेना पड़ता था। एक बात जो मुझे याद है कि बाबा ने मेरे हाथ से एक आम का पेड़ घर के आँगन में लगवाया था, वह इतने साल में बड़ा हो गया था। मेरी बड़ी इच्छा थी कि मैं गाँव जाकर घर व पेड़ को देख सकूँ। शायद बाबा-दादी को मेरा इंतज़ार हो कि मैं कब उनको मुक्त कर सकूँ।"

समर्थ ने बात आगे बढ़ाते हुये कहा - "वैसे तो खोली में दो-तीन लोग गाँव के थे जो महीने दो महीने में गाँव आते-जाते रहते थे। उनसे गाँव का हाल पता चलता रहता था। एक बात जो इन हालात में खटकती रहती थी, वह थी परिवार की रिश्तेदारों से दूरी बढ़ते जाना। गाँव में लगातार न जाने से घर में रिश्तेदारों ने क़ब्ज़ा जमाना शुरू कर दिया था। खेती में भी जितना पैदा होता उसका चौथाई भी नहीं मिलता था। इस तरह रिश्तेदारों ने चौतरफ़ा मार मारनी शुरू कर दी थी। अब तो बाबूजी ने मन बनाया कि गाँव की ज़मीन व घर बेच दिया जाय। लेकिन माँ की ज़िद थी कि घर या खेती का कोई भी हिस्सा नहीं बेचा जायेगा। सगे रिश्ते में एक बुआ थीं जिन्होंने हमारा साथ देने की भरपूर कोशिश की मगर फूफाजी इसका विरोध करते थे। इसलिये बुआजी ने धीरे-धीरे हम लोगों से दूरी बना ली। कई बार तो पैसों की सख़्त ज़रूरत पड़ती थी तो पैसा इंजीनियर साहब ही देते थे, भले बाद में बाबूजी उन्हें वापस कर देते थे। ज़रूरत में जो काम आये, वही मित्र होता है। उस शहर में इंजीनियर राम कृष्ण जी हमारे भगवान व सहारा थे। अब दूसरा सहारा पड़ोसियों का व मेरे मित्र निहारिका तथा अरविन्द का था"

बारहवीं का रिज़ल्ट आ गया था। निहारिका, अरविन्द और मैं, तीनो अच्छे नम्बरों से पास हो गये। अब हम तीनो इंजीनियरिंग करना चाहते थे। इसलिये माँ-बाबूजी से सलाह लेकर मैंने तैयारी शुरू कर दी। मेरे पास कोचिंग के लिये पैसे नहीं थे, इसलिये निहारिका व

अरविन्द ने कहा - “समर्थ तुम घर पर ही पढ़ाई करो, हम कोचिंग के नोट्स तुमसे शेयर कर लेंगे।”

अब निहारिका का घर हम लोगों के पढ़ने का निश्चित स्थान था। जहाँ शाम के दो घण्टे हम लोग अपनी प्रॉब्लम डिस्कस करते थे। माँ-बाबूजी बड़ी उम्मीद से हमारे भविष्य के सपने सँजो रहे थे। रेनू उस समय क्लास सिक्स में पढ़ रही थी। उसे डॉक्टर बनने की बड़ी ललक थी। माँ-बाबूजी पैसा बहुत सँभाल-सँभाल कर ख़र्च करते थे कि जाने कब पैसों की ज़रूरत पड़ जाये। मैंने भी दो ट्युशन पढ़ानी शुरू कर दी थी।

5

साल भर की तैयारी के बाद हम तीनों का इंटरेन्स निकल गया। मुझे और निहारिका को मुम्बई का एक कॉलेज मिल गया लेकिन अरविन्द पुणे के कॉलेज में गया। निहारिका व अरविन्द ने आई-टी-को प्राथमिकता दी जबकि मैंने सिविल इंजीनियरिंग को चुना। माँ-बाबूजी मुझे भेजते हुये घबरा रहे थे। मैं कभी उनसे दूर नहीं गया था, इसलिये उनका घबराना जायज़ था। रेनू भी रोने लगी कि भइया चला जायेगा तो मैं कैसे स्कूल जाऊँगी। कभी-कभी ज़िन्दगी में आगे बढ़ने के लिये जब सबसे क़रीबी लोग छूटते हैं तो बहुत कष्ट होता है। यहाँ तो वह भाई - बहन थे, जिन्होंने रिश्तेदार देखे ही नहीं थे।

उस दौरान एडमिशन के लिये पैसों की सख़्त ज़रूरत पड़ी तो बाबूजी ने माँ से कहा कि घर की ज़मीन बेच देते हैं। एडमिशन की समस्या हल हो जायेगी। मगर माँ ने पिताजी को यह विचार मन से निकाल देने के लिये कहा। इंजीनियर साहब आज फिर वक्त पर काम आ गये। उन्होंने अपने एक मित्र, जो मुम्बई में बैंक अधिकारी थे, उनको फोन करके एजुकेशन लोन दिला दिया। इस तरह एक किसान का बेटा किसी भले मनुष्य की भलमनसाहत की वजह से पढ़ना शुरू कर पाया। समर्थ ने खुशी व दुःख का चित्रण करते हुये कहा - "आकाश, तुम्हारी फ़िल्म की कहानी शायद मेरी कहानी के काफ़ी क़रीब है। जहाँ मुझे पढ़ने के लिए जाने की खुशी थी वहीं परिवार के छूटने का दुःख भी था। मैं पढ़ने चला गया। निहारिका और मैं लगभग रोज़ कैन्टीन में मिला करते थे। उसका दिया मनोबल मुझे मुम्बई जैसे शहर में गिरने से रोकता था। पिताजी अथक मेहनत कर रहे थे

कि पैसों की कमी से मेरी पढ़ाई पर कोई असर न पड़े। बड़े शहरों में, ख़ास कर के मेट्रो सिटीज़ में बड़े अमीर घर के लड़के व लड़कियाँ पढ़ा करते थे। इसलिये उनकी संगत से बच कर रहना मेरी मजबूरी थी।" मैं यह तो नहीं कहता कि सारे रईस लड़के या लड़कियाँ बुरे ही होते हैं, मगर हीन भावना से ग्रस्त होकर भी मैं उनसे दूरी बना कर रहता था। उस दौरान मेरी मुलाक़ात प्रियांशी व राघव से हुई। राघव मेरा रूम पार्टनर था। प्रियांषी निहारिका की रूप पार्टनर थी। इसलिये हफ़्ते में एक बार, इतवार के दिन हम सभी एक छोटे से रेस्त्रॉं में बैठ कर घर की बातें करते थे। मेरे घर का हाल प्रियांशी और राघव से छिपा नहीं था इसलिये वह रेस्त्रॉं में कभी इतनी महंगी चीज़ नहीं मंगाते थे जो शेयर करने पर मुझे महंगी लगे या मैं आत्मग्लानि महसूस करूँ। पढ़ाई करते-करते कब एक साल निकल गया, पता ही नहीं चला।

-एक दिन रात में अचानक रेनू का फोन आया कि भइया तुम तुरंत आ जाओ। मैंने उससे पूछा कि क्या बात है, खुल कर बताओ। उसका उत्तर साफ़-साफ़ नहीं समझ में आ रहा था। वह बस यही कह रही थी कि मेरी तबियत ठीक नहीं है। जल्दी आ जाओ। मैंने रेनू से कहा कि बाबूजी से बात कराओ मगर फोन कट गया। उसके बाद मैंने कई बार फोन ट्राई किया मगर कॉल लग नहीं पायी। अगले दिन मेरा असाइनमेंट था इसलिये तैयारी में लगा रहा। मैंने सोचा एक-दो दिन में मैं घर जाऊँगा तो पता चल जायेगा कि क्या बात हो गयी। अगले दिन मैंने शाम को माँ को फोन किया और पूछा रेनू की तबियत कैसी है? कल उसका फोन आया था। उसकी बात साफ़-साफ़ समझ में नहीं आ रही थी। माँ ने कहा-" कोई ख़ास बात नहीं है। तुम तो जानते ही हो कि कोई परेशानी उसको होती है तो तुमको तुरंत फोन करती है। तुम अपनी पढ़ाई पर ध्यान दो। अगले हफ़्ते छुट्टी होगी तो तुम आ जाना और उससे मिल लेना।" दो दिन बाद दिन में क़रीब ग्यारह बजे प्रिंसिपल का पी-ए - क्लास रूम में आया और प्रोफ़ेसर साहब से बोला कि समर्थ को प्रिंसिपल साहब ने बुलाया है। मैं तेज़ी से क्लास से

निकल कर प्रिंसिपल साहब के कमरे की तरफ़ भागा कि क्या बात हो गयी। कोई ग़लती हो गयी क्या।

प्रिंसिपल साहब ने मुझे ऑफ़िस में अन्दर बुलाया। मैं डरते - डरते उनके ऑफ़िस में पहुँचा। मैंने पूछा - "सर! क्या बात है?" प्रिंसिपल साहब ने कहा - "समर्थ! तुम्हारी बहन की तबियत काफ़ी ख़राब है। तुम्हें तुरंत जाना होगा। तुम्हें इस समय कोई ट्रेन नहीं मिलेगी इसलिये मैंने अपने ड्राइवर से कह दिया है कि वह तुमको तुम्हारे घर छोड़ देगा। दो सौ किलोमीटर का रास्ता है, चार-पाँच घण्टे में पहुंच जाओगे।" मैंने सोचा कि निहारिका व राघव को बता दूँ मगर क्लास रूम में मोबाइल रखने की अनुमति नहीं थी। इसलिये चपरासी को हिदायत दी कि वह मेरे जाने की ख़बर निहारिका व राघव को दे दे।

मैं रास्ते से लगातार फोन ट्राई करता रहा। मगर रास्ते में कोई सिगनल नहीं मिल रहा था। मैं शाम क़रीब छः बजे के आस-पास घर पहुँच गया। घर पर काफ़ी भीड़ लगी थी। घर के बाहर ही इंजीनियर राम कृष्ण जी खड़े थे। मेरे उतरते ही वह मेरे पास आ गये और मुझे दोनो हाथों से पकड़ कर रूंधे हुये स्वर में बोले - "समर्थ, रेनू हमे छोड़ कर चली गयी। सुबह दस बजे उसकी डेथ हो गयी" यह सुनते ही मैं बदहवास होकर गिर पड़ा। मेरी आँखों के आगे अँधेरा छा गया। रेनू का हँसता हुआ चेहरा मेरी आँखों के आगे घूमने लगा। मेरी प्यारी सी छोटी बहन, जिसको देख कर मैं ज़िन्दगी को जीने का लक्ष्य समझता था, वह मुझे छोड़ कर चली गयी। मैंने राम कृष्ण जी से पूछा कि दो दिन पहले मेरी उससे बात हुई थी। उसकी तबियत ख़राब है यह भी उसने बताया था। माँ से भी मैंने पूछा था। उन्होंने भी बताया था कि कोई ख़ास बात नहीं है। मैंने फिर राम कृष्ण जी से पूछा कि उसको क्या हुआ था। राम कृष्ण जी ने जो कहा, वह सुन कर मेरे होश उड़ गये। मैंने कहा - "क्या कह रहे हैं अंकल, उसे कैंसर था?" मैं तेज़ी से भागता हुआ घर के अन्दर पहुँचा वहाँ जिस कमरे में हम दोनो पढ़ते, सोते थे वहीं उसका निर्जीव शरीर रखा हुआ था। शरीर गल कर एकदम कंकाल

हो गया था मगर चेहरे पर मुस्कुराहट थी। जैसे कहर रही हो - "भैया तुमसे मिलने का इंतज़ार करके मैं जा रहीं हूँ, और तुम मुझे पकड़ नहीं पाओगे। "मैं उसके निर्जीव शरीर पर गिर पड़ा और रोते हुये बोला - 'रेनू! मेरी प्यारी बहन! उठ जा, तुझे अभी पढ़ाई करनी है। बड़े होकर डॉक्टर बनना है। तू ऐसे नहीं जा सकती। "मैं क़रीब एक घण्टे तक उसके निर्जीव शरीर पर सर रख कर बैठा रहा। मुझे इस बात का भी होश नहीं था कि माँ व बाबूजी का क्या हाल होगा। राम कृष्ण जी ने उसकी अर्थी का सारा सामान मँगवा लिया था।

राम कृष्ण जी ने मुझे उठाते हुये कहा - "समर्थ! माँ व पिताजी को सँभालो।" मैंने सर उठा कर देखा तो माँ पिताजी के कंधे पर सर रख कर सूनी व सूखी आँखों से रेनू को लगातार देख रहीं थीं। मैंने जैसे ही माँ का हाथ पकड़ा कि माँ फफक-फफक कर रो पड़ीं। पिताजी एकदम बुत हो गये थे। भारतीय समाज में बेटी का महत्व पिता के जीवन में इतना ज़्यादा होता है जो शायद विश्व के किसी समाज में नहीं होता है। बेटी का महत्व शायद पढ़ा-लिखा समाज सिर्फ़ दिखावे के लिये करता है। वर्ना आये दिन यही पढ़े-लिखे लोग बेटे की चाहत में बेटी की भ्रूण हत्या न करते। गाँव के समाज में ऐसा बिल्कुल नहीं है।

रात भर हम लोग रेनू के निर्जीव शरीर के पास बैठे रहे। सुबह का इंतज़ार करना हमारी मजबूरी थी। शरीर डिकम्पोज़ हो रहा था। सुबह आठ बजे तक हम लोग रेनू का पार्थिव शरीर लेकर शमशान की तरफ़ चल दिये। रास्ते में मेरी आँखों के सामने रेनू का चेहरा बार-बार नज़र आ रहा था। जब मैं उसे गोद में लेकर खिलाता था और वह तोतली आवाज़ में भइया कह कर पुकारती थी। थोड़ी-थोड़ी देर में ऐसा लगता कि रेनू कह रही हो भइया मुझे कहाँ लिये जा रहे हो, नीचे उतारो। मगर यह भ्रम थोड़ी देर में "राम नाम सत्य है "की आवाज़ में टूट जाता। धीरे-धीरे हम लोग शमशान घाट पहुंच गये। वहाँ पर राम कृष्ण जी ने सारा इंतज़ाम पहले से कर रखा था। चिता तैयार की गयी, उस पर रेनू के शव को रखा गया। पिता जी इस हालत में नहीं

थे कि वो अंतिम संस्कार कर पाते। वह बदहवास से रेनू को देखते ही जा रहे थे। आख़िर रेनू उनके ही शरीर का एक हिस्सा थी। राम कृष्ण जी ने उसी समय मुझसे कहा - "समर्थ! तुम्हारे पिताजी की स्थिति ऐसी नहीं है कि वह दाग दे सकें। इसलिये यह काम तुमको ही करना पड़ेगा।" मैंने काँपते हाथों से चिता में अग्नि दी। रेनू का चेहरा देखकर लगता कि उसके साथ मैं भी जल जाऊँ। लेकिन जीवन का सार यही है कि किसी के संसार से चले जाने से जीवन कुछ पल के लिये ठहर जाता है मगर रूकता नहीं है। उसकी चिता में जैसे- जैसे आग भभक रही थी, वैसे-वैसे मेरा शरीर उसकी जलन को महसूस कर रहा था। मेरा शरीर लगभग झुलसा हुआ लग रहा था।

धीरे-धीरे लोग शमशान से वापस जाने लगे। इसी दौरान अरविन्द को जाने कैसे ख़बर मिली तो वह भी शमशान पहुंच गया था। अब पिताजी, राम कृष्ण जी, अरविन्द कुछ दो-तीन पड़ोसी वहाँ रह गये थे। दिन के दो बजे के आस-पास पूरी चिता राख हो गयी। रेनू का शरीर पंचतत्व में विलीन हो गया। अब उसकी राख लेकर मैंने पास की नदी में विसर्जित कर दी। शमशान में जाने पर एक अहसास ज़रूर हुआ कि सभी तो यहीं आयेंगे, कोई जल्दी, कोई देर से। जीवन में शायद मृत्यु ही ऐसी वस्तु है जो होकर रहती है। यानी जो उपजा है वह नष्ट ज़रूर होगा। यह आध्यात्म का भाव शायद श्मशान में हर व्यक्ति को यह आभास कराता हो। उतना मत जोड़ो कि उसको सहेजने में ही ज़िन्दगी बीत जाये क्योंकि मर कर मिट्टी में ही तो मिलना है। अंत्येष्टि की रस्म पूरी करके हम लोग घर लौटे। एक दिन बाद मैंने बाबूजी से रेनू की तबियत के बारे में सारी बातें जानने की कोशिश की तो पिताजी ने सिलसिलेवार तरीक़े से सारी घटना बतायी। एक महीने पहले रेनू को हलका सा बुख़ार आया था। डॉक्टर को दिखाया था। दवा देने के बाद दो दिन तक आराम रहा मगर तीसरे दिन फिर से बुख़ार चढ़ गया। पुनः डॉक्टर को दिखाने पर डॉक्टर ने कुछ टेस्ट लिख दिये मगर सारे टेस्ट नॉर्मल थे। दो-तीन दिन बाद उसकी साँस

उखड़ने लगी तथा हल्की-हल्की खाँसी भी आने लगी। रामकृष्ण जी की सलाह पर रेनू को एक बड़े डॉक्टर को दिखाया तो डॉक्टर ने उसे कैंसर का अंदेशा कहते हुये उसे कैंसर हॉस्पिटल ले जाने की सलाह दी। यहाँ एक छोटे से हॉस्पिटल में कैंसर स्पेशलिस्ट को कंसल्ट किया तो उन्होंने चेकअप करके कहा - "इसको लंग्स का कैंसर है और दूसरी स्टेज चल रही है। यदि आप आठ दिन में इसे मुम्बई ले जा सकें तो इलाज सम्भव है। मगर बचने की सम्भावना पचास प्रतिशत है। हाँ एक बात और बता दूँ कि क़रीब बीस लाख रूपये तक का ख़र्चा हो जायेगा। इसलिये जितनी जल्दी हो सके पैसों का इंतज़ाम करके इसका इलाज शुरू करा लीजिये।"

मैंने तुम्हें इसलिये नहीं बताया कि तुम्हारे एक्ज़ाम चल रहे थे। मुझे और तेरी माँ को कुछ समझ में नहीं आ रहा था कि कहाँ से इंतज़ाम करें। पहली बार तेरी माँ ने कहा - "कैसे भी गाँव की ज़मीन बेचकर पैसों का इंतज़ाम करो।" मैं तुरंत गाँव गया कि ज़मीन का कोई ख़रीदार मिल जाये। मगर रिश्तेदारों ने मौक़े का फ़ायदा उठाते हुये इतने कम दाम लगाये कि इलाज पूरा कराना सम्भव नहीं था। सारे रिश्तेदार या पट्टीदार रेनू की बीमारी के बारे में जान गये थे और मेरी मजबूरी का उन्होंने भरपूर फ़ायदा उठाया। बीस लाख की ज़मीन मात्र तेरह लाख में बिकी। तेरी माँ ने कहा - "हम लोग इलाज शुरू करा देते हैं। उसके बाद का इंतज़ाम कहीं और से कर लिया जायेगा।" समर्थ के पिता ने आक्रोश में भर कर कहा - "बेटा मेरे चचेरे भाई, जिसकी मदद हम लोगों ने हमेशा की, उसने एक हफ़्ते बाद पैसे देने का वादा किया। इधर तेरी बहन की हालत बिगड़ती जा रही थी। एक हफ़्ते के बाद जब मैंने चचेरे भाई से पैसे के लिये याद दिलाया तो वह कहने लगा इस समय तो पाँच लाख से ज़्यादा नहीं दे पाऊँगा। मैंने उसे लेकर लौटना उचित समझा। मगर शहर आते-आते देर हो गयी। रेनू का दम छूट चुका था। एक महीने में मैं बुरी तरह टूट गया बेटा। "पिताजी ने एक पत्र निकाल कर दिया कि रेनू यह तेरे लिये छोड़ गयी। मैं पत्र

हाथ में लिये घर के पास के पार्क में आकर एक बेंच पर बैठ गया और पत्र खोला तो पत्र की स्याही कई जगह फैली हुई दिखी। मैं समझ गया कि पत्र लिखते समय रेनू अपने अंत को निकट देख रही थी और इसी भावावेश में जो आँसू उसकी आँखों से गिरे उससे पत्र का जगह-जगह से तार-तार कर दिया था। पत्र शुरूआत से अंत तक दुःख का सागर था। उसका एक-एक शब्द इतना आहत कर रहा था कि मेरी आँखों के आगे अँधेरा छा जा रहा था। मैं पत्र पर हाथ रख कर अपनी बहन के वजूद को महसूस कर रहा था। मगर वह थी ही कहाँ। उसका सिर्फ़ अन्तर्मन पर अहसास भर रह गया था। मैंने पत्र पूरा पढ़ा तो उसमें अन्त में एक लाइन लिखी थी कि भइया तुम अपने मनोबल को ऊँचा रखना जिससे तुम अपने को कभी किसी से कम न समझना। और जीवन में कभी न कभी जब तुम ऊँचाई पर पहुंचना तो अपने उस गॉव व किसान को मत भूलना जिसकी वजह से आज तक की ज़िन्दगी हमने जी है।

समर्थ ने एक लम्बी सी सॉस ली। उसकी झपकती ऑखों में हल्के से ऑसू आ गये थे। उसने कहा - "आकाश! एक बात आज तक मेरी समझ में नहीं आयी, जिस समय रेनू की मृत्यु हुई थी उस समय उसकी उम्र नौ वर्ष थी मगर उसने जो लिखा वह ज़िन्दगी भर बड़ी-बड़ी उम्र के लोग सोचते भी नहीं है। क्या भारत में आज़ादी के बाद भी किसान के हालात नहीं बदलने चाहिये? किसान ज़मीन को मॉ समझते हैं और जब पेट की आग उनके परिवार को झुलसाने लगती है तो वह मॉ को छोड़ कर शहर चला जाता है। तब व न तो धरती मॉ का आशीर्वाद पाता है और न ही शहर में ज़िन्दगी भर संतोष या सुख पाता है। ख़ैर मैं मॉ-बाबूजी के पास एक महीने रहा। उस दौरान निहारिका, राघव, प्रियांशी व अरविन्द मुझसे मिलने आये" उन्होंने कहा- "समर्थ, जितनी जल्दी हो सके, क्लास ज्वाइन कर लो। "मैंने भी बात टालते हुये कहा- "तुम लोग वापस चले जाओ, मैं एक हफ़्ते बाद आ जाऊँगा।"

उनके जाने के बाद मेरी हिम्मत नहीं हुई कि माँ-बाबूजी को छोड़ कर मैं वापस चला जाऊँ। मेरा मन सभी चीज़ों से उखड़ गया था। अब पढ़ाई भी नहीं करना चाहता था। इस दौरान मैंने रेनू के पत्र को कितनी बार पढ़ा, मैं बता भी नहीं सकता। एक दिन राम कृष्ण जी घर आये और बाबूजी से कहा - "आप ऑफ़िस नहीं आ रहे हैं। यदि ऐसे ही चलता रहा तो सोचिये समर्थ की पढ़ाई कैसे पूरी होगी" पिताजी ने कहा - "सर! समर्थ वापस पढ़ाई करने के लिये तैयार नहीं हो रहा है। एक महीने से ऊपर बीत चुका है उसको यहाँ आये हुये। ऐसे में मैं ऑफ़िस कैसे आऊँ?"

राम कृष्ण जी ने मुझे बुलवाया और समझाते हुये बोले - "जिसकी जितनी ज़िन्दगी लिख कर आती है, वह उतना ही समय संसार में रहता है। लेकिन समय तो रूकता नहीं और तुम्हारे ऊपर तुम्हारे माँ-पिताजी के प्रति तुम्हारी ज़िम्मेदारी है, वह कौन पूरी करेगा? और यह सोचो कि रेनू की आख़िरी इच्छा भी यही थी। और तुमने जो एजुकेशनल लोन लिया है उसे भी तो चुकाना होगा।"

श्री राम कृष्ण जी के जाने के बाद मैंने रेनू की चिट्ठी को फिर पढ़ा और अंतिम चार लाइनों पर दिमाग़ केन्द्रित हो गया, जिसमें उसने मुझे अपना मनोबल न गिरने देने के लिये लिखा था। खाना खाने के बाद मैं सो नहीं पाया। रात को जब नींद लग गयी तो अहसास हो रहा था कि मैं जगा हुआ हूँ और रेनू मेरे बग़ल में बैठी कह रही है कि भइया बाबूजी, माँ और मेरे लिये आगे की पढ़ाई करो। एक झटके में मेरी नींद खुल गयी। मुझे समझ में नहीं आ रहा था कि रेनू की आत्मा सचमुच आकर कह रही थी या मेरी मनोदशा की वजह से मैं ऐसा सपना देख रहा था। सुबह के पाँच बज गये थे। मैंने तुरन्त बिस्तर छोड़ा। माँ उठ चुकी थी। मैंने माँ से चाय बनाने के लिये कहा और फ़्रेश होने चला गया। मैंने लौट कर चाय पी और माँ से कहा - "माँ! आज शाम को मैं वापस मुम्बई जाऊँगा" माँ ने कहा - "समर्थ! आज तुम कुछ बेहतर व ख़ुश लग रहे हो" मैंने कहा - "माँ! मैं रेनू की ख़ुशी के लिये ख़ुश हूँ।

उसे मेरा दुःखी चेहरा तब नहीं अच्छा लगता था, जब वह जीवित थी, तो अब यह कैसे सम्भव है कि मैं उसके न रहने पर दुःखी रहूँ" और माँ-पिताजी से कह कर मैं शाम की गाड़ी से वापस मुम्बई चला गया।

समर्थ थोड़ा रिलेक्स होकर वापस आकाश के साथ बेंच पर बैठ गया। आकाश को अभी तक जो भी बातें समर्थ ने बतायीं वह हू बहू उसके जीवन से मिलती-जुलती सी थीं। आकाश ने कौतूहलवश समर्थ से पूछा-"आगे क्या हुआ?" समर्थ ने फिर बताना शुरू किया - कॉलेज पहुँच कर मैंने खुद को पूरी तरह से पढ़ाई और कॉलेज की एक्टिविटीज़ में डुबो दिया। मैं पिछली ज़िन्दगी की कोई भी बात याद नहीं रखना चाहता था। इसलिये क्लास के बाद गेम्स खेलना या थिएटर करना मेरी आदत बन गयी। मैं कॉलेज में अब एक प्रतिभाशाली स्टूडेंट के रूप में जाना जाने लगा था। मगर इसके बावजूद मेरा अन्तर्मुखी व्यवहार ख़त्म नहीं हो रहा था। गेम्स में बैडमिंटन खेलना मेरा मुख्य शौक़ था। मैं कॉलेज की टीम में सेलेक्शन के लिये लगातार कोशिश कर रहा था। लेकिन अब धीरे-धीरे अहसास हो रहा था कि ज़िन्दगी में किस तरह बड़े रईसजादे अपने पिता के रसूख का इस्तेमाल अपनी प्रतिभाहीनता को छिपाने के लिये करते हैं। राजीव नाम का एक लड़का, जिसके पिताजी मुम्बई की एक इंडस्ट्री के मालिक थे। उनका वहाँ के प्रिंसिपल व मैनेजमेंट में गहरा रिश्ता था। इसलिये जब कॉलेज टीम के सलेक्शन की बात आयी तो राजीव व उसके कुछ क़रीबी लड़के, जो बैडमिंटन खेलते थे, को सेलेक्ट कर लिया गया। मैंने इस बात का विरोध गेम्स टीचर से किया तो उनका सीधा जवाब था कि तुम्हारे कहने से सेलेक्शन नहीं होगा। यह फ़ैसला सेलेक्शन कमेटी का है। पहली बार प्रत्यक्ष रूप से राजनतिक पैंतरेबाज़ी से मेरा सामना हुआ। इसलिये कॉलेज की टीम में मेरा सेलेक्शन नहीं हुआ। लेकिन जब इंटर कॉलेज ओपेन बैडमिंटन टूर्नामेंट हुआ तो मैं अपने कॉलेज से अकेला था जो सेलेक्ट हुआ और मैंने अपने कॉलेज के लिये फ़ाइनल ट्रॉफ़ी जीती। आज मुझे इस बात का अहसास हो गया कि क्षमता का प्रयोग करना

आवश्यक है और मनोबल ऊँचा रखना होगा। अन्यथा सेलेक्शन कमेटी के रिजेक्शन के बाद यदि मैं हार मान कर प्रैक्टिस छोड़ देता तो शायद यह सम्भव नहीं होता। इसका सहयोग मेरे दोस्तों का था जिन्होंने मुझे बैकअप किया। राघव प्रियांशी व निहारिका हमेशा मेरे साथ खड़े रहे। कमेटी के फ़ैसले के ख़िलाफ़ उन्होंने विरोध प्रदर्शन किया था। किसान की ख़राब हालत के लिये ख़राब राजनीतिक सोच है। लेकिन रोज़ की ज़िन्दगी में सक्षम व्यक्ति का हारना प्रत्यक्ष राजनैतिक सोच है कि मेरा या मेरे क़रीबी का भला हो। रोज़ पेपर में पढ़ कर कोफ़्त होती है कि सेलेक्शन प्रोसीज़र में घोटाला हो गया। एक सरकार आती है तो अपनी जाति विशेष पर ध्यान देती है, दूसरी आती है तो दूसरी जाति पर ध्यान देती है। इनके बीच पैसे वालों का खेल अलग चलता रहता है। खेल, चिकित्सा व शिक्षा तो इसका मुख्य आकर्षण केन्द्र होते हैं जहाँ राजनैतिक मंशा का दुरूपयोग किया जा सकता है।

मेरा तीन साल का वक्त किस तरह बीत गया यह पता ही नहीं चला। मैं चौथे वर्ष में प्रवेश कर गया। इतने साल इंजीनियरिंग कॉलेज में रहने के बावजूद मैं उस कल्चर में मिक्स नहीं हो पा रहा था। निहारिका ने मेरे जीवन को आकार देने में कोई कसर नहीं छोड़ी। मैं जब घर नहीं जा पाता तो निहारिका मेरी माँ व बाबूजी से मिल कर आती थी और उनको आश्वाशन देती थी कि आप लोग समर्थ को लेकर बिल्कुल परेशान न हों। कॉलेज के चौथे वर्ष में ज़्यादातर स्टूडेंट्स इस बात को लेकर फ़िक्रमंद थे कि कैम्पस सेलेक्शन में कितना पैकेज मिले। कुछ स्टूडेंट्स ही जीवन में कुछ पाने का ध्येय बना पाये थे। यानी दो तरह की सोच साथ-साथ चल रही थी। एक पैसा कमाने वालों का ग्रुप व दूसरा जीवन में कुछ डिफ़्रेंट अचीव करने वालों का ग्रुप। मगर पैसे कमाने वालों की संख्या कुछ ज़्यादा थी। इस बात को लेकर आपस में काफ़ी बहस चल रही थी। मज़ेदार बात यह होती थी कि कुछ लड़के एम-टेक - करना चाहते थे तो कुछ आई-टी- सेक्टर में जाना चाहते थे। अब एक नयी चीज़ देखने में मिली कि आपने बी-टेक - में ट्रेंड कोई

भी लिया हो, काम इनफ़ारमेशन टेक्नॉलॉजी में शुरू कर दिया। जीवन का यह ऐसा क्षण होता है जब यह निश्चित करना मुश्किल होता है कि क्या करें?

6

एक्ज़ाम से पहले ही कैम्पस इण्टरव्यू शुरू हो गये। कई लड़कों ने इण्टरव्यू नहीं दिये। ख़ास कर जिन्हें एम-बी-ए - या एम-टेक - करना था। निहारिका ने भी इण्टरव्यू नहीं दिया क्योंकि वह भी एम-टेक-करना चाहती थी। मैंने इण्टरव्यू दिया कि मेरे पिताजी व माँ अब मेरी ज़िम्मेदारी उठाने के लिये परेशान न हों। मेरा सलेक्शन हो गया और मुझे सिविल कंस्ट्रक्सन की एक कम्पनी को ज्वाइऩ करने का ऑफ़र मिल गया। मुझे तीन महीने का टाइम दिया गया। ऑफ़र भी मुम्बई शहर में मिल गया। मैंने एक्जाम देने के बाद घर जाने का सोच रखा था कि कंपनी जॉइन करने से पहले माँ व पिताजी से मिल कर आऊँगा। निहारिका ने मुझे कहा था कि इंटरव्यू में मत जाओ। एम टेक करते हुए तैयारी करना जिससे इंजीनीयरिंग सर्विसेस में सेलेक्सन का रास्ता आसान हो जाएगा मगर मैंने साफ़ मना कर दिया। मैंने साफ़-साफ़ कह दिया कि निहारिका, मेरे पिताजी और माँ ने बहुत मेहनत कर ली है, अब मैं आगे उन्हे काम से फुर्सत दिला कर अपने पास रखूँगा, एक्जाम ख़त्म हो गए, मैं माँ और पिताजी से मिलने चला आया। मैंने पिताजी से कहा कि अब आप काम छोड़ दीजिये मैं कमाऊँगा। पिताजी ने कहा - "बेटा तुम नौकरी जॉइन कर लो, कुछ पैसा इककट्ठा कर लो फिर हम लोग तुम्हारे साथ आकर रहेंगे। एक महीने बाद मैं वापस मुंबई आ गया और कंपनी जॉइन कर ली। मैंने अपने जहन से काम की अधिकता कि वजह से गाँव, खेत, किसानी व रेनू सब निकाल कर रख दिया और धीरे-धीरे उन यादों पर मिट्टी पड़ने लगी। उस पर धूल की परत दर परत पड़ती जा रही थी।राघव व प्रियांशी ने बंगलोर में आइ टी कंपनी जॉइन कर ली। उधर पुणे में

अरविंद ने एम टेक करना उचित समझा क्योंकि वह सिविल सर्विसेस की तैयारी करना चाहता था।

मैं मुंबई में कंस्ट्रक्सन साइट के गेस्ट हाउस में रहता था और वहीं मेस में खाता-पीता था। हर तीसरे या चौथे दिन निहारिका से मेरा मिलना हो जाता था उस शहर मेरा कोई अगर करीबी था तो वह निहारिका ही थी, निहारिका से मिलना महज एक संयोग था या नियति मुझे उसके पास ले जाती थी, यह मुझे समझ में नहीं आता था। निहारिका से बात करना, उसका इंतजार करना मुझे अच्छा लगता था। यह उम्र का आकर्षण था या निहारिका का व्यक्तित्व यह मेरी समझ से परे था, बस मुझे इतना पता था कि वह मुझे पहले से भी ज्यादा अच्छी लगती थी। शायद ये प्यार था जिसे मैं, हम दोनों के बीच के रिश्ते का नाम नहीं दे पा रहा था। इसकी मुझे समझ ही नहीं थी। अब मैं घर भी दो महीने से पहले नहीं जाता था। उधर माँ व पिताजी मेरे लिए परेशान रहते थे कि पता नहीं ठीक से खा-पी भी रहा हूँ या नहीं। पिताजी ने एक बेटी खोने का जो दंश झेला वह उनको अन्दर से खोखला कर गया। मैं यंग था इसलिये नयी दुनिया कि चमक - दमक में मेरी यादों में वह यदा कदा ही रहती थी। मगर फिर भी मैं काम व पैसे कमाने में लगा रहा। पता नहीं कब मेरे अन्दर पैसे कमाने कि ललक और बढने लगी। ऐसा लगता माँ व पिताजी के रिश्तेदार सुनेंगे कि लड़का इंजीनियर हो गया है तो फ्लैट, कार वगैरा खरीद ही ली होगी। माँ व पिताजी की जीवन की आवश्यकताएँ बहुत कम थी मगर मैं उनके लिए या उनके नाम पर ज्यादा पैसा कमाने की सोचता था। मैंने मुंबई में ही दो कंपनियां एक साल में बेहतर पैकेज के लिए बदल दी। कई पुराने दोस्त भी कभी - कभी मिल जाते तो कहते - "यार समर्थ, इतनी जल्दी - जल्दी कंपनी मत बदल थोड़ी काम की स्थिरता आने दे" मगर मैं तो सामाजिक दबाव का नाम देकर और पैसा कमाने की सोचता यह मेरा पर्सेप्सन बन गया कि जितना ज़्यादा पैसा कमाऊँगा उतना ही मेरा स्टेटस बढ़ेगा। अमूमन होता यही है कि पैसा

आदमी ख़ुद कमाना चाहता है मगर नाम देता है सामाजिक दबाव या विवशता या परिवार वालों की ज़रूरतें। यह दौड़ कब रूकेगी, यह भी कह पाना मुश्किल है।

निहारिका ने मुझे बहुत बार समझाया कि अच्छे काम पर ध्यान दो, पैसा कमाने के लिये ज़िन्दगी पड़ी है। मगर मैं उसकी बातों को नज़रअंदाज़ कर देता था। निहारिक का समझाना मुझे कई बार बुरा भी लगता था मगर मैं फिर भी उससे मिले बिना नहीं रह पाता था। मैं निहारिक के साथ जिसे दोस्ती समझ रहा था, वह दोस्ती से कहीं आगे बढ़ चुकी थी। इस बात का अहसास मुझे उस समय नहीं हुआ। दो वर्ष पश्चात निहारिका ने एम-टेक - पूरा किया और उसकी नौकरी दिल्ली की एक आई-टी- कम्पनी में लग गयी। निहारिका दिल्ली चली गयी। मैं अकेला रह गया। मेरी प्रोफ़ेशनल ज़िन्दगी में वह एक अकेली व्यक्ति थी जो मुझे सही व ग़लत की पहचान कराती थी। निकारिका का जाना मुझे इस बात का अहसास करा रहा था कि मैं अन्दर से कितना खोखला हो गया हूँ। मैं उससे लगभग रोज़ फोन पर बातें करता था।

एक महीने में इस बात का अहसास हुआ कि मैं निहारिका के बिना कुछ नहीं हूँ। आख़िर निहारिका व मेरा साथ आठ वर्ष से ज़्यादा का हो गया था। मेरा निहारिका के प्रति आकर्षण कब प्यार में बदल गया यह मुझे पता ही नहीं चला। लेकिन यह बात मैं उससे कह नहीं सका। एक बार मैं घर माँ व बाबूजी से मिलने के लिये गया तो उस समय बाबूजी की तबियत ख़राब थी इसलिये मैं सात-आठ दिन वहाँ रूका। इस दौरान एक मन हुआ कि निहारिका के माता-पिता से मिल लेता हूँ। इसलिये यह सोच कर उनके घर पहुँचा। मुझे देख कर वह लोग बहुत ख़ुश हुये। निहारिका के डैडी ने मेरा हाल-चाल पूछा। इस बीच घर के सम्बन्ध में काफ़ी बातें हुईं। निहारिक के डैडी ने इस बीच निहारिका की शादी की बात छेड़ दी। मैं तो यह सुन कर सकपका गया और मेरा दिल बैठने लगा। उन्होंने कहा - "समर्थ! जैसा कि तुमको पता है कि निहारिका मेरी इकलौती संतान है। मेरा स्टेटस भी तुम देख

रहे हो। रूपये-पैसे की कोई कमी नहीं है। इसलिये कोई अपने स्टेटस का रिश्ता मिले तो मैं निहारिका की शादी कर दूँ" मैं भारी मन से हारे हुये जुआरी की तरह अपने छोटे से घर की तरफ़ वापस लौटा। रास्ते में मेरे दिमाग़ में आज रेनू का ख़्याल बार-बार आ रहा था कि अगर वह होती तो शायद मेरी बात सीधी निहारिका से कहना आसान हो जाता।

उस दिन शादी की बात सुनने के बाद से मेरे अन्दर स्टेटस को लेकर एक तरह की नकारात्मक भावना ने जन्म ले लिया। मैंने सोचा कि मैं पैसा ज़्यादा कमाऊँगा और एक-दो साल में बहुत अच्छी स्थिति में होने पर निहारिका के पिता से बात करूंगा। मैंने धीरे-धीरे आत्मग्लानि की चपेट में आकर निहारिका से बात करना कम कर दिया। अब ज़्यादातर फोन उसी का आता था। अपना स्टेटस बढ़ाने के चक्कर में मैं ज़्यादातर ऐसे लोगों से मिलने लगा जो रियल-स्टेट से जुड़े हुये थे। एक अतिरिक्त दबाव मैंने अपने ऊपर डाल दिया था। इतने समय मुम्बई में रहने के बावजूद मैं अपने को गाँव के उस लड़के से शहर के मॉडर्न लड़के में तब्दील नहीं कर पाया था, जिसकी मुम्बई शहर में ज़रूरत थी। अपनी इस गिरती हुई दशा की वजह से मैं ग़लत रास्ते पर चलने की कोशिश करने लगा। मेरा व्यक्तित्व उतना विकसित नहीं हो पाया था, जितना मैं समझता था। कम्पनी को प्रोजेक्ट में नुक़सान होने की वजह से मुझे कम्पनी से निकाल दिया गया। मैं अपने अन्दर सिमट गया। कुछ दिनों के लिये मैं वापस घर चला आया। मैंने निहारिका को इस बात का पता नहीं चलने दिया कि मैं नौकरी से निकाल दिया गया हूँ। मैं अपने शहर में दो-तीन महीने रहा। माँ-बाबूजी परेशान थे कि क्या बात है। माँ के लगातार पूछने पर भी मैंने उन्हें कुछ नहीं बताया। बस इतना कहा कि कम्पनी बदलनी है। थोड़े दिन रूक कर वापस जाऊँगा। धीरे-धीरे घर से बाहर निकलना भी बन्द कर दिया और कमरे के अन्दर बन्द कर बैठा रहता। ऐसा लग रहा था कि मैं ज़िन्दगी की लड़ाई हार गया था। इस दायरे में अपने को बन्द कर लेने की वजह से मैं दबाव व तनाव में

रहने लगा। शहरी जीवन की यही दो देन हैं - दबाव व तनाव। ग्रामीण जीवन की एक ही समस्या है - ग़रीबी, मगर शहर में सब कुछ है मगर ज़रूरत से ज़्यादा। मेरे पास यह क्यों नहीं है? यही समस्या है। इस दबाव व तनाव के कारण मैं बीमार रहने लगा। शरीर शिथिल होने लगा था। सुबह उठने की इच्छा नहीं होती थी। देर से सोता व देर से उठता था। निहारिका की शादी की बात सुन कर मेरे जीवन में जो भूचाल आया था उसका यह परिणाम था। निहारिका के प्रति अपने प्यार की गहराई व कसक का अंदाजा अब लग रहा था। कई बार मन हुआ कि निहारिका को फोन करके अपने मन की सारी बात बता दूँ, मगर हिम्मत नहीं हुई। जीवन के बहुत से क्षण ऐसे आते हैं जब व्यक्ति दो राहे पर खड़ा हो जाता है, सही क्या है गलत क्या है इसका निर्णय नहीं कर पाता। मैं यह भूल गया कि जब मैं गॉव से मॉ-बाबूजी व रेनू के साथ शहर आया था, उस समय जीवन में कुछ प्राप्त करने की लगन थी। गॉव के लिये कुछ करने की आकॉक्षा थी। मगर शहरी सोच ने मेरा सारा मस्तिष्क पलट कर रख दिया। एक दिन मॉ ने आकर बताया - "सुना है कि निहारिका की शादी राम कृष्ण जी के लड़के से तय हो रही है।" चूँकि मॉ अभी भी अहसानवश राम कृष्ण जी के घर का खाना बना रहीं थीं इसलिये उनकी बात शत प्रतिशत सच होगी।यह सोच कर मेरा दिल डूब गया। मैं उस रात सो नहीं सका। न ही मॉ-बाबूजी से यह कह सका कि मैं निहारिका से शादी करना चाहता हूँ।

अगले दिन पता नहीं कहॉ से अरविन्द आ टपका। आते ही उसने कहा - "यार समर्थ! मैं आज ही दिल्ली से लौटा हूँ। पता चला कि तुम आये हुये हो इसलिये मिलने चला आया। क्या हाल बना रखा है। ऑखें धँस गयीं हैं, शरीर कंकाल होता जा रहा है। कुछ तो बताओ?" उसने एक ही सांस में सारी बात कह डाली। मैंने अपनी व निहारिका की कोई बात उससे नहीं बताई। मैंने अरविन्द से कहा - "यार तुम बताओ, तुम्हारा क्या चल रहा है" अरविन्द ने कहा - "यार इस साल आई-ई-

एस - और आई-ए-एस - का इण्टरव्यू दे कर आ रहा हूँ। जहाँ सेलेक्ट हो जाऊँगा, वहाँ नौकरी ज्वाइन कर लूँगा"

हम दोनो तीन घण्टे तक स्कूल से कॉलेज तक की सारी बातें करते रहे। इस दौरान उसने रेनू की भी बात की और मैं बहुत दुःखी हो गया। और उसकी आँख में भी आँसू आ गये। उसे रेनू के प्रति अपनी छोटी बहन के जाने का अहसास था। अरविन्द बोला - "समर्थ तुम्हें याद होगा जब कभी तुम स्कूल की समस्या से जूझते तो रेनू तुम्हारा कितना मनोबल बढ़ाती थी। आज तुम्हें उसके लिये फिर से खड़ा होना है। अपने माँ- बाबूजी को देखो। जिसकी एक संतान कम उम्र में आँखों के सामने से चली जाये उसकी मनोदशा कैसी होगी? ऊपर से तुमने अपनी कैसी हालत बना ली है" अरविन्द आगे बोला - "समर्थ मैं अगले हफ़्ते दिल्ली जाऊँगा। मैं चाहता हूँ तुम मेरे साथ दिल्ली चलो। वहाँ मेरे जानने वाले मोटीवेशनल ग्रुप हैं। मैं तुम्हें उनसे मिलवाना चाहता हूँ" यह कह कर अरविन्द चला गया। उस रात मैंने फिर से रेनू के पत्र को पढ़ा, उसकी अन्तिम लाइन ने मुझे फिर से जीवन में उठने के लिये प्रेरित किया।

अगले दो-तीन दिन मैं अपने को नॉर्मल करके अरविन्द के घर पहुंचा। अरविन्द मेरी शारीरिक स्थिति देख कर काफ़ी ख़ुश हुआ। मैंने अरविन्द से कहा - "मैं तुम्हारे साथ दिल्ली चल रहा हूँ।" अगले हफ़्ते माँ-बाबूजी से इजाज़त लेकर मैं दिल्ली चला आया।

दिल्ली आकर मैं अरविन्द के हास्टल में रूक गया। दो दिन के बाद का अपाइंटमेंट वहाँ अरविन्द के सर श्री मधुप जी से हो गया। श्री मधुप जी मोटीवेशनल व पर्सनालिटी डेवलपमेंट का कोर्स चलाते थे। दो दिन पश्चात मेरी उनसे पहली मीटिंग हुई। एक घण्टे तक उन्होंने मुझसे बात की। जीवन की सारी बातें व घटनायें व उस पर होने वाले प्रभाव को जाननें की भरपूर कोशिश की। मैंने निहारिका के प्रति अपने एकतरफ़ा प्रेम के बारे में उनको बताया। उन्होंने मुझे दो दिन का टाइम

दिया और कहा - "समर्थ! इन दो दिनों में तुम अपनी कमियाँ लिख कर लाओगे और मैं तुम्हारी बातें सुनने के बाद जिस परिणाम पर पहुँचा हूँ उसकी एनालिसिस करके तुम्हें बताऊँगा।"

दो दिन पश्चात मैं मधुप सर के पास पहुंचा। मुझको देखते ही वो ख़ुशी से बोले - "आओ समर्थ बैठो।' मैंने चेयर खींची और बैठ गया। मधुप सर ने बात आगे बढ़ाई और कहा - "क्या तुमने अपनी कमियाँ नोट की हैं?" मैंने हाँ में जवाब दिया। उन्होंने कहा - "लाओ देखूँ। "थोड़ी देर तक वह चुपचाप मेरा स्टेटमेंट पढ़ते रहे फिर एक लिफ़ाफ़ा निकाला और कहा - "समर्थ, इसको ले जाओ और विज़िटिंग रूम में बैठ कर एक घण्टे स्टडी करो, फिर मैं तुम्हें बुलाता हूँ। "यह कह कर उन्होंने अपनी स्टेनो को बुला कर मुझे उसके साथ विज़िटिंग रूम में भेज दिया। एक घण्टे तक उसको तीन-चार बार पढ़ने के बाद मेरे होश उड़ गये। मैंने अपने व्यक्तित्व के बारे में ऐसा सोचा नहीं था, जो उन्होंने एनालाइज़ किया। एक घण्टे बाद उनकी स्टेनो ने मुझे बुलाया और सर के पास भेज दिया। उन्होंने कहा - "समर्थ! जिस बात को लेकर तुम इस हद तक स्वयं को गर्त में ढकेल रहे हो, उस बात की सच्चाई को तुमने जानने का प्रयास नहीं किया। और तुमने आत्म विश्वाश खो दिया। इसलिये तुम्हें अपना आत्म विश्वास वापस पाना होगा। यही तुममे पहली कमी है। और दूसरी कमी यह है कि किसी भी परिणाम पर पहुंचने से पहले उसकी सच्चाई की जाँच-परख करना ज़रूरी है"

मधुप सर बोले जा रहे थे और मैं आत्ममुग्ध होकर उनकी बातें सुन रहा था। उन्होंने मुझसे पहला प्रश्न पूछा - "क्या तुम्हें यह कन्फ़र्म है कि निहारिका की शादी तय हो चुकी है?" मैंने कहा - नहीं, ये तो मैंने अपनी माँ से सुना था कि बात चल रही है।" तब मधुप सर बोले - "इसका मतलब यह है कि यह बात पक्की नहीं है कि शादी तय हो गयी है। अब तुम्हारा पहला काम यह है कि निहारिका चूँकि यहीं दिल्ली में है और बहुत दिन से तुम उससे फोन से बातें नहीं कर रहे

हो, इसलिये तुम उससे फोन पर बातें करके मिलो और सच्चाई जानने की कोशिश करो।" मधुप जी मुस्कुराते हुये दूसरे प्रश्न पर आ गये। उन्होंने पूछा - "यह बात तय है कि तुम उससे प्यार करते हो मगर क्या यह तुम्हें पता है कि वह भी तुमसे प्यार करती है?" मैंने उत्तर दिया - मुझे यह नहीं पता। मधुप सर ने कहा - "तब तुमने ये ख़ुद से कैसे निश्चय कर लिया कि वो तुमसे शादी करेगी। दूसरी मुख्य बात जो मैं तुमसे जानना चाहता हूँ क्या निहारिका का नज़रिया स्टेटस को लेकर नकारात्मक है? यानी वो कम स्टेटस के लोगों को देखकर उनको हीन या छोटा समझती है?" मैंने फिर जवाब दिया - "नहीं! ऐसा बिल्कुल नहीं है। उसने तो मेरी सारी परिस्थितियाँ पता होने के बावजूद मुझसे आठ साल से सम्बन्ध निभाया है। "मधुप सर ने कहा - "समर्थ! जब निहारिका का नज़रिया तुम्हे पता है तब तुमने एक अंदेशे पर सारा परसेप्शन बना लिया और आत्म विश्वास खो दिया।" मधुप सर ने तब मुझे सुझाव दिया कि एक हफ़्ते का कोर्स अटेण्ड कर लो जिससे तुम्हारी सारी दिक़्क़तें दूर हो जायेंगी।

7

मैंने दिल्ली में रह कर सबसे पहले कोर्स किया, जिसने मुझे अतिरिक्त ऊर्जा से भर दिया और मेरे अन्दर के डर और निगेटिविटी को ख़त्म कर दिया। अब मैं जीवन जीने के लिये फिर से तैयार हो गया। इस बीच मैंने निहारिका के ऑफ़िस का पता लगाया और दस दिन बाद उसके ऑफ़िस शाम छः बजे के आस पास पहुंच गया। मैं बाहर खड़ा इंतज़ार कर रहा था। निहारिका 6:15 पर आफ़िस कैम्पस से बाहर निकली तो सहसा उसकी नज़र मुझ पर पड़ गयी। मुझे देखते ही वह अचंभित होकर दो क्षण को मौन हो मुझे देखती रही। मैंने पास जाकर उसको हिलाया तो एकाएक वह स्वप्न से बाहर आ गयी। मैंने उससे कहा - "निहारिका! मैं समर्थ हूँ। कहाँ खो गई हो?" उसने भीगी आँखों से कहा - "समर्थ! तुम्हारा पता पिछले कुछ महीनों से नहीं चल रहा है। न तो तुम मेरा फोन रिसीव करते हो और न ही पलट कर फोन करते हो। आख़िर क्या बात है, साफ़-साफ़ बताओ। "मैंने निहारिका से कहा - "पहले कहीं बैठते हैं उसके बाद बातें करेंगे। "हम लोग एक रेस्त्रॉं में बैठ कर बातें करने लगे। मैंने सारी बातें, जो निहारिका से जुड़ी थीं, उसको बताईं। उसके प्रति अपनी फ़ीलिंग्स को भी बताया। और साथ ही यह भी पूछ लिया - "क्या तुम मुझसे प्यार करती हो?" यह सुन कर वह थोड़ी देर चुप रही, फिर बोली- "समर्थ! तुम्हारे इतने बुरे वक्त में तुम्हारे साथ हर वक्त खड़ी रही। मेरी केयरिंग से तुम्हे कभी यह नहीं लगा कि मैं तुमसे। छोड़ो मैं भी क्या बातें करने लगी। एक बात तुम्हारी समझ में नहीं आयी कि यदि तुम लड़के होकर अपनी बात नहीं कह पाये तो मैं लड़की होकर अपनी बात कैसे कह देती?" आज सारी बातें साफ़ हो गयीं। मेरा मन हलका हो गया। निहारिका

की शादी की बात सही नहीं थी। मैं और निहारिका अब बहुत क़रीब हो गये। यह बात मैंने अब तक किसी से नहीं बतायी तथा निहारिका को भी मैंने साफ़ मना कर दिया - "जब तक हम शादी के लिये तैयार नहीं हो जाते तब तक यह सम्बन्ध दुनिया से बचा कर चलना है। "इस तरह से मेरे जीवन ने नया मोड़ ले लिया। काफ़ी समय बाद मेरे जीवन में ख़ुशी का समय आया था। मैं इन पलों, घण्टों, दिनों को खोना नहीं चाहता था। इसलिये जैसे ही हम दोनो को समय मिलता हम लोग कॉफी शॉप पर मिलने लगे। निहारिका ने कहा - "समर्थ, नयी नौकरी कर लो और अपना जीवन पुनः शुरू करो।" मैंने दिल्ली बेस्ड एक ब्रिज कन्सट्रक्शन कम्पनी में काम शुरू कर दिया। काम भी डेस्क वर्क था। इसलिये मेरा ऑफ़िस शाम को छः बजे तक ही रहता था। हम दोनो लगातार मिलते रहते थे। छः महीने कब बीत गये, पता ही नहीं चला। मेरा ट्रान्सफ़र दिल्ली से सौ किलोमीटर दूर एक ऐसी जगह कर दिया गया, जहाँ पुल निर्माण का कार्य चल रहा था। मजबूरी में निहारिका के ज़ोर देने पर मैं चला गया। वहाँ साइट पर रहने का इंतज़ाम था। यहाँ की जीवनचर्या उसी तरह की थी, जैसी मुम्बई में थी। मगर एक चीज़ अलग थी वह यह कि मैं रोज़ शाम को भाग कर दिल्ली आ जाता और रात तक निहारिका से मिल कर वापस चला जाता। यह सिलसिला एक महीने तक चलता रहा।

एक महीने बाद कम्पनी का काम तेज़ी पर आ गया। इसलिये काम रात में भी होने लगा। इसलिये मेरा दिल्ली रोज़ जाना बन्द हो गया। अब मैं हफ़्ते के अन्तिम दिन ही दिल्ली जा पाता था। धीरे-धीरे काम का बोझ बढ़ने लगा तथा काम के घण्टे भी बढ़ने लगे। काम की अधिकता में कई बार नींद भी नहीं आती थी। सोने के लिये पाँच से छः घण्टे ही मिल पाते थे। वहाँ जितने भी इंजीनियर थे, वह सभी थकान उतारने के लिये ड्रिंक करते थे। उन्होंने मुझ पर काफ़ी दबाव डाला कि मैं उनके साथ साइट पर बैठ कर ड्रिंक ले लिया करूं। मगर मैं जिस परिवेश से आया था वहाँ इसे दारूबाज़ी या शराबीपन की

श्रेणी में गिना जाता था। हमारे गाँव में शराब पीना बहुत बुरा माना जाता था, इसलिये शराब से हमेशा मेरी दूरी बनी रही। यहाँ तक कि इंजीनियरिंग करते समय भी मैंने इसको हाथ नहीं लगाया जबकि कॉलेज में लड़के ज़बरदस्ती या शौक़ में इसे टेस्ट ज़रूर करते हैं। ज़्यादा काम की वजह से मैं बीमार हो गया। एक हफ़्ते आराम करने के पश्चात मैंने काम फिर से ज्वाइन किया। डॉक्टर का सुझाव था कि आप दवा के तौर पर एक पैग ड्रिंक ले सकते हो। मैंने अनमने मन से एक पैग ड्रिंक ले लिया। उस रात मुझे बहुत गहरी नींद आई। सुबह उठा तो सर भारी था। ख़ैर नहा-धो कर मैंने नाश्ता किया फिर काम पर मसरूफ़ हो गया। शाम होते-होते मेरा सर दर्द होने लगा। मैंने फिर एक ड्रिंक रात में सोते समय ले लिया। धीरे-धीरे दिन पे दिन यह पैग की संख्या आधी बोतल तक पहुंच गयी। शुरू के दिनों में जहाँ सुबह मैं ख़ुद को धिक्कारता था कि रात में मैंने शराब पी थी। अब यह ग्लानि का भाव मन से निकल गया था। अब रोज़ रात को ठेकेदार व साइट इंजीनियर के साथ बैठ कर शराब पीता था। मेरी सोच-समझ पर पर्दा पड़ चुका था। निहारिका ने एक रात फोन भी किया, मगर उस समय मैं ड्रिंक कर रहा था इसलिये मैंने कॉल उठाया ही नहीं। अगले दिन सुबह जब मैंने कॉल की तो निहारिका ने ग़ुस्से में फोन पर कहा - "समर्थ, जब फुर्सत में रहूँगी तब बात करूंगी, अभी ऑफ़िस जाने का समय हो रहा है। इसलिये तुम बाद में फोन करना।" इसके बाद फोन कट गया।

इधर बीच जो एक बड़ी घटना घटी, वह थी अरविन्द का सेलेक्सन इण्डियन इंजीनियरिंग सर्विसेज़ में हो गया था। वह राष्ट्रीय टाउन प्लानिंग डिपार्टमेंट में इंजीनियर हो गया था। मुझे अपने घर गये चार महीने से ज़्यादा हो चुके थे। माँ का एक दिन फोन भी आया था और बोलीं - "बेटा एक हफ़्ते के लिये हमसे आकर मिल लो। तेरे बाबूजी की तबियत ठीक नहीं रहती। "मैं भी लगातार काम करते-करते उकता गया था इसलिये एक हफ़्ते की छुट्टी लेकर माँ-बाबूजी से मिलने घर आ गया। घर पर मेरा मन नहीं लग रहा था। मैं रात में बिना ड्रिंक

के परेशान हो जाता था। इसलिये एक रात चुपके से मैंने एक बोतल मँगा ली और सबके सोने के बाद दो पैग पीकर सो गया। इस तरह एक हफ़्ता बीत गया। माँ ने मेरी शादी के लिये ज़ोर देना शुरू कर दिया। मैंने माँ से कहा कि शादी एक - दो साल रूक कर करूंगा, जब मैं वहाँ मकान ले लूँगा और तुम लोगों को वहाँ पर रख सकूँ। जिस दिन लौटना था, माँ मेरे कपड़ों को साफ़ करने के लिये बैग से कपड़े निकालने लगीं। उस समय मैं घर पर नहीं था। माँ को कपड़ों के बीच शराब की बोतल मिल गयी। माँ के हृदय में शूल सा चुभ गया। उन्होंने सारे कपड़े धोकर, प्रेस करके वापस बैग में रख दिये तथा बोतल भी उसमें रख दी।

घर से निकलते वक्त माँ ने मुझे रोते हुये हिदायत दी - "बेटा! ग़लत संगत या रास्ते पर मत जाना वर्ना हम लोग जीते जी मर जायेंगे" रास्ते भर मैं सोचता रहा कि माँ की इस बात का मतलब क्या था। जब वापस अपनी साइट पर पहुँचा और बैग खोल कर अपने कपड़े निकाले तो समझ में आया कि माँ के कहने का आशय क्या था। मैं उस वक्त इतना शर्मिन्दा हुआ कि बयान नहीं कर सकता। मैंने इस घटना के बाद उस कम्पनी को छोड़ दिया और वापस दिल्ली आ गया। यहाँ नई कम्पनी ज्वाइन कर ली, जिसका काम देश भर में रियल स्टेट में इनवेस्टमेंट करना था। अब मेरी पोजीशन मैनेजमेंट में हो गयी थी। अब मैं कम उम्र में अपनी मेहनत से पॉलिसी लेविल मीटिंग में भाग लेता था। मेरी बात कम्पनी में सुनी जाने लगी। शाम के वक्त मैं दिल्ली के बड़े-बड़े व्यापारिक संगठन, कॉरपोरेट वर्ल्ड के एक्ज़ीक्यूटिव्स के साथ उठने-बैठने लगा। मैं मेट्रो शहर के हाव-भाव, व्यक्तित्व व शौक़ को अपनाने लगा। ब्लूचिप कम्पनी के कपड़े पहनना, अपने से छोटे स्तर के व्यक्तियों से कम बोलना या उनके साथ उठना-बैठना, शाम के वक्त बिलियर्डस खेलना तथा छुट्टी के दिन गोल्फ़ खेलना, मेरे प्रमुख शौक़ हो गये। धीरे-धीरे मैंने ब्रिज भी खेलना शुरू कर दिया। मैं धीरे-धीरे हाई प्रोफ़ाइल लोगों के बीच एक जाना माना नाम हो गया। मैं

किसी भी डील को फ़ाइनल कराने में एक्सपर्ट हो गया। मेरी साख ज़बरदस्त थी। मैंने शराब छोड़ दी क्योंकि माँ ने मुझे हिदायत जो दी थी। उससे मैं अपनी ही नज़र में गिर गया था। मेरी इस एक कमी को मैंने क़ाबू कर लिया था मगर मुझमें दूसरी नयी कमियों ने जन्म ले लिया था। मैं देर रात तक पार्टियाँ अटेण्ड करता था। मैं गाँव के उस किसान के बेटे होने का गौरव भूल गया और मेट्रो शहर के रईस होने का गौरव प्राप्त कर रहा था।

धीरे-धीरे मैं शहर के दुर्गुणों के रंग में रंग गया। अब मुझे किसी भी काम में कुछ ग़लत नहीं लगता था। जिस कल्चर को अपनाने में मुझे कॉलेज के दिनों में कोफ़्त होती थी, उस कल्चर को अपनाने में मुझे पाँच से छः महीने ही लगे थे। मेरी जान पहचान खेल, फ़िल्म व कॉरपोरेट वर्ल्ड की बड़ी-बड़ी हस्तियों से हो गयी। अब मैं मज़दूर या ग़रीब लोगों को देखता तो मेरी आत्मा में वह दर्द महसूस नहीं होता था जो कभी मेरे जीवन का हिस्सा था। मेरे एक शहर से दूसरे शहर आना-जाना ट्रेन के एयर कंडीशनर क्लास या हवाई जहाज़ से होता था। किसी भी शहर में जाता तो मेरे रहने का इंतज़ाम फ़ाइव स्टार होटल या स्टेट गेस्ट हाउस में होता था। धीरे-धीरे मेरे राजनैतिक सम्बन्ध भी बनने लगे। मैं इस रफ़्तार भरी ज़िन्दगी में इतना मशगूल हो गया कि मुझको अपने क्लोज़ फ्रेंड्स से भी मिलने का टाइम भी नहीं मिलता। निहारिका ने कई बार फोन भी किया तो मैं जवाब देता - "अभी मैं बिज़ी हूँ, थोड़ी देर में अभी फोन करता हूँ" और वापस फोन करना भूल जाता। माँ व पिताजी को भी इतना कम फोन करता कि वह भी दूर बैठ कर मेरी चिंता करने के सिवा कुछ भी नहीं कर सकते थे। लड़का जब जवान हो जाता है और कमाने लगता है तो उसका व्यवहार थोड़ा इण्डिपेन्डेन्ट हो जाता है। वह यह मान कर व्यवहार करता है कि पिछली जेनेरेशन को आज की प्रथा का पता नहीं है। यह जेनेरेशन का वैचारिक संघर्ष सदियों से चल रहा है। पिछली जेनेरेशन का यह दावा रहता है - जो हमारे समय में होता था और उसमें जो

बात थी वह आज कहाँ। और नयी पीढ़ी का दावा - जो तकनीक या विकास आज है वह पहले कहाँ था। माँ लगातार ख़ुद फोन करके मेरा हाल-चाल पूछती थी।

उधर दिल्ली में मैंने लक्ज़री कार व फ्लैट ख़रीद लिया। पैसा इतना कमा रहा था कि ख़र्च करने के लिये समय नहीं मिलता था। उधर मेरे पिताजी की तबियत ख़राब होती जा रही थी। मगर मैं अपनी माँ के फोन करने पर घर आने की बात यह कह कर टाल जाता था कि मैं बहुत जल्दी ही आकर दोनों को दिल्ली ले जाकर रखूँगा और बाबूजी का इलाज वहीं पर करवाऊँगा। इसी जंजाल में फँस कर मैं घर की ज़िम्मेदारी को हल्के में लेने लगा। इतना पैसा कमाने में मुझ पर पैसे की सत्ता का नशा चढ़ने लगा था। मुझे बचपन से जवानी तक का सफ़र व मेरे माँ-पिताजी की दिक़्क़तें, तकलीफ़ें कुछ भी याद करने का समय नहीं था। मुझे न तो बाबा-दादी याद थे न ही रेनू याद थी, जिनके बिना मैं जीने की कल्पना भी नहीं करता था। आज उनको तो छोड़िये, जीवित माँ-बाप को भी भूलता जा रहा था। समय बीतने के साथ-साथ अतीत के पन्नों पर धूल जमती जा रही थी।

8

मैंने अपने कॉंपते होठों से आगे का हाल सुनाना शुरू किया - आकाश! मैं इतना व्यस्त हो गया कि छः महीने तक मैंने माँ व पिताजी का हाल भी नहीं लिया। एक दिन मैं रियल स्टेट के काम से लखनऊ गया था, जहाँ मुझे चार दिन तक रहना था। दूसरे ही दिन मुझे लखनऊ में माँ का फोन आया कि पिताजी की तबियत बहुत ख़राब है, और मैं तुरन्त निकलने की तैयारी करने लगा। लेकिन मौसम ख़राब होने की वजह से सारी फ़्लाइट्स कैंसिल हो गयी थीं। इसके अलावा दो ही विकल्प बचे थे - पहला ट्रेन, दूसरा बस। बस का विकल्प इसलिये छोड़ दिया कि लखनऊ से मेरा घर काफ़ी दूर था। इसलिये ट्रेन का विकल्प ही मैंने चुना। लखनऊ से ट्रेन पकड़ कर मैं इटारसी पहुंचा। इटारसी से अगली ट्रेन पकड़नेके लिए मुझे चार-पाँच घण्टे का समय बिताना था। सुबह के क़रीब दस बजे मुझे ख़बर मिली थी। अब रात के क़रीब आठ बज रहे थे। अब घबरा कर फोन से पिताजी का हाल जानने की कोशिश कर रहा था लेकिन बार-बार नेटवर्क बिज़ी बताता। मेरी घबराहट बढ़ती जा रही थी। रात बारह बजे स्टेशन पर जब ट्रेन प्लेटफ़ॉर्म पर पहुंचने ही वाली थी कि माँ का फोन आया - “बेटा, अब आने की ज़रूरत नहीं रही। तेरे पिताजी तेरी राह देखते-देखते इस दुनिया से चले गये।” मेरे ऊपर तो जैसे टनों भार किसी ने रख दिया हो। मुझे कुछ सूझ नहीं रहा था। माँ से मैंने फिर अंजान बनते हुए पूछा - “माँ पिता जी कैसे है।” माँ का उत्तर तो वही था मैं तुरंत ही स्टेशन से बाहर निकला और टॅक्सी स्टैंड की तरफ भागा मगर रात के बारह बजे कोई टैक्सी नजर नहीं आ रही थी मेरे पैर घबराहट से काँपने लगे। मेरे सामने पिताजी का चेहरा घूम रहा था। मैं अपने आप को कोस रहा

था। कितनी बार पिता जी व माँ ने मुझे अपने पास मिलने के लिए बुलाया मगर मै पैसा कमाने की धुन मे इतना ज्यादा मगन हो गया कि उनके दुख को महसूस नहीं कर पाया। मै निराश हो कर एक चाय कि दुकान पर बैठ गया मेरा सर घूम रहा था। चाय वाला मुझे काफी देर से देख रहा था। उसने कहा - बाबूजी क्या बात है। आप एक घंटे से यहाँ बैठे है और बहुत परेशान लग रहे है मैंने उसे बताया कि मेरे पिता जी का देहान्त हो गया है और मुझे हर हालत मे कल शाम तक नाशिक अपने घर पहुँचना होगा। यहाँ कोई टैक्सी नहीं दिख रही है ट्रेन सीधी वहाँ नहीं जाती है। इसलिए टैक्सी ढूँढ रहा हूँ। चाय वाला बोला - “बाबूजी मै एक टैक्सी वाले को जनता हूँ उसका नंबर मेरे पास है। आपको चूंकि बहुत दूर जाना है तो मै ये नहीं कह सकता कि वह तैयार हो ही जायेगा मगर एक बार प्रयास करने मे क्या बुराई है” मेरे पास उस वक्त कोई दूसरा विकल्प नहीं था इसलिए मैंने उससे कहा कि भाई जल्दी बात करो। उसने तुरंत ही फोन लगाया और टैक्सी वाले से बात कराई। टैक्सी वाला भला आदमी था उसने मेरी समस्या सुनकर कहा बाबूजी मुझे आने मे एक घंटा लगेगा और एक ड्राईवर को लेना होगा। आप वहीं चाय वाले के पास इंतजार करिये।

उस एक घंटे मे चाय वाले ने मुझे बहुत सात्वना दी और दो बार चाय भी पिलाई। दुख के उस क्षण मे चाय-वाले के शव्द मुझे बहुत ही राहत पहुँचा रहे थे। चाय वाला बार बार कहता - “बाबूजी घबराए नहीं ऐसे वक्त मे भगवान मदद करता है।” मेंने रामकृष्ण जी को फोन किया उन्होने कहा - “बेटा जल्दी से जल्दी पहुँचने कि कोशिश करो।डेड - बाड़ी को 24 घण्टे से ज्यादा रखना ठीक नहीं है” यह बात सुनकर मेरा दिल बैठने लगा।

एक घण्टे बाद रात को करीब ढेड बजे टैक्सी वाला पहुँच गया एक और ड्राईवर साथ मे था। मैंने चाय वाले का धन्यवाद किया और टैक्सी मे बैठ गया। मैंने टैक्सी वाले से पूछा - “भैया कितना वक्त लगेगा पहुँचने में” उसने जबाब दिया - “बाबूजी, करीब 900

किलोमीटर का सफर है तो बारह घण्टे से कम नहीं लगेगा।" मैंने कहा ठीक है कोशिश करना कि मैं बारह बजे तक पहुँच जाऊँ।

पहले ड्राईवर ने करीब चार घंटे तक टॅक्सी चलाई और दो सौ किलो मीटर तक का सफर पूरा हो गया। पंद्रह मिनट एक जगह रुक कर चाय पी उसके बाद दूसरे ने टैक्सी चलायी। इस बीच वो दोनों आपस में बातें करते रहे। लेकिन मुझे रास्ता मीलो लंबा लग रहा था। हाइवे होने की वजह से चार घंटे में उसने करीब साढ़े तीन सौ किलोमीटर का सफर तय कर लिया। थोड़ा रेस्ट लेकर हम लोग फिर निकल पड़े लेकिन बीच बीच में मार्केट पड़ने की वजह से टैक्सी की स्पीड बढ़ नहीं रही थी। दिन का लगभग एक बज गया था। दूरी करीब सौ किलोमीटर बाकी थी। मुझे थोड़ी तसल्ली थी कि तीन बजे तक हर हालत में मैं पहुँच जाऊंगा।

करीब पचास किलो मीटर की दूरी बची होगी की रामकृष्ण जी का फिर फोन आया हम लोग अर्थी उठाने की तैयारी कर रहे है। तुम्हारे पहुँचते ही घाट के लिए निकाल जाएगे। मैंने कहा मै एक से डेढ़ घंटे में घर पहुँच जाऊँगा और फोन बंद कर दिया लेकिन इस दौरान मुझे यह अंदाजा नहीं लगा कि टैक्सी कही रुकी हुई लगी। मैंने बारह घण्टे के सफर में टैक्सी ड्राईवर का नाम तक नहीं पूछा था शायद मेरी मानसिक स्थिति ऐसी नहीं थी। न ही मुझे मुझे पूछने का ध्यान ही रहा। मैंने उससे पूछा भाई तुम्हारा नाम क्या है उसने अपना नाम पवन बताया। मैंने उससे फिर पूछा पवन - क्या बात है आगे गाड़ियाँ क्यो लगी है। पावन ने कहा - "रेलवे क्रासिंग है शायद ट्रेन निकालने वाली है मै थोड़ा आश्वस्त होकर बैठ गया।"

बैठे बैठे आधा घंटा हो गया ट्रैफिक आगे नहीं बढ़ा तो मुझे घबराहट होने लगी करीब चार बज रहा था पवन मेरी घबराहट देख कर गाड़ी से बाहर निकाला और आगे पता करने चला गया की ट्रैफिक जाम क्यो है बीस मिनट बाद पवन लौटा उसने बताया बाबूजी बहुत

गड़बड़ हो गई है। आधा किलोमीटर लंबा जाम है और रेलवे ट्रैक पर एक बैल ट्रेन के नीचे आ गया है। उसको हटाने का काम चल रहा है एक घंटा लग जाएगा। रास्ता साफ हो जाएगा। यह सुनकर मेरा दिल इस अनजानी आशंका से डूबने लगा काही ऐसा न हो कि बाबूजी को मैं देख भी न पाऊँ। सवा पाँच बजे मैंने फिर फोन कर राम कृष्ण जी से कहा कि मैं जाम मे फंस गया हूँ मुझे पहुँचने मे एक घण्टा अभी लग जाएगा। राम कृष्ण जी ने कहा - बेटा हम लोग तुम्हारे पिता जी की डेड - बॉडी को लेकर घाट के लिए निकलते है। तुम सीधे वही पहुँचो, मैंने हाँ कह दिया।

पिछले शाम के बाद मेरी एक बार भी हिम्मत नहीं हुई कि मैं माँ से बात कर लेता। मैं आत्मग्लानि से भरा जा रहा था। कैसे माँ के सामने जाऊंगा, क्या कहूँगा, माँ मुझसे कैसे पेश आएगी। उसके मन में मेरे प्रति घृणा होगी कि जिसको पढ़ा लिखा कर इस लायक बनाया वह ऐसी शानदार ज़िंदगी जी रहा है और उसने यह जानते हुये कि पिता की तबीयत खराब है उन्हे देखने की जहमत तक नहीं उठाई। जिस वक्त रेनू की मृत्यु हुई थी उस समय मै छोटा ही था तथा पढ़ रहा था। ज़िम्मेदारी मेरे कंधो पर नहीं थी। लेकिन आज मै इतना पैसा कमा रहा था कि देश के किसी भी हास्पिटल में उनका इलाज करवा सकता था मगर मेरी मति मारी गयी थी जो मैंने उनकी बीमारी को इतना नज़र अंदाज किया।

शाम ढल चुकी थी, रात के सात बज गए मैंने पवन से कहा पवन गाड़ी थोड़ा तेज चलावो मुझे सीधे शमशान घाट पहुँचना है। पवन ने कहा- ठीक है बाबू जी। पवन को मेरी स्थिति समझते हुए मुझसे एक सहानभूति सी हो गयी थी। रामकृष्ण जी ने आठ बजे फोन किया समर्थ जल्दी पहुचों सारा कार्य सम्पन्न हो चुका है सिर्फ चिता को अग्नि देनी है। शमशान घाट वाले देर रात मे चिता जलाने के लिए माना कर रहे है। इसलिए अगर देर होगी तो चिता की अग्नि मैं ही दे दूंगा इसके साथ ही उन्होने मेरा जबाब सुने बगैर ही फोन काट दिया। मैं घाट पर

8:30 बजे तक पहुँचा। मैंने पवन को पैसे दिये और शमशान घाट के अंदर भागा। पवन भी मेरे पीछे पीछे दौड़ा मेरे कदम ठीक से नहीं पड़ रहे थे।मैं दस मीटर ही दौड़ा था की लड्खडाकर गिर गया मेरी आखो मे आंसू भरे थे चेहरा बुझ चुका था। सामने एक चिता धधक धधक कर जल रही थी। मैं फूट फूट कर रोने लगा।पिता जी मुझसे इतना नाराज हो गए थे की मुझसे अग्नि लेना भी उन्होने स्वीकार नहीं किया। मैं जमीन से उठ नहीं सका। पवन ने पीछे से आकार मुझे कंधे का सहारा देकर उठाया। वहाँ पहुँचा तो मुझे रामकृष्ण जी कही दिखाई नहीं दिये। बीस मीटर की दूरी पर एक चिता तैयार रक्खी थी। मुझे समझ मे नहीं आ रहा था कि रामकृष्ण जी दिख क्यो नहीं रहे हैं?

मैं अजीब सी कशमकश मे था थोड़ी दूरी पर दूसरी चिता के पास कुछ जाने पहचाने पड़ोसी दिखाई दिये। मैं पवन के सहारे वहाँ पर पहुँचा तो देखता हूँ कि रामकृष्ण जी वहाँ के केयर टेकर से बात कर रहे थे कि पंद्रह मिनट रुक जाइए। अगर उनका बेटा नहीं पहुँचा तो मैं अग्नि दे दूँगा। उस समय मेरे सर से मानो बोझ हट गया।

रामकृष्ण जी ने मुझे देखते ही कहा - “समर्थ तुरंत मुखाग्नि दो काफी देर हो चुकी है।” मैंने अपने पिता के चेहरे को अंतिम बार देखा। मैं उनके चेहरे के भाव को समझ नहीं पा रहा था। वैसे मृत्यु शैया पर पड़े व्यक्ति का कोई भाव नहीं होता है। वह शांत होता है। मगर संबंधी उसे अलग-अलग तरीके से पढ़ते है। मुझे ऐसा लग रहा था कि वह कर रहे हो बेटा न तो मुझे माँ बाप का ही सुख मिला और न ही बेटे का, एक अपूर्ण ज़िंदगी मैंने जी है जिसमे हर क्षण गाँव से दूर होने का गम व बेटी से भी दूर होने का दंश मैंने पूरी उम्र झेला है। अपनी माँ का ख्याल रखना। रामकृष्ण जी ने मेरा हाथ पकड़ कर चिता मे अग्नि दी।

वहाँ खड़े-खड़े मैं पिता के साथ बचपन से बड़े होने तक के एक एक क्षण को याद कर रहा था। उनके साथ उनकी उंगली पकड़ कर चलना। मेरा पहली बार दौड़ने पर उनका खुश होना उनके कंधो पर

बैठ कर मेले में घूमना शहर मे हाथ पकड़ कर रास्ता पार करना, मेरे एडमिशन के समय पैसो का इंतजाम करना, मुझे सब याद आ रहा था। मैं फूट फूट कर रो रहा था। वह भगवान जिसने मेरा जीवन दाता बनकर मुझे एक अच्छा जीवन दिया मैंने उस पिता को क्या दिया।

चिता को जलते जलते सुबह हो गयी। रात तक सभी चले गए थे। मैं रामकृष्ण जी के पास बैठा उनसे बोल भी नहीं पा रहा था। चिता की राख लेकर मैं घाट से बाहर आया तो देखता हूँ कि पवन बाहर गाड़ी मे बैठा इंतजार कर रहा है। मुझे देखते ही वह मेरे पास आया कहने लगा साहब अगर आप कहे तो आपको घर तक छोड़ देता हूँ। रामकृष्ण जी व मैं उसकी गाड़ी मे बैठ कर घर पहुँचे। रामकृष्ण जी रास्ते मे उतर गए और कहा कि शाम तक मैं तुम्हारे घर आऊँगा।

घर मे सन्नाटा था सुबह तक सब अपने अपने घरो को जा चुके थे। सिर्फ गाँव के एक पट्टीदार का परिवार घर पर था। माँ पीछे के कमरे मे आँख बंद कर लेटी थी। मेरे कमरे में पहुचने कि आहट पाते ही माँ की आंखे खुल गयी। माँ कि आंखे रोते-रोते सूख चुकी थी लेकिन मैं तो माँ की गोद में सर रख कर रोने लगा माँ ने मेरे सर पर हाथ रख दिया मगर एक शब्द भी उनके मुँह से नहीं निकला। इस तरह मैं एक घंटे तक पड़ा रहा। मेरे रोने से माँ का आँचल लगभग भीग चुका था। उसके पश्चात सन्नाटे को तोड़ते हुए मैंने कहा - माँ मुझे माफ कर दो, मेरी वजह से आज पिता जी हमारे बीच नहीं है। माँ ने उसके बाद भी एक शब्द नहीं कहा।

चौबीस घण्टे के सफर से शरीर व मन दोनों थक चुके थे। यह बात सच है दुख कितना ही बड़ा क्यो न हो मगर शरीर व मस्तिष्क दोनों एक समय हथियार डाल देते है। इसलिए जब तक जिंदगी है शरीर व मन दोनों की आवश्यकता की पूर्ति जरूरी है। अंततः थककर मैं सो गया। शाम को पाँच बजे रामकृष्ण जी आ गए,उन्होने मुझे जगाया। वह और मैं घर के बाहर आ गए। रामकृष्ण जी ने मुझे सुझाव देते हुए

कहा - समर्थ तुम तीन दिन का क्रिया-क्रम करके जितनी जल्दी हो सके अपनी माँ को यहाँ से अपने साथ ले जाओ। उनको सदमा लग गया है और उनको नार्मल होने में वक्त लग जाएगा। तीसरे दिन सारी अंतिम रस्मे व भोज करवाया गया। चौथे दिन मैं माँ को लेकर वापस दिल्ली के लिए निकलने लगा तो हमलोग रामकृष्ण जी के घर गए और उनसे विदा ली। साथ ही यह भी वादा किया कि जब कभी भी मुझे समय मिलेगा मै आपसे मिलने जरूर आऊँगा। वहाँ से निकलकर मैं स्टेशन पहुँचा। वहाँ पर प्लेटफार्म की तरफ पैर बढ़ाया ही था कि वहाँ पवन फिर नजर आ गया। पवन ने मुझसे कहा - "साहब यहाँ चार दिन से सवारी ढूंढ रहा हूँ शायद भगवान चाहता है कि आप मेरे साथ चले।" उसकी जिद के आगे मैं उसके साथ जाने के लिए तैयार हो गया। सारा समान डिग्गी में डालकर मैंने माँ को पिछली सीट पर बैठा दिया। इस जगह से मेरा नाता सोलह सत्रह साल से ज्यादा रहा था। इसलिए उसे छोड़ने कि कसक मन में थी। माँ को सदमे के कारण कुछ भी समझ में नहीं आ रहा था। मकान को मैं रामकृष्ण जी से कह कर किराए पर उठाने के लिए बोल आया था। मैंने सफर के लिए पवन से चार बोतल पानी मंगा लिया था।

दिन में करीब बारह बजे हम वहाँ से निकले रास्ते में एक घण्टे बाद माँ को नींद आ गयी। मैंने पवन के दोस्त को थोड़ी देर के लिए पीछे की सीट पर बैठा दिया और मैं आगे की सीट पर पवन के बगल में बैठ गया। थोड़ी देर के बाद पवन ने बोलना शुरू किया। पवन ने बड़ी ही आत्मीयता से कहा साहब उस रात जब मुझे आपकी परिस्थिति का अंदाजा लगा तभी मैंने भगवान से प्रार्थना की थी कि आप अपने पिता कि अंतेष्टि में समय से पहुँच जाए क्योकि ऐसी ही परिस्थिति मे मैं अपने पिता की चिता को आग नहीं दे सका था इसका दुख मुझे आज भी है। धीरे धीरे रास्ता कटता जा रहा था। हम रात में इटारसी पहुँच गए। माँ अभी तक सदमे से बाहर नहीं निकल पायी थी। इतने देर के सफर में एक भी शब्द वह नहीं बोली। पवन लगातार बोलता

रहा। बीच - बीच में दूसरे ड्राईवर ने भी गाड़ी चलायी जिससे पवन ने भी झपकी ले ली। उतनी ही देर पवन का मुह बंद रहा। पवन से एक अपनापन सा हो गया था। रात बारह बजे हम लोग इटारसी पहुँच गए। अब यह समझ में नहीं आ रहा था कि आगे कि यात्रा कैसे की जाय। कोई रिज़र्वेशन मिलने कि संभावना नहीं थी। फिर भी मैंने पवन से कहा मैं अभी स्टेशन से ट्रेन पता करके आता हूँ तुम यही इंतजार करो। स्टेशन पर पूछताछ केंद्र पर पता करने पर कोई संभावना नहीं थी कि कोई रिज़र्वेशन मिल जाएगा। मैं थोड़ी देर इधर उधर टहलता रहा। थकान की वजह से दिल व दिमाग काम नहीं कर रहे थे। एका एक ध्यान आया कि मेरे बैग में लैपटाप पड़ा हुआ है। मैंने लौट कर लैपटॉप निकाला और नेट कनेक्ट करके तत्काल में रिज़र्वेशन चेक करने लगा मगर अफसोस कही कोई सीट उपलब्ध नहीं थी। पवन अपने दोस्त के साथ चाय पीने चला गया था। मैं माँ के बगल मे बैठ गया। आखे बंद कर वापस जाने कि ज़दोजहद में उलझा हुआ था। इतनी देर की यात्रा में माँ पहली बार बोली --क्या बात है समर्थ तुम इतना परेशान क्यो हो। ऐसा लगा कि इतने देर के सफर में माँ एकदम भाव शून्य हो गयी थी उसे बिलकुल अंदाजा नहीं था कि रास्ते में क्या क्या हो रहा था। मैंने कहा माँ हमे टैक्सी यही छोडनी है और यहाँ से दिल्ली की कोई ट्रेन उपलब्ध नहीं है जिसमें की रिज़र्वेशन मिल सके यही सोच के परेशान हो रहा हूँ। हम लोग फिर थोड़ी देर शांत होकर बैठ गए।

थोड़ी देर बाद पवन चाय लेकर आया और बोला अम्मा जी आप लोग चाय पी लीजिये माँ और मैंने चाय पी। पवन ट्रेन के बारे में पूछने लगा। मैंने कहा - कल तक तो यहाँ से कोई सीट नहीं है पवन ने कहा अगर आप लोग कहे तो रुकने का कोई इंतजाम कर दूँ। मैं कुछ कहता इससे पहले माँ ने कहा - “पवन बेटा, अगर तुम्हें दिक्क़त न हो तो तुम हमे दिल्ली तक छोड़ दो।” मैं तो यह सुनकर सकते मे आ गया, अभी - अभी तो इतनी दूर हम लगातार सफर करके यहाँ तक आए

है और तुरंत ही उसे दिल्ली जाने की बात करना उसके साथ ज्यादती तो नहीं है। उससे ज्यादा हैरानी मुझे तब हुई जब पवन इसके लिए तैयार हो गया। मैंने पवन से कहा - "तुम थक गए हो और दिल्ली का रास्ता लंबा है तुम्हें परेशानी होगी।" लेकिन पवन का जबाब सुनकर मैं चुप हो गया। वह बोला - "अगर आप की माँ आपसे कुछ कहे और आप उसे पूरा करने मे समर्थ हो तो आप क्या करेंगे, वही मैं कर रहा हूँ। मैं तो बिना माँ-बाप का हूँ। आज जब माँ जी कुछ कह रही हैं तो मैं अपनी माँ समझ कर उसे पूरा करुगा। लेकिन मैं थोड़ा आराम करके सुबह छः बजे तक निकलूँगा। आप लोगों के रहने के लिए मैं एक होटल मे इंतजाम कर देता हूँ।" माँ ने कहा - "नहीं पवन, हम तुम्हारे घर पर ही रात मे रहेंगे।" पवन तो जैसे घबरा गया - "नहीं- नहीं माँ जी, आप लोग उस बस्ती मे कैसे रहेगीं।" माँ ने कहा - "एक तरफ माँ कहता है दूसरी तरफ माँ को घर नहीं ले जाना चाहता है।" पवन ने कहा - "नहीं, ऐसी बात नहीं है।" मगर माँ की जिद के आगे पवन ने चुपचाप टैक्सी बस्ती की तरफ बढ़ा दी।

हम लोग दस मिनट मे बस्ती पहुँच गए रास्ते में माँ ने पवन से उसके परिवार के बारे में पूछा तो फिर पवन अपनी गति में शुरू हो गया। मैं और मेरी पत्नी हमारे पूरे परिवार में हैं, घर पहुँच कर पवन ने अपनी पत्नी से हमारा परिचय कराया। रात के करीब एक बज गए थे फिर भी उसकी पत्नी ने हम लोगों के लिए खाना बनाया। हम लोग भूखे थे इसलिए खाना भी पेट भर खाया। घर के नाम पर पवन के पास एक कमरा ही था इसलिए पवन की पत्नी ने कहा माँ जी मेरे पास यही सो जायेंगी और आप दोनों लोग पवन के दोस्त के घर सो जाइएगा।

हम लोग पड़ोस मे पवन के दोस्त के घर आकर सोने की तैयारी करने लगे लेकिन कई बातें मेरे जहन में आ - जा रही थी एक तो मेरे पिता को गुजरे हुये कुछ दिन हुए थे लेकिन रफ्तार भरी जिंदगी में क्षण भर के लिए भी एहसास नहीं हो रहा था कि पिता का साया मेरे ऊपर नहीं है। लेकिन आंखे बंद करने पर मेरी आंखो में पिता जी की

तस्वीर ही उभर रही थी। उनकी सारी बातें उनकी कठिन ज़िंदगी के एक - एक घटनाए फ्रेम दर फ्रेम गुजर रही थी। मुझे बार - बार यही एहसास होता मैंने उनकी उम्मीदों पर पानी फेर दिया। फिर रेनू का चित्र, दादा- दादी का चित्र सब उभरने लगा। फिर निहारिका व अन्य दोस्तो को याद करने लगा। फिर पवन के साथ बीते चार पाँच दिनों की घटनाए। अंत में पवन का इतनी थकान के बाद भी दिल्ली के लिए चलने के लिए तैयार हो जाना। मुझे पवन ने एक सबक दिया। मैं नाम व काम दोनों से समर्थ था फिर भी पिता व माता को कोई सुख न दे सका। पवन तो वास्तविक रूप से समर्थ था। यही सोचते सोचते मुझे नींद आ गयी।

सुबह करीब छ: बजे नीद खुली तो देखा पवन तैयार हो चुका था। पवन मुझसे बोला - "साहब आप फ्रेश हो जाइए मैं थोड़ा नाश्ते का इंतजाम करके आता हूँ" आधे घंटे में हम सभी तैयार होकर पवन के घर पहुँचे और नाश्ता करके सात बजे तक हम लोग वहाँ से दिल्ली के लिए निकले। माँ अब एकदम नार्मल व्यवहार कर रही थी चलते समय माँ ने पवन की पत्नी से कहा - "बेटा एक रात में तुमने जो सेवा का भाव हमारे प्रति दिखाया है उसे मैं जीवन भर नहीं भूल सकती जबकि तुम्हारा व हमारा कोई संबंध नहीं है," माँ ने कहा - "सुनीता, भविष्य में अगर मुझसे कुछ बन पड़ा तो मैं तुम्हारे लिए कुछ-न-कुछ जरूर करूंगी" मुझे माँ की आत्मीयता पवन की पत्नी के प्रति समझ नहीं आ रही थी। एक ही रात में माँ ने उसका नाम भी पूछ लिया और बेटा जैसे सम्बोधन का प्रयोग करने लगी।

माँ, पवन व मैं तीनों लोग निकलने लगे तो माँ ने सुनीता की तरफ देखा तो उसकी आँख भर आई। वह जल्दी से जल्दी अब वहाँ से निकल जाना चाहती थी। हम लोग पूरे दिन का सफर कर रात में दिल्ली पहुँच गए। रात में पवन हमारे फ्लैट पर रुका और सुबह वह वापस लौटने लगा तो मैंने उसका फोन नंबर ले लिया। वह सुबह निकाल रहा था तो माँ ने उसे थोड़ा खाने का सामान दे दिया और कहा पवन वहाँ

पहुँच कर फोन कर देना व सुनीता से कहना कि मुझसे बात करे। पवन खुशी-खुशी वहाँ से निकला।

दो चार दिन बाद कंपनी से फोन आने लगे और मैं अपने काम में धीरे-2 व्यस्त होने लगा। मेरे लौटने पर अरबिन्द व निहारिका जरूर मिलने आए। निहारिका अक्सर मेरी अनुपस्थिति में घर आ जाया करती थी। लेकिन वह मुझसे कटी-कटी सी रहती थी, वह माँ से कनफर्म कर लेती कि मैं घर पर हूँ या नहीं, फिर वह घर आती थी। इस तरह मेरी तरफ एक आकर्षण होते हुए भी वह नाराज दिखती रहती थी। मेरी यह प्रवृति कि बुरे समय में जो भी घटित होता वह मैं समय के साथ भूल जाता था। उसने मुझे फिर उसी रास्ते पर डाल दिया जिसको न करने की कसम मैंने बार बार खाई थी, जब मैं पिता की मृत्यु की खबर पाकर उनके मृत शरीर के पास जा रहा था। काम मे बिजी होना उन पुरानी बातों को भूल जाने का एक बहाना था। मगर उस बहाने के परिणाम स्वरूप मैं फिर पैसा कमाने के दलदल में फँसने लगा। मैंने पाँच कमरे का फ्लैट खरीद लिया। रियल स्टेट कंपनी की तरफ से एक गाड़ी मिल गयी और ड्राईवर रखने का पैसा अलग से मिलने लगा। इधर मैं सुबह नौ बजे से लेकर रात दस से ग्यारह बजे तक काम में व्यस्त रहता, कई बार काम के सिलसिले में देश भर मे टूर भी करता था। माँ के प्रति मैं अपनी ज़िम्मेदारी भूल गया था। माँ भी मुझसे कुछ नहीं कहती और क्या कहती कि बेटा पैसा न कमा। पिता व रेनू के जाने के पश्चात उसने मुझसे काफी दूरियाँ बना ली थी, यह एहसास मुझे क्यो नहीं हो रहा था कि माँ अंदर-अंदर घुल रही थी। काफी कमजोर हो गयी थी। मैं भी औपचारिकता निभाते हुए कहता - माँ, सब कुछ घर में कहने के लिए है, मगर तुम कुछ खाती पीती नहीं हो। क्या हाल बना रखा है काफी कमजोर हो गयी हो।

इस दौरान मैंने अपनी कार के लिए कई ड्राईवर रखे मगर कोई भी ज्यादा दिन तक नहीं रुकता था। एकाएक मुझे ख्याल आया कि क्यो न पवन को दिल्ली बुला लूँ। मैंने यह बात माँ को बताई तो माँ

ने कहा - "अच्छा है कि तुम पवन व सुनीता को यहाँ बुला लो। फ्लैट काफी बड़ा है एक कमरे में दोनों रहेंगे और तुम्हारी अनुपस्थिति में मुझे सुनीता का साथ मिल जाएगा"

अगले ही दिन मैंने पवन को फोन किया और पवन को दिल्ली आने के लिए कहा तो पवन ने कहा-साहब, दिल्ली में रहने का खर्च बहुत ज्यादा है हम लोग कैसे रहेंगे, कहाँ रहेंगे। मैंने कहा - "रहने की कोई दिक्कत नहीं होगी" पवन ने कहा - "साहब, मैं सुनीता से बात करके बताऊंगा" एक हफ्ते बाद पवन ने आने की सहमति दे दी। इस बीच माँ ने सुनीता को आने के लिए फोन पर बात कर ली थी। एक हफ्ते बाद पवन व सुनीता अपना थोड़ा सा सामान व कपड़े लेकर दिल्ली आ गए। पवन ने अपनी टैक्सी वेच दी और जो पैसा मिला वह बैंक में डाल आया था। पवन व सुनीता को देख कर माँ बहुत ही ज्यादा खुश हो गयी। पता नहीं क्यो सुनीता को देख कर माँ के चेहरे पर जो संतोष उभरता मैं उसे बयान नहीं कर सकता। पवन ने मेरी गाड़ी का काम सम्हाल लिया। पवन के आने से एक आराम यह हो गया कि मुझे छोड़ने के बाद यदि कोई काम नहीं होता तो मैं उसे घर भेज देता जिससे घर की देख भाल हो जाती और माँ को कहीं आना जाना होता तो वो ही उन्हे ले कर जाता। धीरे धीरे माँ का मन सुनीता के साथ लगने लगा। सुनीता थी तो छोटे घर की और ज्यादा पढ़ी लिखी भी नहीं थी मगर उसकी समझ का मैं भी कायल था वह घर को इस तरह सम्हालती जैसे की इस घर की लड़की हो। सुनीता व पवन के कोई करीबी रिश्तेदार दिल्ली में नहीं थे इसलिए वह दोनों कहीं शहर से बाहर जाते नहीं थे।

आकाश समर्थ की कहानी सुनने के साथ-साथ नदीम का इंतजार भी कर रहा था लेकिन कहानी की दिलचस्पी ने उसे नदीम के इंतजार की बेसब्री को लगभग खत्म कर किया था। समर्थ अपनी आपबीती बहुत तेजी से सुनाता जा रहा था। ऐसा लग रहा था कि वह उस रात

को रोक देना चाहता था मगर रात तेजी से सवेरे की तरफ भाग रही थी।

आकाश ने समर्थ को थोड़ा रुकने को कहा और पानी लेने चला गया। दस मिनट में वह पानी लेकर लौटा। आकाश ने कहा- समर्थ आगे क्या हुआ। समर्थ ने पानी से चेहरा हल्का सा गीला कर लिया और आगे कहा - माँ अब तो जरूरी चीजो के लिए मुझसे कुछ न कहती थी वह सारे घर के आवश्यकता का सामान पवन और सुनीता से विचार विमर्श करके ले आती थी। पवन व सुनीता की सेवा से माँ बहुत प्रसन्न रहती थी इसलिए वह मुझसे अपनी कोई बात नहीं कहती थी लेकिन एक बात जो सदा सत्य है कि अपना बेटा ना पूछे और सारा संसार माँ की सेवा सुश्रुत करे, तो भी माँ के मन में एक कसक सी रह जाती है कि काश मेरा बेटा एक बार पास आकर कहता-माँ कैसी हो।

इधर दिल्ली में निहारिका व अरबिन्द से हफ्ते दो हफ्ते में मुलाक़ात होती रहती थी। रियल स्टेट के काम में धीरे-धीरे मैं बड़े बिजनेस मैन व राजनीतिज्ञो से मिलने लगा। कारण यह कि देश का यह तबका जो काले धन को कमाता था उसका सारा पैसा रियल स्टेट के धंधे में लगता था और वापसी व्हाइट मनी के रूप में होती थी। दिल्ली से लेकर पूर्वी उत्तर प्रदेश तक मेरे पोलिटिकल कनेक्शन बढ़ने लगे। मै इस काले धंधे में धीरे-धीरे धँसने लगा। मैंने साल बीतते-बीतते अपनी रियल स्टेट की कंसल्टेंसी फर्म खोल ली। बड़े-बड़े कारपोरेट हाऊसेस, पालिटीशियन, डाक्टर, व्युरौक्रेट व क्रिमिनल सभी मेरे क्लाइंट हो चुके थे।

एक दिन मै और निहारिका रेस्त्रां में बैठ कर चाय पी रहे थे। मैंने निहारिका से कहा - “एक बात कहना चाहता हूँ बुरा तो नहीं मानोगी।” निहारिका ने कहा - “बिना बात सुने कैसे बता सकती हूँ कि बुरा मानूँगी या नहीं।” मेरे माथे पर पसीना हल्का हल्का छलक रहा था। मैंने बिना उम्मीद किए कि वह क्या जबाब देगी, कहा - “मैं

तुमसे शादी करना चाहता हूँ" निहारिका दो मिनट तक चुप रही जैसे कि शाक्ड हो गयी हो। मैंने चुप्पी तोड़ते हुए कहा - "कोई जल्दी नहीं है। तुम सोच कर जबाब देना" इसके बाद आधे घंटे तक हम दोनों रेस्त्रां मे बैठे रहे लेकिन कुछ ही शब्दो का प्रयोग हम लोगों के बीच हुआ। शब्दकोश मानो समाप्त हो गए हों। मेरा दिमाग लगभग शून्य सा हो गया था। मुझे नहीं पता कि निहारिका उस वक्त क्या सोच रही थी। एकाएक निहारिका झटके से उठी और बोली - "मैं जा रही हूँ फिर मिलेगे" मैं इससे पहले कुछ बोल पाता वह रेस्त्रां से बाहर जा चुकी थी। मैंने बठे - बैठे दो काफी और पी डाली। अब मैं पहले से ज्यादा कशमकश में था कि निहारिका का जबाब क्या होगा।

दो हफ्ते बीत गए लेकिन निहारिका का कोई फोन नहीं आया। मैं निहारिका को तब से पसंद करता था जब हम कालेज में पढ़ा करते थे। अब हमारी ये पसंद प्यार में बदल चुकी थी। मुझे फिर भी मन में ये डर था कि पता नहीं निहारिका इस रिश्ते के लिए हाँ करेगी या नहीं। मैंने यह बात ना तो माँ को बताई और ना ही किसी दोस्त को ही बताई थी। इस घटना के पश्चात मैं छः महीने के मैनेजमेंट कोर्स के लिए दिल्ली से बाहर चला गया।

इधर घर पर पवन व सुनीता माँ के पास रह कर उनकी देखभाल कर रहे थे। छः महीने की ट्रेनिंग के दौरान मैं केवल दो बार ही दिल्ली आया था। निहारिका मेरी गैरहाजिरी में पाँच-छः बार घर आई थी लेकिन उसने मेरी और उसकी बातचीत का कोई जिक्र माँ से नहीं किया। उन छः महीने के दौरान मैं यही सोच रहा था कि संभवतः निहारिका मुझसे शादी के लिए हाँ कहेगी। आखिर क्या कमी थी मुझमें, देखने मे अच्छा लुक था, पैसा उम्र के हिसाब से बहुत ज्यादा था,रहने के लिए शानदार घर था। निहारिका के मना करने का कोई भी कारण समझ में नहीं आ रहा था लेकिन छः महीने में निहारिका का मुझे कोई फोन ना करना इस बात की ओर इशारा कर रहा था कि कहीं कोई समस्या तो नहीं है?

मैंने क्योंकि सभी चीजे बड़ी ही आसानी से पायी थी और समय से पहले पायी थी इसलिए अस्वीकार्यता सहन करने की क्षमता मुझमें नहीं थी। मैंने बाबा, दादी माँ, पिता जी व रेनू की तकलीफ़ों को देखा था लेकिन उसे मैं आत्मा की गहराइयों तक महसूस नहीं कर पाया। इसलिए बार बार मैं गलतियाँ करता और फिर उन्हे ना दोहराने की मन ही मन कसम खाता और जैसे ही परिस्थितियां ठीक हो जाती मैं उन कसमों को भूल जाता था।

9

छः माह पश्चात जब मै ट्रेनिग कंप्लीट करके वापस लौटा तो मुझे माँ के अंदर एक तब्दीली दिखाई देने लगी, माँ मुझसे थोड़ी कटी-कटी सी रहने लगी थी। वह पवन व सुनीता से तो खुल कर बात करती थी लेकिन मुझसे हाँ या ना में जवाब देती। अब कभी-कभी मुझे पवन व सुनीता का रहना भी अखरने लगा था। एक दिन मै गुस्से मे माँ पर झल्ला गया और माँ से कहा - "अगर कोई जरूरत हो तो मुझसे कहो, क्या जरूरत है बाहर के लोगों से कहने की, अब जितनी जल्दी हो सके इन्हे जाने के लिए कह दूंगा" इतना सुनते ही माँ ने गुस्से मे कहा - "इनके साथ मेरे भी जाने का इंतजाम कर देना" इतना सुनते ही मेरे पैरो के नीचे से जमीन खिसक गयी। मैं हैरान रह गया। आज मैं माँ के लिए इतना पराया हो गया कि माँ एक ड्राईवर व उसकी पत्नी के लिए मुझे छोड़ने के लिए तैयार है। मैं तेजी से माँ के कमरे से निकल गया तभी सामने सुनीता आ गयी। उसके हाथ मे चाय की ट्रे थी। उसने कहा कि भईया चाय पी लीजिये। मैंने हाथ से ट्रे को पलट दिया और घर से बाहर निकल गया। मैंने पलट कर यह भी नहीं देखा कि चाय सुनीता के चेहरे पर गिर गयी थी।

रात को करीब बारह बजे मैं जब घर लौटा तो दरवाजा पवन ने खोला। मैंने कुछ बात नहीं की और सीधा अपने कमरे मे जा कर सो गया। सुबह उठा तो बहुत देर हो चुकी थी। मुझे चाय कमरे मे पवन आकर दे गया वैसे सुबह सुनीता ही मुझे आकर जागती थी और चाय देकर जाती थी। मगर आज पवन के चाय देने पर भी मैंने उससे नहीं पूछा कि सुनीता कहाँ है। एक घंटे बाद मैं नहा के तैयार हो गया। मैंने

किसी से एक शब्द भी बात नहीं की। नाश्ता करके मैं माँ से मिले बिना बाहर निकल गया। मेरे अंदर इतना गुस्सा भरा था कि मुझे खुद ही नहीं पता था कि यह कहाँ से और क्यो पैदा हो गया। इस तरह क़रीब पाँच छः दिन बीत गए। छः दिन बाद संडे के दिन मैं करीब दस बजे सो कर उठा तो मेरे सिर मे दर्द हो रहा था मैंने सोचा की इतनी देर तक सोने पर भी किसी ने मुझे जगाया नहीं। मैं किचेन की तरफ सुनीता को आवाज लगाते हुए पहुंचा तो किचेन बंद मिला। माँ बिस्तर पर ही लेटी थी। मैंने माँ को आवाज लगाई। माँ ने पलट कर मेरी तरफ देखा और पूछा - "क्या बात है?" मैंने कहा - "माँ, सुनीता व पवन कहाँ है। कही दिख नहीं रहे हैं?" माँ ने कहा - "दोनों वापस चले गए।" मैंने कहा - "क्यों, चले गए?" माँ ने कहा - "वह दोनों बच्चे तो थे नहीं, तुम्हारा व्यवहार उनके प्रति रूखा हो गया था। यहाँ तक कि पिछले पाँच दिनों से गाड़ी भी नहीं ले जा रहे हो", तो पवन ने कहा - "जब साहब गाड़ी नहीं ले जा रहे है और उन्हे मेरी जरूरत नहीं है। हमारा रहना भी उन्हे पसंद नहीं है। इसलिए हमारा यहाँ से जाना ही उचित होगा" इसलिए वो दोनों यहाँ से आज सुबह ही निकल गए। मैंने माँ से कहा - "मै, चाय बना कर लाता हूँ" माँ ने कहा - "बना ला, मेरी तबीयत ठीक नहीं लग रही है।" मैंने पूछा - "क्या हुआ?" माँ ने कहा - "शायद बुखार है" मैंने माँ के माथे पर हाथ रक्खा। माथा जल रहा था, मैंने थर्मामीटर लगाकर फीवर चेक किया, फीवर 102 था। मैंने कहा - "मैं चाय बनाकर लाता हूँ और तुम्हें एक टेबलेट दे देता हूँ बाद मे डाक्टर को दिखाने चलेंगे" दस मिनट में चाय बन कर ले आया मगर माँ फिर सो गयी थी। मैंने माँ को जगा कर टेबलेट दी और अदरक व काली मिर्च की चाय उन्हे दी। मैं उनके पास बैठा रहा। एक घंटे बाद उन्हे थोड़ा आराम मिल गया।

माँ ने दुखी होते हुए कहा - "समर्थ, तुम्हें पता नहीं कि पवन व सुनीता तुम्हें किस हद तक प्यार व सम्मान करते है तुम्हारी बेरुखी व खराब व्यवहार ने उन्हे बुरी तरह से तोड़ दिया था और उस दिन जब

तुमने ट्रे को पलट दिया था और बाहर चले गए थे तुमने ये भी पलट कर नहीं देखा कि चाय उसके चेहरे पर गिर गई थी उसका चेहरा जल गया था उस दिन से वह तुम्हारे सामने नहीं आई। न आने का कारण भी उसने बताया कि भईया को मेरा चेहरा देखकर अफसोस न हो" माँ की बात सुनकर मैं तो सन्न रह गया। माँ ने आगे बताया-सुनीता ने यह भी कहा - "अगर भईया के मन में हमारे प्रति इतनी कटुता भरी है तो हमारा यहाँ रहना उचित नहीं है" इसके साथ ही उसने तुम्हारे व मेरे बीच जो बातें हुई थी वह भी उसने सुन ली थी। माँ ने फिर सांस भरते हुए कहा - "अब यह बता कि कोई भी स्वाभिमानी व्यक्ति इसके बाद भी यहाँ रह सकता है। वह तुझे अपने बड़े भाई की तरह मानने लगी थी" माँ के मुँह से निकला एक-एक शब्द मुझे अन्दर तक चीरता जा रहा था। मुझसे गलतिया क्यों होती जाती है। माँ ने आगे बढ़कर मुझे दोनों हाथो पकड़ कर कहा-समर्थ तुम्हें कभी सुनीता में रेनू की छवि नहीं दिखाई दीं, मैंने जब उसे पहली बार देखा था तभी एक लगाव उससे हो गया था। हम सभी जब इटारसी मे उसके घर रुके थे तो उसकी सेवा करने की प्रवृति को देख कर वह मेरी आत्मा मे ऐसे रच बस गयी कि जब तुमने पवन व सुनीता को दिल्ली बुलाने की बात कही तो मै बहुत खुश हुई थी। उस वक्त भी सुनीता दिल्ली आने के लिए तैयार नहीं थी उसका कहना था कि आप लोग बड़े आदमी हैं। हम आपके साथ कैसे रह सकते है। तब मैंने उसे माँ व भाई की तरफ से वास्ता देकर यहाँ बुलाया लेकिन तुमने तो मेरे प्रेम व विश्वास की बलि चढ़ा दी। अब तो लाख बुलाने पर भी वह दोनों यहाँ नहीं आयेंगे। यह कह कर माँ की आंखे आँसुओ से भर गयी और मैं निशब्द व स्तब्ध चुपचाप खड़ा होकर अपनी बहन रेनू को याद कर रोने लगा। मगर अब क्या हो सकता था।

मैंने लगातार एक महीने तक पवन को फोन मिलाया। मगर फोन स्विच आफ बताता रहा। एक बार मैं इटारसी पवन को तलाश करने भी गया मगर पवन व सुनीता जगह को छोड़ कर जा चुके थे। मैंने ज़िंदगी मे जितनी भी गलतियाँ की थी उसमें ये भी एक बड़ी भूल थी।

माँ पहले जैसी फिर गुमसुम रहने लगी। उसको शुगर व ब्लड प्रेशर दोनों हो गया था। दूसरी तरफ निहारिका ने भी मुझसे दूरी बना ली थी। एक बार मेरी उससे फोन पर बात भी हुई लेकिन उसने साफ कह दिया कि तुम जब इंसानी रिश्तों को समझ नहीं सकते तो तुमसे संबंध रखने का क्या फायदा। जिस तरह तुम सीमेंट पत्थरो के बीच रहते हो तुम्हारा एटीट्यूड भी सीमेंट और पत्थर की तरह हो गया है उससे तो लगता है कि संबंधो को समझने की क्षमता को तुम खो चुके हो। मैंने तुम्हारी अनुपस्थिति मे सुनीता से बहुत बार बातें की हैं और ये बात मै दावे से कह सकती हूँ कि सुनीता व रेनू के स्वभाव में काफी हद तक समानता थी इसलिए सुनीता तुम्हारे अंदर अपने बड़े भाई को देखती थी। इसके साथ उसने फोन बंद कर दिया, उसके बाद से उसका फोन नहीं आया।

मेरा नया रूटीन ऐसा हो गया कि मैं देर रात तक घर लौटता और सुबह देर से उठता जिससे माँ से ज्यादा नजर न मिले। कहीं-न-कहीं मन में सुनीता व पवन के जाने का कारण मेरा स्वयं का होना मुझे पश्चाताप की आग में जला रहा था। घर मे एक नौकरानी रख ली गयी थी जो सुबह के नाश्ते से लेकर रात के खाने तक इंतजाम करके रात मे चली जाती थी। बस खाना बनता और हम माँ बेटे उसे इसलिए खा लेते कि जीने के लिए खाना खाना पड़ता है। माँ ने तीन - चार बार मेरी शादी के लिए प्रयास किया लेकिन सारे प्रयास मेरी वजह से बेकार हो गए। मैंने साफ तौर पर माँ से कहा था- मैं शादी अभी नहीं करना चाहता। अंत मे माँ ने थक-हार कर निहारिका को फोन किया। निहारिका दिन के वक्त घर पर आई और माँ से कहा- माँजी, समर्थ के सर से यदि पैसे कमाने का भूत नहीं उतरा तो उसे कोई भी लड़की न तो पसंद आएगी और न ही शादी होने पर वह सुखी रह पाएगी। माँ को लगता था कि निहारिका ही अकेली लड़की है जो मुझे किसी भी तरह की समस्या में स्थिति को काबू करने मे मेरी सहायता कर सकती है लेकिन निहारिका के जवाब से माँ का मन टूट गया।

समर्थ ने आकाश से पूछा- आकाश, क्या तुम भी गलतियाँ करके भूल जाते हो और फिर उन्ही गलतियों को दोहराते हो। आकाश ने कहा-पता नहीं, अभी तो मैं जिंदगी की अच्छी-बुरी चीजों को समझ भी नहीं पाया हूँ। विचार दिन पर दिन बदलते रहते हैं। जो बीते हुए कल में सही लगता था वह आज गलत लगता है और जो गलत लगता था वह आज सही लगता है परिस्थितियो के बदलने से विचार व सोचने समझने की शक्ति बदलने लगती है।

समर्थ ने आगे सुनाना शुरू किया। मुझे याद है आकाश कि जब निहारिका, पवन व सुनीता सभी से मेरी दूरी हो गयी तो मैंने स्वयं को काम में इतना डुबो दिया कि मुझे खाने पीने का होश भी नहीं रहता था। माँ मेरे लिए अब पहले से ज्यादा परेशान रहती थी। माँ को एहसास था कि सुनीता, निहारिका व पवन से रिश्ते टूटने से मेरा मन अंदर से टूट गया था। वह दिन में दो तीन बार फोन जरूर करती थी। खाना खाने को याद दिला दिया करती थी।

माँ और मैं जिस बिल्डिंग में रहते थे उसमें मेरे फ्लैट के सामने श्री संजय वर्मा अपने परिवार के साथ रह रहे थे साथ में उनके दो बच्चे भी थे। उनकी अपनी पेंट की एजेंसी थी। साल मे दो बार वह धार्मिक स्थलों पर घूमने जाया करते थे। इस बार भी वह अपना कार्यक्रम बना रहे थे लेकिन इस बार वह हरिद्वार में किसी व्यापार के सिलसिले मे दो महीने रहने वाले थे लेकिन उनकी पत्नी व बच्चे वहाँ ज्यादा दिन रुकना नहीं चाहते थे। माँ के साथ उनका बहुत ही अपनापन था। उन्होने माँ से कहा - "माँजी, यदि आप हमारे साथ घूमने चले तो हमे अच्छा लगेगा।" माँ ने कहा "समर्थ, से पूछ कर बताऊँगी" शाम को माँ ने मुझसे हरिद्वार चलने की बात कही। तो मैंने कहा - "माँ, मुझे अपने बिजनेस को बढ़ाने के लिए अगले तीन महीने अलग-अलग शहरो मे टूर करना है। इसलिए अभी मेरा जाना संभव नहीं है। ऐसा करो कि तुम चली जाओ, मैं बाद में समय निकाल कर आ जाऊंगा" माँ ने कहा - "बेटा इतना पैसा कमा कर करेगा क्या, चल थोड़ा धर्म कर्म भी करते

है" मैंने भी फटाक से कहा - "अरे तुम्हारी बहू के लिए इकट्ठा कर रहा हूँ।" जाने का कार्यक्रम तय हो गया। एक हफ्ते बाद मैंने लखनऊ जाने का रिज़र्वेशन कराया उसी शाम माँ के हरिद्वार का रिज़र्वेशन था। माँ की ट्रेन रात आठ बजे थी और मेरी ट्रेन भी नौ बजे थी।

संजय वर्मा परिवार सहित सात बजे हम सबके साथ स्टेशन के लिए निकल पड़े। स्टेशन पर माँ बार बार मुझसे कहती- समर्थ बेटा, बहुत ज्यादा शरीर को कष्ट न दो वरना रुपया पैसा रह के भी क्या करेगा। जब तुम उसे खर्च करने का समय ही नहीं निकाल पाओगे। मैंने वर्मा जी से कहा - "भाई साहब माँ को थोड़ा ख्याल रखिएगा। मुझे लेकर ज्यादा भावुक हो जाती है" इस तरह इधर-उधर की बातें करते-करते गाड़ी के आने का समय हो गया। मैं पहली बार इतना परेशान हो रहा था जैसे माँ को पहली बार छोड़ रहा था। पता नहीं क्यो एक अनजानी सी घबराहट मुझे हो रही थी। ट्रेन प्लेटफार्म पर आकार खड़ी हो गयी। सारा समान वर्मा जी और मैंने ट्रेन मे चढ़ाया। आठ बजे जब ट्रेन चलने को हुई तो माँ ने फिर कहा-बेटा पूरी ज़िंदगी तूने अपने तरीके से जी है। जो तूने चाहा वह तेरे पिताजी ने पूरी करने की कोशिश की। उसे पूरा करने मे कितनी बार उधार लिया और फिर उसे पूरा करने में तेरे पिताजी ने भी जी तोड़ मेहनत की। उसकी वजह से वह बीमार पड़ गए और उनकी ज़िंदगी खत्म हो गई। अब जबकि तुम्हारे पास अच्छा पैसा व इज्जत है तो संबंधो को तवज्जो दो वरना पैसा तो रहेगा संबंध खत्म हो जाएंगे। एक दिन तो मैं भी इस संसार से चली ही जाऊँगी। लेकिन बची हुई ज़िंदगी के हर पल को मैं तेरे साथ जीना चाहती हूँ। जब मैं हरिद्वार से लौटूंगी तो उम्मीद करती हूँ तुम अपनी सोच में परिवर्तन लाओगे। मैं भगवान से तुम्हारी सद्बुद्धि की प्रार्थना करूंगी- हाँ एक बात और लौटने पर हम दोनों एक बार गाँव जरूर चलेगे। ट्रेन ने सीटी दी और धीरे धीरे ट्रेन प्लेटफार्म से अपने गंतव्य की तरफ बढ़ने लगी।

माँ की ट्रेन जाने के बाद मेरी ट्रेन को आने में अभी मेरे पास करीब एक घंटे का वक्त था मैंने सोचा एक किताब ही खरीद लेता हूँ। बुक स्टाल पर खड़े हो कर मैंने पंद्रह मिनट तक किताबें देखी। कौन सी किताब खरीदूँ यह समझ में नहीं आ रहा था। फिर अनमने मन से गांधी जी की आत्मकथा खरीद ली। दो किताबें प्रेमचंद की लिखी हुई खरीद ली। इसके बाद एक कप चाय लेकर मैं प्लेटफार्म पर खाली बेंच पर बैठ गया। अभी भी आधा घंटा मेरे पास बचा था। मैंने निहारिका को फोन मिलाया। निहारिका ने फोन उठाया तो मैंने पूछा - "कैसी हो?" उधर से आवाज आई - "अच्छी हूँ" मैंने उसे बताया - आज माँ हरिद्वार गई है और मैं लखनऊ जा रहा हूँ, निहारिका ने कहा- मुझे पहले बताते तो मैं स्टेशन आकार माँ से तो मिल लेती। मैंने भी कहा- भूल हो गयी। निहारिका ने गुस्से में कहा - तुम कितनी भूल करोगे ऐसा न हो कि जब बड़ी समस्या पैदा हो तो आस पास अपना कोई भी न मिले। मैंने कहा - निहारिका नाराज न हो, छोटी सी बात है और तुम इतना नाराज हो रही हो मैंने बात पलटते हुए पूछा - "शादी का क्या निश्चय किया है?" निहारिका ने कहा - "अभी मैंने इसके बिषय में कुछ नहीं सोचा है मै तीन महीने के लिए विदर्भ जा रही हूँ। वहाँ पर किसानों की आत्महत्या की समस्या को लेकर एक डाटा कलेक्शन करना है और मैं इस प्रोजेक्ट की मैनेजर हूँ। सारी ज़िम्मेदारी मेरे ऊपर है इसलिए मैं तीन महीने तक नहीं लौटूंगी" इसके बाद ही फोन कट गया। ट्रेन के आने का टाइम हो गया था। ट्रेन में चढ़ कर, घर से जो खाना माँ ने दिया था मैंने उसे खाया और बर्थ पर लेट गया। ट्रेन छूटने से पहले मैं सो चुका था। रात में एक आध बार करवट बदली होगी तब नींद खुली थी उसके बाद सुबह साढ़े पाँच बजे का समय रहा होगा, नीचे वाली बर्थ के यात्री ने मुझे जगाया कि लखनऊ आने वाला है मैं झट से नीचे कूदा और दस मिनट मे तैयार होकर नीचे की बर्थ पर बैठ गया। ठीक छ: बजे ट्रेन लखनऊ प्लेटफार्म पर खड़ी हो गयी। मैं ट्रेन से उतारा और प्लेटफार्म से बाहर की तरफ पहुंचा ही था कि एक्ज़िट गेट पर मेरी नज़र चली गयी, एक ड्राईवर मेरे नाम

की तख्ती लेकर खड़ा था। उसने ड्राईवर की ड्रेस पहन रखी थी मैं उसके पास पहुँचा और अपना रिफरेंस दिया। ड्राईवर ने मेरा सामान उठा कर गाड़ी की डिग्गी में रख दिया। मेरा रुकने का सारा इंतजाम लखनऊ के एक मंत्री जी ने वी॰वी॰आई॰पी॰ गेस्ट हाउस में किया था। ड्राईवर मुझे गेस्ट हाउस लेकर आ गया और ड्राईवर ने कहा - "साहब आप तैयार होकर मुझे फोन कर दीजिएगा मैं आपको रुम से पिक कर लूँगा" उसने अपना फोन नंबर एक स्लिप पर लिख कर दे दिया। गेस्ट हाउस के रुम में सारी सुविधाये उपलब्ध थी रूम सर्विस भी थी इसलिए मै थोड़ा रिलेक्स होकर बेड पर लेट गया। मैंने फोन निकाला और माँ को फोन किया। माँ ने अपने सकुशल पहुँचने की सूचना दे दी। मैंने माँ से एक दिन बाद फोन करने की बात कह कर फोन काट दिया। मैं एक बात उस समय समझ नहीं पाता था कि काम के सिलसिले में मैं इतना ज्यादा बिजी रहता कि फोन पर क्लोज लोगों से लिमिटेड बात करता और यदि किसी क्लाइंट का फोन आता तो आधे घंटे तक बात करता था। मेरा मूल स्वभाव बदल गया था। हर स्थिति में पैसे व संबंधो को अंजाने में स्वभावतः तौलने लगता। अगर किसी की तबीयत खराब है और मुझे उसे देखने जाना है और उसी समय किसी क्लाईंट से बिजिनेस की बात करनी है तो उस समय मैं बिजिनेस को प्राथमिकता देता था।

थोड़ी देर तक बिस्तर पर पड़ा सोता रहा लगभग एक घंटे बाद मेरी नींद खुली तो करीब दस बज रहा था मैंने तेजी से ब्रश वगैरह करके चाय मंगाई और एक घंटे बाद रूम सर्विस से नाश्ता मंगवाया लिया। नहा कर मैंने कपड़े चेंज किए। ग्यारह बजे के आसपास मैंने नाश्ता करके ड्राईवर को फोन किया। इसके बाद ड्राईवर मुझे लेकर होटल ताज पहुंचा। वहाँ मेरी मीटिंग कुछ लोगों के साथ फिक्स थी। होटल ताज जैसे होटलो में मेरा आना नियमित रूप से था दिल्ली व अन्य शहरो में भी मेरी सारी मीटिग बड़े होटलों में ही होती रहती थी लेकिन ये मीटिंग कुछ खास थी। इस मीटिंग में मेरी अपनी कंसल्टेन्सी

फर्म दूसरी रियल स्टेट कंपनी के साथ पार्टनरशिप करने जा रही थी। अभी तक मैं कंसल्टेन्सी की फीस लेकर काम करता था मगर अब मैं पार्टनर्शिप में तीस प्रतिशत का भागीदार बनने वाला था। इस मीटिंग में दस लोगों की अलग अलग फार्म को एक साथ लाकर एक बड़ी लिमिटेड कंपनी बनाकर इलाहाबाद, बनारस, लखनऊ, कानपुर व अन्य शहरो में रियल स्टेट के काम को बड़े स्तर पर पहुँचाना था मीटिंग में चार नेता दो बिजनेसमैंन व चार ब्यूरोक्रेट्स थे ब्यूरोक्रेट्स अपना काला धन पत्नी की फर्म के नाम पर इन्वेस्ट करना चाहते थे जिससे की उसको व्हाइट किया जा सके। नेता सरकारी स्कीमों का पैसा कमाकर उसे छिपाने के लिए रियल स्टेट का सहारा ले रहे थे। जबकि बिजनेस मैन टैक्स की चोरी कर उस पैसे को इस धंधे में लगाना चाहते थे। कुल मिलकर ये सभी काले धन को सफ़ेद करना चाहते थे। ये सभी काले धंधे के गोरे लोग थे। इन सभी ने बड़ी ही चतुराई से मुझे कंपनी का डाइरेक्टर बना दिया। कंपनी का आफिस लखनऊ में खोला गया। जनता का पैसा लूटने का रजिस्टर्ड अड्डा रियल स्टेट का बिजनेस है।

धीरे धीरे मैं इन सभी शहरो का टूर करने लगा और वहाँ शहर से लगी खेती की जमीन का असेस्मेंट करने लगा। मेरी मति मारी गयी थी जो मैं उनके साथ काम कर रहा था मैं गाँव के क्षेत्र से निकला हुआ व्यक्ति था लेकिन आज गाँव की समस्या की विभिषिका को समझने का प्रयास भी नहीं कर पा रहा था। मेरी एक रिसर्च टीम थी जो अलग अलग शहरो मे जाकर किसानों की हालत व उनकी समस्यों पर डाटा इकठठा कर रही थी। यह रिसर्च उनकी भलाई के लिए नहीं हो रहा था। इस डाटा से हम उनको हाइलाइट कर उनकी जमीन को हथियाना चाहते थे। मुझे अच्छे बुरे की उस समय कोई समझ नहीं थी। मुझे उस समय यह नहीं पता था कि किसानों की हालत आगे क्या होने वाली है। मैं तो अपनी सफलता पर दिन पर दिन अहंकार से भरता जा रहा था।

हमारी टीम ने अगला जाल फेका अफवाह उड़ा कर। अफवाह यह कि जल्दी ही शहर के आसपास के क्षेत्र में सरकार एक स्कीम लाने वाली है। जिससे किसानों की जमीन सरकार ले लेगी और सरकारी रेट पर थोड़ा बहुत मुआवजा मिल जाएगा। अब किसानों के बीच एक असमंजस् की स्थिति हो गयी थी। जो छोटे किसान थे वह इधर-उधर भटकने लगे। अब करे तो क्या करे। वह पूरी तरह उस जमीन पर निर्भर थे। अब जमीन के अधिग्रहण की बात सुनकर वह सकते में थे। इसी बीच मैंने गाँव में अपनी कंपनी के कुछ लोगों को भेजा और एक माहौल बनाया कि किसान इंफ्राटेक लिमिटेड इस जमीन को खरीदना चाहती है। जिसके लिए वह अच्छे रेट देने को तैयार है। अफवाह इतनी तेज थी कि किसान यह भी जानने का प्रयास नहीं कर रहे थे कि कौन सी स्कीम यहाँ आने वाली है। बीस प्रतिशत किसान अपनी जमीन को बेचने के लिए तैयार हो गए जबकि अस्सी प्रतिशत किसान इस बात की तफतीश करने लगे कि सरकार की कोई योजना है भी की नहीं। इस तरह का काम सिर्फ मेरी कंपनी ही नहीं कर रही थी बहुत सारे कंस्ट्रक्सन ग्रुप इस तरह से काम कर रहे थे।

जिन किसानों की जमीन ज्यादा उपजाऊ नहीं थी उन्होने अपनी जमीन कंपनी से अटैच करा ली और यह डील हुई कि जितना भी फायदा उस जमीन से होगा उसका पचास प्रतिशत किसान को दिया जाएगा। मेरी कंपनी ने किसानों को सीधे पैसा देकर जमीन कंपनी के नाम करवाना शुरू कर दिया। पैसो की उपलब्धता बहुत थी। सभी शेयर होल्डरो ने इतना पैसा डाल रक्खा था कि पचास-साठ करोड़ रूपये की प्रॉपर्टी तुरंत खरीदी जा सके। अब किसान की विडम्बना देखिये कि जहां थोड़ी सी जमीन पर जो भी उगता था उससे कम से कम एक वक्त का खाना तो नसीब हो जाता था और जब खेती की सेवा से फसल हो जाती और खेती का समय नहीं होता तब शहर जाकर मजदूरी कर के परिवार की जरूरत पूरी करता था। इसी किसानी के तरीके से जरूरत से कम होने पर भी बहन बेटी की शादी करता है,

बच्चो को भविष्य का गरीब किसान व मजदूर बनाता है। यह तर्क जरूर है मगर न तो समाज और ना ही सरकारों ने इस गरीब किसान के लिए कोई पुख्ता इंतजाम किया है। अतः जब किसान को जमीन की कीमत मिलती है तो वह उससे अपने भविष्य को बनाने की कोशिश करता है मगर वह नुकसान ही उठता है। कारण वह मेहनत तो कर सकता है लेकिन व्यवसाय के लिए जरूरी फैक्टर जैसे चालाकी, कूटनीति व रणनीति कहाँ से लाता। इसलिए अंततः बर्बाद हो जाता है। न तो जमीन का रहता है और न ही व्यवसाय कर पाता है।

धीरे-धीरे बचे किसानों में से 60 % उन किसानों को देखकर टूटने लगे और जमीने बेचने लगे। इस तरह लखनऊ शहर की सीमा से लगे ज़्यादातर गाँव की जमीन छोटे व बड़े रियल स्टेट ग्रुप ने खरीद ली। कुछ क्षेत्रो में सरकार की बनाई हुई कालोनी ने जगह ले ली जिससे उनके आसपास के क्षेत्रो में ज़मीनों के रेट तेजी से आसमान छूने लगे। किसान जो बड़ी ज़मीनों के मालिक थे वह खुद ही कंपनी खोलकर जमीन को बेचने लगे। कोई प्लाट काट कर बेच रहा था कोई इंडिपेंडेंट हाउस बना रहा था कुछ लोग रो हाऊसेज व विला बना कर लोगों को आकर्षित कर रहे थे। अब बढ़ते शहर को बेसिक सुविधाए देने के लिए सरकारो ने नई स्कीमे, रोड, पानी व सीवर पहुंचाना शुरू कर दिया और जहां इंसान बस जाता है वहाँ से भूत भाग जाता है। बसें आटो, टॅक्सी व इलैक्ट्रिक रिक्शा भी वहाँ चलना शुरू हो गया। जो लखनऊ शहर कुल मिला कर बीस किलोमीटर के दायरे मे फैला था वह अब धीरे-धीरे दिल्ली शहर की तरह मेट्रो का रूप लेता जा रहा था जब शहर मेट्रो का रूप ले रहा था तो सरकार ने मेट्रो रेल का प्रस्ताव भी पास कर दिया। अब जमीन का दाम डेढ़ से दो गुना बढ़ने लगे। हर डेवलपर यह इश्तिहार पेपर मे देने लगा कि 200 मीटर की दूरी पर मेट्रो स्टेशन बनेगा। मेरी कंपनी किसान इंफ्राटेक भी अपने हर होर्डिंग पर यही लिखती कि मेट्रो रेल का स्टेशन यही बनेगा।

सरकारें चाहे वह उत्तर प्रेदेश की हो या देश के अन्य प्रदेशों की, राजधानी या बड़े शहरो के आस-पास की कृषि क्षेत्रो की ज़मीनों को लगातार परमिशन दे कर शहर बसाने मे सहयोग कर रही थी। दिल्ली, गुड़गाँव, बनारस, पुणे, मुंबई, बंगलौर व न जाने कितने ही शहर इसकी चपेट मे आते जा रहे थे। सरकार चाहे प्रदेश की हो या देश की, शहर की प्लानिंग को लेकर कोई भी सरकार संवेदनशील नहीं रही है। इसका फायदा जमीन के धंधे से जुड़े लोगों ने खूब उठाया।

मेरी कंपनी ने उत्तर प्रदेश के लगभग बारह शहरो मे जमीन की खरीद फरोख्त की और करीब 5 हजार करोड़ रुपए का टर्न ओवर तीन महीने मे किया। मै पैसा कमाने में इतना बिजी था कि मैं तीन महीने मे दिल्ली मात्र एक बार गया था। माँ तो हरिद्वार में थी तो मैंने एक बार सोचा भी कि चलकर माँ के पास एक हफ्ते रहकर आऊँ, मगर काम की ज्यादती की वजह से मैं नहीं जा पाया।

ज़्यादातर पैसा कैश मे लिया दिया जाता था। यानि यह रियल स्टेट का धंधा पचास प्रतिशत काले धन पर चल रहा था। इसलिए कमाई भी काले धन की ज्यादा हो रही थी। जो लोग इस काले धंधे मे हिस्सेदार थे वो लगाते तो काला धन थे लेकिन बदले में व्हाइट मनी चाहते थे। सारा का सारा रिस्क मेरे ऊपर था यह बात मेरी समक्ष में नहीं आ रही थी। पर्दे के पीछे से सारा खेल वही खेल रहे थे और मैं उस जीत को अपनी उपलब्धि समझ रहा था।

सरकारे बदलती है इस उम्मीद पर कि सब बदल जाएगा मगर हम सभी भूल जाते हैं कि हमने हमेशा सरकार बदलने के लिए वोट डाला है। व्यवस्था बदलने के लिए वोट नहीं डाला है इसलिए चुनाव के बाद व्यवस्था नहीं बदलती है। सिर्फ चेहरे बदलते हैं लूटने के लिए नए चेहरे आ जाते हैं। इस तरह किसान हर तरफ से लूटा जाता है। सबसे अचंभित करने वाली बात कि जो नेता कृषि के क्षेत्र से किसानों के हितो की लड़ाई करके आगे बढ़े वो भी जीतने के बाद किसानों के

दुश्मन बन जाते हैं और अपनी आत्मा को मार कर किसानों के कंधे पर पैर रख कर किसान नेता बन जाते हैं। शहरों में किसानों के नाम पर किसान रैली करते हैं और रैली के बाद किसानों को छोड़ कर पत्थर के शहर मे किसान नेता गायब हो जाते हैं। इस तरह से सभी पार्टियां किसानों से पार्ट टाइम काम लेती रहती हैं।

समर्थ की बात सुनकर आकाश ने कहा-समर्थ भाई आज भी तो किसानों के संबंध मे राजनैतिक पार्टियो का दृष्टिकोण नहीं बदला है। आज भी किसान पार्टियो के लिए इलेक्सन जीतने का टूल है।समर्थ ने आगे कहा- आकाश मुझे उस वक्त इस बात का अंदाजा भी नहीं था कि मेरी सफलता मेरे लिए काल बन जाएगी। कुछ दूसरे रियल स्टेट ग्रुप ने मुझे अपने साथ काम करने का आफ़र दिया जिसको मैंने मना कर दिया। चूंकि शहर के लगभग सत्तर फीसदी प्रापर्टी हमारी कंपनी के द्वारा खरीदी या बेची जा रही थी। इसलिए कई ग्रुप हमारे खिलाफ होते जा रहे थे। एक दिन जब मैं गाड़ी से साइट से लौट रहा था तो रास्ते मे मेरे ऊपर हमला किया गया मगर ड्राईवर ने गाड़ी को तेजी से निकाल लिया और मेरी जान जाते-जाते बच गयी। लेकिन मुझे फोन पर लगातार धमकियाँ भी आने लगी। अब मैंने अपने साथ सिक्योरिटी गार्ड भी रखने शुरू कर दिये थे। घुटन सी महसूस होने लगी थी अब काम को लेकर।

एक दिन शहर से क़रीब डेढ़ सौ किलोमीटर दूर एक दूसरे शहर सुल्तानपुर में मैं ज़मीन की ख़रीद के लिये गया था, वहाँ से वापस निकलते समय शाम हो गयी। रात के क़रीब आठ बज रहे थे। ड्राइवर ग़ाड़ी को अस्सी-नब्बे की स्पीड पर चला रहा था। पचास-साठ किलोमीटर ही निकले थे कि गाड़ी थोड़ी डगमगायी और अचानक ही ड्राइवर ने तेज़ी से ब्रेक लगाकर गाड़ी रोकी। मैंने ड्राइवर से पूछा - "क्या हुआ?" ड्राइवर ने कहा - "साहब गाड़ी के इंजन से धुआँ निकल रहा है और जगह सुनसान है, इन्तज़ार करना पड़ेगा, मैं गाड़ी को थोड़ा ठंडा करके चेक करता हूँ। अगर इंजन ठीक रहा तो आगे बढ़ेंगे

नहीं तो रात गाड़ी में बितानी पड़ेगी" एक घण्टे तक हम दोनो सड़क के किनारे बैठे बातें करते रहे। उसके बाद उसने गाड़ी स्टार्ट करने की कोशिश की मगर करेंट नहीं मिल रहा था काफ़ी कोशिश के बाद भी गाड़ी स्टार्ट नहीं हुई। अब हम दोनो को समझ में नहीं आ रहा था कि पूरी रात कैसे गुज़रेगी।

दस बजे के आस-पास एक सत्तर साल का बूढ़ा आदमी लालटेन लेकर हमारे पास आया और बोला - "क्या हुआ बाबूजी?" मैंने कहा - "गाड़ी ख़राब हो गयी है और लगता है रात यहीं गुज़ारनी पड़ेगी।" बूढ़े ने कहा -"अगर आप लोगों को तकलीफ़ न हो तो आप हमारे घर चल सकते हैं, गाड़ी यहीं लॉक कर दीजिये।" हम लोग सोच में पड़ गए कि क्या किया जाए। किसी पर एकाएक कैसे विश्वास कर लिया जाय। लेकिन एक अदृश्य ताकत ने उनके साथ जाने के लिए मुझे प्रेरित किया हमारे पास इसका कोई विकल्प नहीं था इसलिये ड्राइवर व मैं उस बूढ़े के पीछे-पीछे चल दिये। रात के वक्त खेतों के बीच मेड़ पर चलते-चलते कई बार पैर फिसल गये मगर खेत एकदम सूखे हुये थे। ऐसा लगा कि पानी की कमी से खेत एकदम सूख गये थे। खेत में चलने का अनुभव मुझे बचपन के बाद अब हो रहा था। रात के समय झींगुर का गुनगुनाना व जुगनू का चमकना बहुत सालों बाद सुन रहा था। चलते-चलते दूर कहीं ट्रेन के गुज़रने की आवाज़ भी सुनाई दे रही थी। बीच-बीच में दूर से कुत्ते के भौंकने की आवाज़ सुनाई दे रही थी। क़रीब सात सौ मीटर चलने के बाद दूर से बस्ती दिखाई दे रही थी। हर घर में एक लालटेन जलती हुई दिखाई दी। बस्ती के क़रीब पहुंचते-पहुँचते कई लोग उस बुज़ुर्ग को सरपंच जी जय राम जी की, कहते हुये गुज़र गये। गॉंव के हर घर के सामने से गुजरते हुये एक बात गौर करने लायक़ थी वह यह कि हर घर के बाहर लोग चारपाई लगा कर बैठे बातें कर रहे थे तो किसी के घर के पास लोग भजन गा रहे थे। जहॉं दूसरा नमस्कार नहीं करता वहॉं पर सरपंच जी खुद ही नमस्कार कर देते। एक आदमी का आत्मीयता का माहौल उस पंद्रह से बीस मिनट

की पदयात्रा में मैंने महसूस किया। रास्ते में दो तालाब भी पड़े मगर एकदम सूखे हुये। मैंने सरपंच जी से पूछा कि क्या बारिश ठीक से नहीं हुई तो उन्होंने बताया कि यहाँ के हालात बहुत ही ख़राब हैं। पानी न बरसने से सूखा पड़ गया है। खाना भी ठीक से नसीब नहीं हो रहा है। बाक़ी क्या बताऊँ आप शहर के रहने वाले हैं यहाँ की समस्या सुन भी लेंगे तो भी महसूस नहीं कर पायेंगे। इस तरह बातें करते करते हम बस्ती के बीच में सरपंच के घर पहुँच गये। रास्ते में उनके प्रति सम्बोधन से ये ज्ञान हो गया था कि वह बुज़ुर्ग सरपंच हैं और गाँव में उनकी बहुत ही ज़्यादा इज्जत है। घर के बाहर दुआर (वह स्थान होता है जो घर के बाहर बैठने के लिये खाली जगह होती है) पर चारपायी लगी हुई थी।

सरपंच ने अपनी पत्नी को आवाज़ लगाई। घर के बाहर से पैंसठ-छाछठ साल की एक बूढ़ी औरत बाहर निकली। चाँदनी रात में उनके सफ़ेद बाल चाँदी से चमक रहे थे। सरपंच ने कहा -"लल्लू की अम्मा! साहब लोगों की गाड़ी ख़राब हो गयी है। आज रात यहीं गुज़ारेंगे। कुछ खाने-पीने का इंतज़ाम कर दो" हम लोगों ने गाड़ी से अपना बैग ले लिया था। इसलिये कपड़े चेंज करके हम लोगों ने चाय पी और थोड़ी देर में खाना भी लग गया। खाना खाकर हम लोग चारपाई पर लेट गये। बड़ी जल्दी ही ड्राइवर को नींद आ गयी। मैं और सरपंच जी बातें करते रहे। अन्दर से उनकी पत्नी भी आ गयी। वर्षों बाद आज उन बुज़ुर्गों से बात करते समय मुझे एक सात्विकता का अनुभव हो रहा था। बातें करते-करते मुझे नींद आ गयी। सुबह तक मैं बिना किसी खलल के सोता रहा।

भोर में जब चिड़ियों ने चहचहाना शुरू किया तो कानों में जैसे एक संगीत घुल रहा था। मेरी नींद पाँच घण्टे में ही पूरी हो गयी थी। सरपंच जी पहले ही उठ चुके थे और दातून मुँह में दबाये हुये चारपाई पर बैठे हुये थे। मुझे बैठा देखा तो बोले -"साहब जी चलिये थोड़ा टहल के आते हैं", और एक दातून मुझे भी पकड़ा दी। हम लोग टहलते हुये

आम के पेड़ों के बीच से होते हुये गॉंव के बाहर खेतों के बीच पहुंच गये। खेतों में सिर्फ़ सूखा पड़ा हुआ था। दूर से रेलवे लाइन दिखाई दे रही थी। हम लोग खेत के पास से बहने वाली नहर की पुलिया पर बैठ गये। नहर में पानी नहीं था। एक घण्टे तक मैं और सरपंच जी बातें करते रहे। चार-पॉंच ट्रेनें इतनी देर में वहॉं से गुज़र गयीं। हम दोनो लोग साढ़े छः बजे लौट कर घर आये। फ़्रेश होकर चाय पी और फिर सरपंच जी मुझे और ड्राइवर को लेकर गॉंव के कुएं पर आ गये। हम लोगों ने स्नान किया और लौट कर थोड़ा नाश्ता किया। नाश्ता करने के बाद ड्राइवर गाड़ी ठीक कराने चला गया। सरपंच ने कहा- जब तक ड्राइवर गाड़ी ठीक करा कर आता है हम लोग गाँव का एक चक्कर लगा कर आते हैं। मैं और सरपंच जी गॉंव का चक्कर लगाने निकल गये। सारे गॉंव की हालत कमोबेश एक जैसी थी।

सरपंच जी से पता चला कि सूखे के कारण रखा हुआ अनाज ही काम आ रहा है और घर के जवान लड़के काम की तलाश में बड़े शहरों की तरफ़ पलायन कर गये हैं। घर में रखा अनाज भी लोग किफ़ायत से ख़र्च करते हैं। एक टाइम ही चावल-दाल बनाते हैं। तो दूसरे टाइम सिर्फ़ बच्चों का खाना बनाते हैं। लोगों की उम्र चेहरे से बीस साल ज़्यादा लग रही थी। ऑंखें धॅंसी हुई, गाल पिचके हुये, कंधे की हड्डियॉं ऊपर की ओर उभरी हुयी दिख रहीं थीं। बच्चे भी कुपोषण का शिकार हो गये थे। कई लोगों के कच्चे घरों के कुछ हिस्से गिर गये थे जिसकी मरम्मत कराने का पैसा भी उनके पास नहीं था। सरपंच जी ने बताया - “मेरे दो बेटे शहर में नौकरी करते हैं जिससे मेरी स्थिति अन्य लोगों से कुछ बेहतर है। वर्ना ये लाशों का गॉंव है और आस-पास के सभी गॉंव लगभग एक जैसे ही हैं। जिन किसानों ने क़र्ज़ लेकर खेती की थी वह खेती ठीक न होने की वजह से घर के गहने बेचने को मजबूर हो गये। अभी आपने पेपर में पढ़ा होगा कि दो-तीन किसानों ने इस क्षेत्र में आत्महत्या कर ली थी।” सरपंच जी ने गॉंव की व्यथा को इस तरह सामने प्रस्तुत किया कि मुझे पहली बार अपने गॉंव के लोगों का दुःख

सामने नज़र आ रहा था। ये कैसा देश का भविष्य बनने जा रहा है जहाँ देश का तबक़ा दो भागों में विभाजित हो गया है। एक तो वह जो नौकरी करके कमा खा रहा है तथा दूसरा वह जो खेती व मज़दूरी करके कमा खा रहा है। ख़रीदने वाला तो कमा कर या नौकरी करके पेट भर ले रहा है लेकिन जो अनाज पैदा कर रहा है उसे खाने को नहीं मिल रहा है।

ड्राइवर दो घण्टे बाद लौट कर आया और बोला -"साहब! गाड़ी यहाँ सही नहीं हो पा रही है। इसे बनवाने के लिये कैसे भी शहर ले जाना पड़ेगा" यह सुन कर मुझे कोई घबराहट नहीं हुई थी। जाने की जल्दी नहीं थी। गाँव में मुझे बहुत ही सुकून मिल रहा था। काफ़ी समय बाद मैं तनाव मुक्त महसूस कर रहा था। मैंने ड्राइवर से कहा - "कोई जल्दी नहीं है। तुम कैसे भी गाड़ी खींच कर शहर ले जाओ और बनवा के ले आओ"। सरपंच जी ने कहा - "मैं ट्रैक्टर का इंतज़ाम कर दे रहा हूँ उसमें रस्सी लगा कर गाड़ी खींच कर शहर भिजवा देता हूँ।" इसके बाद मैं निश्चिन्त होकर सरपंच जी के बैठका में थोड़ी देर आराम करने लगा। सरपंच जी ने कहा - "आप यहीं आराम करिये, मैं थोड़ा काम निपटा कर आता हूँ।"

सरपंच जी के जाने के पश्चात उनकी पत्नी से मैं बातें करने लगा। मैंने सरपंच जी की पत्नी से कहा - "अगर आपको बुरा न लगे तो एक कप चाय मिल सकती है।" उनके उठने से पहले ही मैंने उनसे कहा - "अगर आपको मैं दादी जी कहूँ तो चलेगा।" उन्होंने कहा - "चलेगा नहीं, दौड़ेगा।" पन्द्रह मिनट बाद वह चाय लेकर आ गयीं। हम दोनो लोग चाय की चुस्की लेने लगे। मैं पहली बार गाँव के जीवन, उनकी ख़ुशी, उनके दुःख, उनके रीति-रिवाज व त्योहार के बारे में जानने के लिये उत्सुक था। मैंने उनसे कहा - "आप गाँव के बारे में कुछ बताइये दादी जी।" उन्होंने कहा - "बेटा! गाँव में क्या सुख और क्या दुःख, कुछ बहुत अन्तर नहीं है। कब सुख दुख में बदल जाता है और कब दुःख सुख में बदल जाता है कह नहीं सकते। महाजन, जो कहने को तो सरकार

की नज़र में ख़त्म हो गये हैं मगर गॉव में समानान्तर बैंकिंग चलाते हैं। किसान की ख़राब अर्थ व्यवस्था के ज़िम्मेदार यही हैं। किसान के अच्छे दिन में जितना उधार ये देते हैं उतना ही बुरे दिन में ऋण यही प्रदान करते हैं। यानी पण्डितों की भॉंति जन्म से मृत्यु तक का हिसाब-किताब यही रखते हैं। इनके बही खाते में किसान का बच्चा ऋणी पैदा होता है और ऋणी ही मर जाता है। इसलिये बेटा, यह कहना उचित है कि ऋण तो इनके जीवन भर का दुःख है। और समय-समय पर छोटी-छोटी ख़ुशियों के लिये उधार या ऋण लेना सुख है। गॉव में महाजन के फलने-फूलने का कारण भारत की वो सभी सरकारें हैं जो आज़ादी के बाद इस व्यवस्था को तोड़ नहीं पायीं। बैंक से किसान का लोन लेना इतना मुश्किल है कि किसान की कमर दौड़ते-दौड़ते टूट जाती है। मगर महाजन अपने दलाल गॉव में छोड़ कर रखता है कि किसको पैसे की ज़रूरत है। उसको जाल डाल कर फॅंसा लेता है। बेटा, एक बात जो सबसे महत्वपूर्ण है महाजनी इसलिये भी ख़त्म नहीं हो पाती है क्योंकि महाजन ही पंचायत के कैण्डिडेट का चुनाव का ख़र्चा उठाता है या ख़ुद ही चुनाव लड़ता है। वही विधायक बनता है। वही सांसद बनता है और अंततः मंत्री बनता है तो उनसे कैसे ये उम्मीद की जा सकती है कि वह यह व्यवस्था ख़त्म कर सकते हैं।"

थोड़ी देर बाद मैंने सरपंच जी की पत्नी से एक और कप चाय की डिमांड की। उन्होंने कहा - "बेटा, चाय बहुत पीते हो, थोड़ा कम पिया करो।" मैंने कहा - "जी कोशिश करूंगा" थोड़ी देर में वह एक कप चाय लेकर वापस लौटीं और सिर्फ़ मैंने चाय पी। फिर आगे की बातें होने लगीं। मैंने चाय पीते हुये उनसे उनका नाम पूछा। उन्होंने अपना नाम सावित्री बताया। उसके बाद सावित्री जी ने अपने अनुभवी जीवन के कुछ खण्ड और बताने शुरू किये - बेटा मैं ज्यादा पढ़ी लिखी तो नहीं हूँ मगर इतने साल मायके से लेकर ससुराल व बच्चों के ससुराल के गॉव का जीवन बड़ी क़रीब से देखा है और एक बात जो मुझे समझ में आती है मगर इन नेताओं व नीति बनाने वालों की समझ में नहीं आती है

कि जो व्यवस्था समाज को कैंसर की तरह खाये जा रही है और शरीर के सड़ते हुये हिस्से की तरह दिख रही है, वह पढ़े लिखे पॉलिसी मेकर को नहीं दिखती है। मुझे तो यह लगता है कि व्यवस्था को डायबिटीज़ हो गया है और छोटे-छोटे उपचार इसे ठीक नहीं कर पा रहे हैं। क्योंकि जब तक डायबिटीज़ कंट्रोल नहीं होता तब तक चोट ठीक नहीं होती है। इसलिये समाज की शुगर लेविल को पहले नारमल करना होगा। उसके बाद ही उपचार या सर्जरी की जा सकती है। उनकी बातों का गूढ़ सुनकर मैं दंग रह गया।

सावित्री देवी ने मुझसे पूछा -"बेटा तुम काम क्या करते हो?" मैंने कहा -"जी गॉव की ज़मीन ख़रीद कर उसका शहरीकरण करता हूँ।" यह सुनकर उन्होंने मुझ पर कटाक्ष किया -"तब तो तुम से यह सारी बातें करना बेकार है क्योंकि यह शहरीकरण करने वाले एजेन्ट भी तो इन नेताओं से मिल कर गॉव की सभ्यता का नाश कर रहे हैं।" मैंने कहा -"जी दादी! लेकिन हम उनको पैसा देते हैं और शहर बनने से उनको रोज़गार व नौकरी के साधन भी तो उपलब्ध होते हैं।" तो सावित्री देवी ने हल्का सा क्रोध दिखाते हुये कहा -"लेकिन ज़मीन बेचने के बाद उनका जीवन कैसा हो जाता है यह तुमने सोचा है? तुमने इतनी पढ़ाई की है। क्या जीवन का उद्देश्य सिर्फ़ और सिर्फ़ पैसा बढ़ाना है? मैं यह किसी को नहीं कहूँगी कि पैसा न कमाओ। पैसा ज़रूर कमाओ, अपनी सुख-सुविधाओं का भी ध्यान रखो, लेकिन इतना भी न कमाओ कि दूसरे के शरीर से ख़ून निचोड़ कर उसको जीती जागती लाश बना दो।" मैंने कहा -"लेकिन दादी जी यह समय ही ऐसा चल रहा है और सभी यही कर रहे हैं।" तो सावित्री देवी ने कहा -"भइया, यदि यह बात अँग्रेज़ करते थे तो भी ठीक लगता है कि वे दूसरे मुल्क के थे। हमारे लोगों से कौन सा उन्हें लगाव व प्रेम भाव था। मगर तुम तो अपने ही देश के लोगों का ख़ून पानी कर रहे हो। अँग्रेज़ों ने ज़मींदार पैदा किये तो उन्होंने किसानों पर लगान की उगाही के नाम पर अत्याचार किये। यहाँ तक की बाढ़ या सूखा पड़ने

पर भी लगान वसूलते थे। वही रियल स्टेट के नाम पर तुम लोग कर रहे हो। तुम लोग ही क्या, सरकारी नुमाइन्दे जो सरकार की योजनाओं को जनता के हित के लिये रखे गये हैं वह भी ज़मींदारों से कम नहीं हैं। क्या फ़र्क़ आया है आज़ादी के पहले की स्थिति में और आज़ादी के बाद की स्थिति में? तुम क्या सोचते हो शहर बनने से समस्यायें ख़त्म हो जायेंगी? क्या सारे मेट्रो शहर सबको रोज़गार दे रहे हैं? क्या वहाँ सारी समस्यायें ख़त्म हो गयी हैं? अब वहाँ नयी समस्यायें जन्म ले रही हैं। अपराधीकरण बढ़ रहा है। जीवन-यापन का स्तर गिरता जा रहा है। जहाँ किसान गाँव की मिट्टी में फैल कर रह रहा है, खुली हवा में सांस लेता है, वहीं शहर में मज़दूर बन कर सिमट कर रहता है और दूषित हवा में फेफड़ों के रोग भरता है और यदि देश में कुछ शहर ही फलेंगे फूलेंगे तो बाक़ी हिस्सों का क्या होगा?" इसलिये मैं तो यही कहूँगी कि यदि विकास करना है तो उन सभी सुविधाओं को गाँव तक लाओ। यदि गाँव में सुविधा हो जायेगी तो लोग गाँव से बाहर क्यों जायेंगे। चिकित्सा सुविधा व शिक्षा गाँव की मुख्य समस्या आज भी है।

सावित्री देवी की बातें सुनकर मेरा दिमाग पूरी तरह से घूम गया। तीन घण्टे बाद सरपंच जी लौट कर आ गये। सरपंच जी ने आते ही कहा -"पक्का मेरी बुढ़िया ने आपका दिमाग़ ख़राब किया होगा" मैंने कहा -"नहीं, बहुत दिनों बाद कोई अधिकार से मुझे अपनी बात कह रहा है। और मुझे सुनना अच्छा लग रहा है।" सरपंच जी ने कहा -"सावित्री ने जो पढ़ाई की है वह घर पर की है। इसके पास कोई सार्टिफ़िकेट या डिग्री नहीं है मगर इसको हिन्दी व अँग्रेज़ी का भरपूर ज्ञान है इसलिये वह पेपर व मैगज़ीन से अपना ज्ञान बढ़ाती है और अपनी राय क़ायम करती है। चूँकि मैं सरपंच हूँ इसलिये वह मेरी वजह से अपने आप को समाज के प्रति उतना ही ज़िम्मेदार मानती है जितना कि मैं ख़ुद को ज़िम्मेदार समझता हूँ।"

खाना तैयार था। खाना खाकर सरपंच जी बोले-" थोड़ा आराम कर लो, तब तक हो सकता है कि ड्राइवर गाड़ी लेकर लौट आये" मैंने

कहा-"सरपंच जी! आप आराम करिये। मैं दादी जी के साथ थोड़ी बातें करूंगा।" खाना खाकर दादी जी फिर मेरे साथ बैठ गयीं। मैं बचपन में इसी तरह अपनी दादी के साथ बैठ कर बातें करता था। मैंने फिर पूछा -"दादी जी! मैं तो आप लोगों के लिये बिल्कुल अंजान हूँ, फिर भी आप लोग मुझे दो दिन से अपने घर में रख कर खिला- पिला रहे हैं।" सावित्री देवी ने कहा -"बेटा! सरपंच जी तुम्हें घर लाये हैं तो कुछ सोच कर लाये होंगे और उनकी अनुभवी ऑंखों ने तुम्हारी समस्या को सही समझा होगा, तभी घर लाये होंगे। फिर हम दोनो बुड्ढा-बुढ़िया की आपसी समझ किस काम की अगर हम इतनी उम्र बीतने के बाद भी एक-दूसरे के कमिटमेंट को पूरा न कर सकें। इसलिये सरपंच जी तुमको यहाँ लाये हैं तो मैं उनकी ज़िम्मेदारी पूरी करूंगी" तुमको यह जान कर आश्चर्य होगा, गॉव भर की औरतों के जिस काम का मैं ज़िम्मा लेती हूँ, उसे सरपंच जी पूरा करते हैं। जैसे बैंक का काम, तहसील का काम। यह जीवन का मर्म समझो कि पति पत्नी का रिश्ता संसार में सबसे क़रीबी रिश्ता है और यह विश्वास व कमिटमेंट का रिश्ता है। इसमें धन का प्रभाव उतना ही होता है जितना कि जीने के लिये आवश्यक है। बाक़ी सारे रिश्ते धन, बल को दिखाने के लिये होते हैं। मैं यह नहीं कहती कि संसार में सारे लोग एक जैसे ही होते हैं, मगर ज़्यादातर लोग ऐसे ही होते हैं। सावित्री देवी ने पूछा -"मैंने दो दिन में तुम्हारा नाम नहीं पूछा, बस बेटा-बेटा किये जा रही हूँ।" मैंने कहा -"जी, समर्थ" सावित्री देवी का अगला प्रश्न था -"तुम्हारी शादी हो गयी है?" मैंने कहा -"जी अभी नहीं" सावित्री देवी ने सीख के लहजे में कहा -"समर्थ बेटा! तुम्हारे जीवन में ऐसा तो नहीं है कि लड़कियॉं नहीं आयी होंगी मगर सही लड़की को तुम्हें अपने हिसाब से पहचानना ज़रूरी है। तुम्हारे व्यक्तित्व व सम्पन्नता से प्रभावित होकर बहुत से लोग व लड़कियॉं तुम्हारी ओर आकर्षित होती होंगी मगर तुम यह देखो कि इनके बावजूद कौन तुमसे इन कारणों के कारण दूर हैं और तुम्हारे क़रीब भी हैं" मैंने कहा -"दादी जी! मेरी एक दोस्त है जिसे मैं पिछले पन्द्रह सालों से जानता हूँ और मैं उससे शादी करना

चाहता हूँ मगर वह मेरे ज़िन्दगी जीने के तरीक़े से मुझसे दूर रहती है। मैंने उसको शादी के लिये प्रपोज़ भी किया था लेकिन वह एक साल से मुझे टाल रही है। और इस समय विदर्भ के किसानों के हालात पर एक प्रोजेक्ट करने गयी है।" सावित्री देवी ने कहा -"उसका नाम क्या है? जो तुम्हें काम करने से रोकती है।" मैंने कहा -"उसका नाम निहारिका है दादी और वह बार-बार यही कहती है कि तुम पैसा कमाने के चक्कर में अपने अन्दर के इंसान को मार रहे हो। तुमने अपने पिता को खो दिया है और माँ को भी इसी कष्ट में डाल रहे हो। वह अन्दर ही अन्दर घुल रहीं हैं। मुझसे शादी करके अपनी ज़िन्दगी और ख़राब करोगे।" सावित्री देवी ने कहा -"अगर तुम ऐसी समझदार लड़की के साथ जीवन बिताना चाहते हो तो अपनी सोच-समझ के तरीक़े को बदलो। थोड़ा तुम दो क़दम उसके हिसाब से आगे बढ़ाओ और दो क़दम वो आगे बढ़ायेगी, तब बात बनेगी।"

सावित्री देवी के साथ बात करते-करते शाम हो गयी। सरपंच जी आकर बैठ गये और चाय की गुहार लगाने लगे। दादी जी हँसते हुये बोलीं -"बुढ़ऊ काहे इतना उतावले हो रहे हो। अभी चाय लाती हूँ।" थोड़ी देर तक सरपंच जी गाँव की अन्य समस्याओं के बारे में बताते रहे। और मैं उन समस्याओं को सुन कर अन्दर ही अन्दर विचलित होता जा रहा था। दस मिनट बाद चाय आ गयी। हम लोगों ने चाय पी। मैंने सात बजे के आस पास ड्राइवर को फोन किया तो उसने बताया कि गाड़ी ठीक हो गयी है, मैं आठ बजे तक पहुँच जाऊँगा। मैंने सरपंच जी व उनकी पत्नी से कहा -"आठ बजे तक ड्राइवर लौट आयेगा और मैं उसके बाद लखनऊ के लिये निकलूँगा।" सावित्री देवी ने कहा -"बेटा! अगर थोड़ा बहुत अधिकार तुम पर मेरा है तो मेरे कहने पर आज की रात रूक जाओ, कल चले जाना।" मैंने थोड़ा सोचा, फिर हामी भर दी। आठ बजे तक खाना तैयार हो गया और ड्राइवर भी गाड़ी लेकर आ गया। हम सभी ने खाना खाया, उसके बाद ड्राइवर व सरपंच जी सोने चले गये। सावित्री देवी व मैं फिर बातें करने लगे। सावित्री देवी

को मैंने अब अपने बीते जीवन से जुड़ी सारी बातें बतायीं। सावित्री देवी ने अन्त में कहा -" समर्थ! तुम्हारे पिता जिस लक्ष्य को लेकर गाँव से शहर में आये थे, उसको तुमने पूरी तरह से भुला दिया है। तुम्हारी दादी व बाबा की आत्मा आज भी अशांत होगी। तुम्हारी बहन रेनू की चिट्ठी आज भी तुम्हारे पास होगी। उसको फिर पढ़ो, शायद तुम्हें अपने लक्ष्य को प्राप्त करने का मनोबल और साहस मिले। यह बात मैं अपने बेटों से भी कह सकती हूँ, लेकिन उनके व्यक्तित्व में वह ताक़त नहीं दिखती जो तुम्हारे अन्दर है। इसलिये इतनी बातें जो मैंने तुमसे कही हैं, वह कुछ उम्मीद से कही हैं। भगवान को शायद तुम्हारे हाथ से कुछ ऐसा करवाना है कि तुम्हारी गाड़ी ख़राब हुई, तुम हम लोगों से मिले, अब आगे क्या करना है, तुम्हीं सोचो।" हम लोग फिर सोने चले गये। मैंने अपना पर्स निकाला, उसमें रखी रेनू की चिट्ठी को निकाल कर मोबाइल फोन की रोशनी में पढ़ना शुरू किया तो मेरी आँखें भीग गयीं। इतने सालों तक पर्स में रखे-रखे पत्र एकदम गल गया था। फिर भी कोशिश करने पर एक-एक शब्द पढ़ा जा सकता था। शब्दों की गहराई में डूबते-डूबते मैं गहरे दुःख से भरता जा रहा था। मुझे कभी रेनू का चेहरा दिखता तो कभी सुनीता का। पत्र पढ़ कर मैंने उसे पर्स में रखा और अपनी आँखें बन्द कीं तो बाबा, दादी, पिता जी, माँ, रेनू, पवन, सुनीता व गाँव का घर, सभी दिखने लगे। आज मैं उदासीन भाव से जब ज़िन्दगी को देख रहा था तो लगा सबने मुझे कुछ न कुछ दिया है पर मैंने किसी का ऋण नहीं चुकाया है। यही सोचते-सोचते मुझे कब नींद आ गयी, पता भी नहीं चला।

सुबह छः बजे मेरी नींद खुली। पिछली सुबह जैसी ख़ूबसूरत सुबह थी। बस नई आशा की किरण ने उसे ज़्यादा तरोताज़ा बना दिया था। ड्राइवर नहा धो कर तैयार हो गया था। मैं भी सात बजे तक तैयार हो गया। सरपंच जी व सावित्री देवी दोनो मेरे सामने खड़े मुझसे फिर आने की गुजारिश कर रहे थे। उस समय मुझे वो वक्त याद आ गया, जब गाँव छोड़ते समय ट्रेन से बाबा, दादी की छाया मुझसे एक दिन

वापस आने की ज़िद भरी आँखों से देख रहीं थीं। मैंने कहा -"दादी अब वो गलतियाँ मैं फिर नहीं दोहराऊंगा, मैं ज़रूर लौटूँगा।" सावित्री देवी ने चलते-चलते कहा -"समर्थ बेटा! मेरी बातें याद रखना और दूसरों की ज़िन्दगी के बारे में ज़रूर सोचना।" इसके साथ ड्राइवर ने गाड़ी आगे बढ़ा दी। पिछले तीन दिनों में मेरी सोच में जो तब्दीली आयी, वह मेरी ख़ुद की समझ में नहीं आ रही थी। मगर एक सुखद एहसास ज़रूर हो रहा था। रास्ते भर मैं माँ और निहारिका से मिलने के लिये बेताब हो रहा था। अब मैंने दृढ़ निश्चय किया था कि सारा बिजनेस छोड़ कर एक नई राह पर चलूँगा। निहारिका से अपने सारे विचार खुल कर कहूँगा। इन्हीं ख़ूबसूरत ख़्यालों में खोये हुये कब लखनऊ आ गया, पता ही नहीं चला।

मुझे माँ ने फोन करके बताया की वह दिल्ली लौट रही है। मैंने तुरंत दिल्ली जाने का प्लान बना लिया। मैंने कंपनी की मीटिंग में इन्वेस्टर से एक महीने के किए दिल्ली जाने की बात काही तो सारे पार्टनर ने साफ तौर पर कहा- कम से कम एक महीने तक आप लखनऊ छोड़ कर नहीं जाएगे नहीं तो नुकसान हो जाएगा। मुझे यह बात कुछ ठीक नहीं लगी। मैंने भी आवेग मे आकर कहा - "मेरी माँ से मुलाक़ात हुए चार महीने हो चुके है इसलिए हफ्ते भर के लिए दिल्ली जा रहा हूँ।" अब तो नेता जी जिसका सबसे ज्यादा पैसा शुरुआत मे लगा था, मुझे धमकी भरे लहजे मे बोले - "मिस्टर समर्थ, हम धन के पुजारी है और तुम्हारे व्यक्तिगत मामलो से हमे कोई मतलब नहीं है।" मैंने कहा - "क्या मतलब माँ से मिलना काम से ज्यादा जरूरी नहीं है मेरे लिए।" नेता व दूसरे लोगों का पारा गरम हो गया सभी एक साथ खड़े हो गए बोले - "हमारा जो नुकसान होगा उसकी भरपाई कौन करेगा।" मैंने कहा - "पिछले चार महीने में जितना पैसा आप लोगों ने लगाया था उसका पचास गुना ज्यादा आप लोगों को दिलवा चुका हूँ। इलसिए इसकी धमकी तो आप मत ही दीजिये।" इतने मे नेताजी के एक चमचे ने रिवाल्वर निकाल ली और बोला - "भैया जी कहिए तो

अभी इसका भेजा उड़ा दूँ।" उत्तर प्रदेश के आस पास जो लोग नेता जी की चमचागीरी करते है वह भैया जी सम्बोधन करते है अपने अम्माँ बाबू का पैर भले न छूए मगर नेता जी के पैर पर लेट कर प्रणाम करते है। कई तो नेताजी को जूता भी पहना देते है। नेता भी ऐसा व्यवहार करता जैसे सामंत वादी व्यवस्था मे जमीदार को कारिंदे जूता पहनाते थे। खैर उस समय रिवाल्वर को सामने देख कर मेरे तो होश उड गए थे। मैंने कहा - ये आप लोग क्या कर रहे है मैंने आप लोगों के लिए इतनी मेहनत की और इतना पैसा कंपनी के नाम पर आप ने कमाया और यदि आप लोगों को लगता है कि मैं अब आपके लिए फायदेमंद नहीं हूँ तो मुझे कंपनी से हटा दीजिये।" नेता जी बोले - "बेटा इतना आसान नहीं है हमसे पीछा छुड़ाना। हम नेता सेवा करने के लिए नहीं बने है। पैसा व बंदूक के दम पर राजनीति करते हैं अगर हमारे बारे में पता ना हो तो पता कर लेना। इसलिए हमसे अलग होने की बात सोचना भी मत वरना जिंदगी कब हाथ से निकाल जाएगी पता भी नहीं चलेगा।" कमरे मे बैठे ब्योरोक्रेट धीरे-धीरे मुस्कुरा रहे थे। नेता जी बोले - "ये ब्युरोक्रेट हम इसलिए साथ नहीं रखते कि ये सिर्फ पैसा कमाए, ये यह भी बताते है कि कैसे दूसरे का इस्तेमाल करना है और कैसे कानून से बचना है। ये लोग शासन व प्रशासन की कमियाँ व खामियां से हमको रास्ता बताते हैं कि कैसे बचा जाए और सारा धंधा तुम्हारी निगरानी में चल रहा है। इसलिए कोई तीन-पाँच किया तो जेल भी तुम्ही जाओगे।" ये कह कर सब वहाँ से निकल गए।

10

आज पूरे जीवन में पलट कर देखा तो लगा जैसे भूचाल आ गया हो। अब तक मैं अपनी शर्तो पर काम करता रहा था आज पैसा कमाने के चक्कर मे मैं इतने गहरे दलदल में चला गया कि निकलने का रास्ता नहीं सूझ रहा था। मैंने जीवन में बहुत कुछ खोया था, बचपन में बाबा दादी, पढ़ने के समय बहन रेणु और नौकरी के दौरान पिता जी को। मैं बार-बार गिरता और खड़ा होता। हर बार ये प्रण करता कि जीवन में अब मैं संबंधो के प्रति सजग रहूँगा। स्थितियो के बेहतर होते ही मैं फिर उन्ही गल्तियो को दोहराता मगर आज मैं अंदर तक हिल गया था आज की घटना ने मुझे इतना झकझोर दिया था कि मुझे अपने - आप से घृणा हो रही थी। मेरी आत्मा ने मुझे कितनी बार धिक्कारा था। आज तो जैसे मेरी आत्मा मुझे कह रही थी ऐसे शरीर को धारण कर मैं अपवित्र हो गयी। आज माँ के आँचल की कमी मैं शिद्दत से महसूस कर रहा था, निहारिका के दो मीठे बोल की जरूरत थी, मुझे रेणु के स्नेह की सख्त आवश्यकता थी। आज मैंने बैग से स्टेशन पर खरीदी हुई गांधी जी की आत्मकथा निकाल ली और पढ़ने लगा। एक हफ्ते तक प्रेम चंद व गांधी जी की आत्मकथा को पढ़ता जाता और आत्मसात करता जाता। इस बीच मैं दोहरी जिंदगी जी रहा था। दिन में उस काम को करता जिसमे मेरा मन नहीं लग रहा था और रात में मैं उस लक्ष्य के बारे में सोचता जिसे मुझे प्राप्त करना है। कंपनी के सारे पार्टनर मुझ पर अब लगातार नजर रखे हुए थे और मैं इससे बाहर निकलने के लिए छटपटा रहा था। कुछ अनजाने चेहरे मेरे घर के आसपास लगातार दिखते थे। जिसे मुझे यह अंदाजा हो गया था कि यह शिकंजा धीरे-धीरे कसता जाएगा।

किसानः भूखों का देवता

मैंने माँ के हरिद्वार से दिल्ली लौटने से पहले ही फोन कर दिया कि वह कुछ दिन वही पर रुके मैं सीधे हरिद्वार आऊँगा। माँ एक आश्रम में रह रही थी इसलिए मैं थोड़ा निश्चित था। पड़ोसी संजय वर्मा व उनका परिवार तो दिल्ली लौट आया था। लेकिन जिस आश्रम में वह लोग रुकते थे वहाँ पर उन्होने माँ के रहने की सारी व्यवस्था कर दी थी इसलिए मैं कुछ ज्यादा निश्चिंत था। आकाश ने समर्थ से पूछा - "तुम इस माया जाल से बाहर कैसे निकले?" समर्थ ने आगे कहानी सुनते हुए कठोर शब्दो से कहा - आकाश, लालच का वाकई कोई अंत नहीं होता है, चाहे वह मेरा हो या अन्य किसी का। मुझे तो सुल्तानपुर की घटना व पार्टनरो की धमकी ने सोते से जगा दिया था। मगर मेरे पार्टनरो की आँखे भेड़िये की तरह लगातार मेरे ऊपर थी। मुझे समझ में नहीं आ रहा था कि इससे बाहर कैसे निकलूँ। मैंने अरबिन्द व निहारिका को फोन करके अपनी समस्या बताई। निहारिका ने दो दिन के लिए दिल्ली आने के लिए कहा। मैंने जल्द ही दिल्ली पहुँचने का वादा किया और मौका तलाशने लगा कि कैसे दिल्ली के लिए निकला जाए। रात में मैंने माँ को फोन करके अपनी स्थिति बताई। माँ ने कहा - "घबरा मत भगवान सब ठीक करेगे, मुझे इस बात की हार्दिक खुशी है कि इस बात का तुम्हें एहसास हो गया कि पैसा जरूरी है मगर सब कुछ नहीं है। जीवन जीने के लिए संबंधो का होना आवश्यक है। वरना मनुष्य अपने को एक निर्जन जंगल के बीच खड़ा पाएगा जहां न तो खुशी होगी और न ही दुखः। पैसा जरूरत पूरी करता है मगर आत्मा को तृप्त नहीं करता। माँ ने बताया कि पवन व सुनीता का फोन आया था वह तुम्हारा हाल चाल पूछ रहे थे। मैंने पूछा - "क्या पवन का नंबर पुराना है या नए नम्बर से फोन किया था?" माँ ने कहा - "नए नम्बर से फोन किया था।"

मैंने माँ से पवन का नम्बर ले लिया और अगले ही दिन सुबह करीब आठ बजे पवन को फोन किया। फोन पर सुनीता थी मैंने पूछा - "पवन है क्या?" उधर से आवाज आई - "जी वो नहा रहे हैं।" मै एक

झटके में समझ नहीं पाया कि वह आवाज सुनीता की थी। तुरंत ही मैंने पूछा - "सुनीता तुम बोल रही हो?" दूसरी तरफ से आवाज आई - "जी, मैंने फिर कहा - "सुनीता तुमने मुझे पहचाना नहीं मैं समर्थ बोल रहा हूँ।" उधर सुनीता ने आश्चर्य से कहा - "जी भैया पहचान गयी आप कैसे है? इस समय कहाँ है?" इस तरह बिना रुके कई प्रश्न एक साथ कर दिये। मैंने उनमे से सिर्फ एक प्रश्न का उत्तर दिया - "मैं इस समय ठीक नहीं हूँ" मेरा यह जबाब सुनते ही वह परेशान हो गयी। उसने तुरंत ही घबड़ाते हुए कहा - "क्या तबीयत नहीं ठीक है।" मैंने कहा - "तबीयत ठीक है लेकिन मैं इस समय बहुत मुसीबत में फंस गया हूँ पवन जब नहा कर निकले तो इसी नंबर पर बात कराना। एक बात कहनी है कि मुझे तुम लोगों का अपनापन प्यार व स्नेह नहीं समझ पाया और अपनों को दुख देकर कर मैं खुश नहीं हूँ। शायद आज की परिस्थिति में मै अपने कर्मो की वजह से फंसा हूँ। मुझे माफ कर देना। बड़ा भाई समझ कर माफ कर देना। आज रेनू होती तो मुझे माफ कर देती, तुम यह समझ लो कि तुम रेनू की ही तरह मेरी छोटी बहन हो" यह सुनकर सुनीता रोने लगी। दूसरी तरफ फोन पर रोते हुए उसने कहा - "भैया, मैंने भी आप को बड़े भाई की तरह ही समझा है चूंकि मेरे परिवार मे कोई भी करीबी नहीं है इसलिए मैं, आप व माँ जी को ही भगवान की तरफ से दिये गए संबंध समझ कर निभा रही थी लेकिन मुझे आप से कोई गुस्सा नहीं है। भला बहन भी भाई से नाराज हो सकती है।" मैंने फोन रखने से पहले कहा - "सुनीता हो सके तो पवन को लेकर जितनी जल्दी हो सके मेरे पास पहुँचो। नहीं तो हो सकता है कि मेरे आसपास जो लोग है वह मुझे जिंदा न छोड़े। यह कह कर मैंने फोन रख दिया।"

पंद्रह मिनट बाद ही पवन का फोन आ गया। उसने घबड़ाकर पूछा - "भैया, क्या हो गया? आपने क्या कह दिया, सुनीता तो रोये जा रही है वह बुरी तरह से काँप रही है और यह भी कह रही है कि भैया को बचा लो" मैंने पवन को सारी बात संक्षिप्त में फोन पर बताई। पवन ने कहा - "आप बिलकुल भी घबराए मत, मेरे रहते कोई आप का

कुछ नहीं बिगाड़ सकता। आप लखनऊ में बिलकुल सामान्य तरीके से व्यवहार करिए, मैं और सुनीता बहुत जल्दी ही लखनऊ पहुंचेगे और आपको वहाँ से निकालने की जुगत लगाते हैं" पवन ने फोन बंद कर दिया। आज फिर पराए के हाथों मैं ऋणी हो गया। पहले भी बहुत से लोगों ने मुझ पर अनेकों उपकार व अहसान किया था मगर सावित्री देबी से मिलने के पश्चात मेरा दृष्टिकोण जीवन के प्रति बदल गया था, मैं अब उन सभी छोटी-छोटी चीजों के प्रति संवेदनशील हो गया जिसका प्रभाव प्रत्यक्ष या परोक्ष रूप से मेरे जीवन पर पड़ रहा था। आज मुझे वह दिन याद आ गया जब पवन से मैंने दिल्ली आने के लिए कहा था और उसने एक झटके में अपनी टैक्सी बेचकर दिल्ली आने का फैसला कर लिया था, अब उसकी आर्थिक स्थिति से अपनी स्थिति की तुलना करता हूँ तो लगता है कि वह आत्मा से बहुत धनी है और मैं आत्मिक रूप से खोखला हूँ उसके पास कुछ भी नहीं था जब उसने मेरा साथ देने के लिए निश्चय किया था और मेरे पास करोड़ो थे जब मैंने सारे संबंधो की बलि दी थी। अब यह बात साफ-साफ नजर आ रही थी जितने भी लोग समाज में ऊपर उठते है उनके जीवन निर्माण मे बहुत से लोगों का हाथ प्रत्यक्ष या परोक्ष रूप से होता है और जब ऊँचाई पर पहुँचने या धन आने के बाद लोग कहते है सब मेरी मेहनत का फल है तो हास्यास्पद लगता है आज मैं स्वयं पर हंस रहा था। मेरी आत्मा मेरा परिहास कर रही थी। आज मैं और मेरी आत्मा के द्वंद के बीच मुझे समझ में नहीं आ रहा था कि व्यक्ति जब जन्म लेता है तो सभी आवश्यकता की वस्तुए और संबंध उसे अकारण ही मिल जाते हैं। जैसे पैदा होते ही प्रकृति, बुआ, मौसी, दीदी, नानी, भाई व बहन इत्यादि सभी तो बिना कुछ किए मिल जाते है। एक घर फ्री मिल जाता है। मगर बड़ा होने पर जब असफलता हाथ लगती है तो तनाव में उसकी पहली शिकायत भगवान या माँ बाप से यही होती है कि मुझे क्या मिला है। पैसे की कमी से मैं कुछ कर नहीं पा रहा हूँ। उसे भगवान व माँ बाप की कृपा नहीं दिखती है।

कई परिवार ऐसे भी देखे जाते है जहां जिसके लिए सबसे ज्यादा धन या सामर्थ्य से किया जाता है वह सबसे ज्यादा शिकायत करता है और जिसका ध्यान नहीं दिया जाता है वह घर का ध्यान अपनी सामर्थ्य व शरीरिक क्षमता के अनुरूप रखने की कोशिश करता है, इसी के बीच जीवन के प्रति नजरिया बनता बिगड़ता है। मैं पूरे दिन गेस्ट हाउस मे पड़ा रहा और पूरे जीवन का अवलोकन कर रहा था और प्रति पल लग रहा था मैंने जीवन भर सबसे लिया ही है, दिया कुछ नहीं है इन्ही जालो में उलझ कर मैं आँख बंद किए हुए सो गया।

अगली सुबह आठ बजे कमरे की घंटी बजी तो दरवाजा खोलते ही तीन बदमाश से दिखने वाले लोग कमरे में घुस आए पीछे से नेता जी आ गए और सोफ़े पर पैर फैला कर बैठ गए। नेता जी बड़े ही बेहयाई से बोले - "समर्थ बिटवा, का मूड है तुम्हारा हिसाब किताब कुछ दिनो से समझ में नहीं आ रहा है,कहीं छोड़ के भागने का मन तो नहीं बना रहे हो। ऐसा ख्याल मन में मत लाना। हर समय हमारे आदमी तुम्हारे ऊपर नजर रखे हुए है तुम्हारी कितनी भी इच्छा इस दलदल से निकलने की करे मगर हम तुम्हें निकलने नहीं देगे।" मेरी जान उसके चुंगल में फंस गयी थी उनकी धमकी से मेरे चेहरे पर खौफ से पसीना बह रहा था चेहरे से छलकती हुई हर बूंद मुझे मेरे किए गए पापो व बुरे कर्मो की याद दिला रही थी, पिछले बीते वर्षो मैं न जाने कितनी बार माँ, निहारिका व अन्य कई हितैषियों ने मुझे बार-बार गलत काम करने से रोका था। मगर विनाश काले विपरित बुद्धि चरितार्थ होती चली गई। मैंने अगर सिर्फ बुरे कर्म किए होते तो शायद माफी हो भी सकती थी मगर नैतिक अपराध का तो प्रायश्चित ही उपाय है। अब जिन परिस्थितियो से मैं गुजर रहा था उनमें शायद प्रायश्चित का मौका न मिल सके। नेता जी अपने गुर्गे के साथ धमकी देकर वहाँ से निकल गए। मैं अपना सिर पकड़ कर बेड पर बैठे-बैठे रोने लगा। मेरा सीना फटा जा रहा था। इतने करीबी लोगों के होने के बाद भी मैं अकेला था। इस अकेलेपन मे मुझे रोते हुए देखने वाला कोई नहीं

था, एक घंटे तक मै रोता रहा। उसी समय मेरी नजर दीवार पर लगे स्लोगन की तरफ चली गयी। जिस पर लिखा था "भगवान उनकी सहायता करते है जो अपनी सहायता स्वयं करता है।" मेरी अंदर की एक अंजान शक्ति ने मुझे झकझोरा। एका-एक मन में एक शक्ति जाने कहाँ से मुझमें पैदा होने लगी। मुझे महसूस हुआ कि अगर मैं इतना बड़ा रियल स्टेट का बिजनेस चला सकता हूँ तो इसमें से बाहर क्यो नहीं निकल सकता हूँ। दिन के ग्यारह बज रहे थे अचानक पवन का ख्याल आया। मैंने पवन को फोन किया, दूसरी तरफ से पवन ने तीन चार रिंग बजने पर ही फोन उठा लिया। मैंने पूछा - "पवन तुम कहाँ हो?" पवन ने कहा - "भैया, मैं गाड़ी लेकर कानपुर पहुँच गया हूँ और दो घंटे मे लखनऊ पहुँच जाऊंगा। आप अपना पता बताइये कि आप कहाँ पर ठहरे है" मैंने कहा - "पवन, लखनऊ पहुँच कर तुम मुझे फोन करना अभी मेरे ऊपर कुछ लोग लगातार नजर रक्खे हुए है। मैं अपना फोन स्विच आफ कर रहा हूँ शाम को अंधेरा होने पर तुम्हें दूसरे फोन से काल करूंगा" इसके बाद मैंने सेल फोन आफ किया और अपना सामान पैक किया।

थोड़ा नाश्ता कमरे मे ही करने के बाद मैं रूम से बाहर निकला तो देखा सामने नेताजी के आदमी खड़े थे लेकिन उनमे से कोई मुझे रोकने नहीं आया। मैंने उन दोनों को अनदेखा करते हुए अपने कदम गेस्ट हाउस से बाहर की तरफ बढ़ा दिये। बाहर आकार रोड पर पैदल चलने लगाए पीछे-पीछे सरकारी गाड़ी में नेता जी के दोनों आदमी राहु-केतु की तरह पीछा करने लगे। मेरे अंदर दो बातें एक साथ चल रही थी, पहली कि हिम्मत से मेरा मनोबल बढ़ा हुआ था। दूसरी तरफ डर भी था कि पता नहीं अगले क्षण क्या होने वाला है, करीब तीन सौ मीटर चलने के पश्चात एक खाली आटो वाला मेरे पास आकार रुका। आटो वाले ने पूछा - "बाबू जी कहाँ जाएगे।" मैं बिना कुछ कहे आटो मैं बैठ गया। सौ मीटर आगे बढ़ने पर आटो वाले ने फिर पूछा - "बाबूजी कहाँ जाएगे?" मैंने कहा - "अमीनाबाद चलो" आटो वाले ने

कहा - "साहब, अमीनाबाद में तो बड़ी भीड़ होती है आटो अंदर नहीं जा पाएगी" मैंने कहा - "जहां तक पहुँच जाए वहाँ मुझे छोड़ देना।" अमीनाबाद पहुँचते-पहुँचते जाम बढ़ने लगा। पीछे पीछे सफारी गाड़ी लगातार पीछा कर रही थी। भीड़ में वही हुआ जिसका मैंने अंदाजा लगाया था आटो व सफारी के बीच का फासला बढ़ने लगा। मैंने भी चलती आटो में जेब से पैसा निकाला और एक जगह पर आटो रुकवाकर पैसा आटो वाले को दिया और एक गली में तेजी से घुस गया। मुझे इस बात का अंदाजा हो गया था कि अब नेताजी के आदमी मेरा पीछा नहीं कर पाएगे। मैं गली में अंदर पहुँच तो गया लेकिन मुझे रास्ते का कोई अंदाजा नहीं था फिर भी मै रास्ता पूछते-पूछते अमीनाबाद के दूसरे छोर पर पहुँच गया। वहाँ से मैंने दूसरी आटो ली और स्टेशन की तरफ निकल गया। रास्ते में पवन को दूसरे फोन से काल की। पवन ने बताया कि वह बस स्टैंड के पास गाड़ी लेकर खड़ा है। मैं तुरंत शहर से इसलिए नहीं निकालना चाहता था क्योकि इस बात की संभावना बहुत ज्यादा थी कि नेता जी के गुंडे रेलवे स्टेशन व बस स्टैंड के आस पास जरूर पहुँच गए होगे। पवन ने रेलवे स्टेशन के पास एक गली में मिलने के लिए बुलाया।

पवन ने जैसे ही मुझे देखा उसने दूर से आवाज लगाई और दौड़कर मेरे पास आ गया हाँफते हुए मेरे शरीर से लिपट गया। मुझे आज उसका इस तरह लिपटना अच्छा लगा। मुझे आज अपनेपन का एहसास पवन में मिला। दस पंद्रह सेकेंड में पवन को एहसास हुआ कि वह सड़क पर खड़ा है। उसने अपने को सम्हालते हुए कहा - "भैया, अभी बताइये कि क्या करना है?" मैंने कहा - "पवन इस समय दिल्ली निकलना थोड़ा मुश्किल हो सकता है, इसलिए भोर में ही निकलना हो पाएगा वह भी दिल्ली नहीं जाना है हम लोग सुल्तानपुर की तरफ जाएगे।" पवन ने पूछा - "वहाँ किसके घर जाना है?" मैंने कहा - "यह सब बाद में बताऊंगा। सुबह करीब चार बजे वी॰आई॰पी॰ गेस्ट हाउस से सुल्तानपुर रोड पर दो सौ मीटर की दूरी पर गाड़ी लेकर खड़े रहना

मैं वही पहुँच जाऊँगा। मै इस समय वापस गेस्ट हाउस लौट जाऊँगा जिससे उनको मुझ पर कोई शक ना हो।" इसके बाद हम दोनों ने एक-एक कप चाय पी। मैंने पवन को हिदायत दी कि बहुत सजग होकर सुबह आना और अगर कोई खतरा लगे तो मुझे रिंग कर देना और फोन भी दूसरे नम्बर पर करना। इसके बाद मैं वहाँ से निकल कर रात नौ बजे तक गेस्ट हाउस पहुँच गया। वहाँ पर पुलिस खड़ी थी। नेताजी पुलिस वालों से बात कर रहे थे। मैं बड़े ही आत्मविश्वास से उनके पास पहुंचा। उनके बोलने से पहले ही बोला - "क्या बात है नेता जी, ये पुलिस वाले क्यों खड़े हैं? कही मेरे भागने के डर से तो नहीं आए?" नेता जी थोड़ा खिसियाए और दस मिनट के बाद दो पुलिस वालो को मेरे रूम के बाहर छोड़कर सारे लोग वहाँ से चले गए। एक नेता की पहुँच का अंदाजा लगाइए कि बिना किसी एफ॰आई॰आर॰ के पुलिस मेरी निगरानी कर उनकी ड्यूटी कर रही थी। पुलिस भी सरकार के बिधायक व मंत्री की व्यक्तिगत सुरक्षा मे काफी टाइम व्यतीत करती है। लड़के व लड़कियां पुलिस की नौकरी ज्वाइन करते समय ये सोच भी नहीं पाते कि भविष्य मे वह क्या-क्या सेवा इस समाज को देने वाले हैं। लोगों की सुरक्षा या कुछ चुने हुए विशिष्ट व्यक्तियों की सेवा। पुलिस वालो के साथ-साथ नेताजी के आदमी भी गेस्ट हाउस के बाहर मुझ पर नजर रक्खे हुए थे। मैंने रात का खाना मेस में खाया और स्थिति का जायजा लेने के लिए रात करीब ग्यारह बजे गेस्ट हाउस के लान मे टहलने लगा। मैंने अपना पहला सेल फोन आन कर दिया था, जिससे की नेताजी को कोई शक ना हो कि मैं क्या करने वाला हूँ। लान से मैंने देखा कि नेता जी के राहू केतू पुलिस वालों से कुछ कहकर अपनी सफारी गाड़ी में कही निकल गए। पुलिस वाले भी बारह बजे के आसपास अपनी कुर्सी पर बैठे ऊँघने लगे। मेरी नीद तो उड़ ही गयी थी। मैं एक-एक क्षण पुलिस पर नजर रक्खे हुए था, मुझे लग रहा था वो मेरी नहीं मैं उनकी निगरानी कर रहा हूँ। रात और भोर के बीच का समय हो चुका था, सारा शहर खामोश था और इस वक्त नीद अपनी चरम पर होती है मेरी आँखे जल रही थी और लाल हो चुकी

थी शायद तनाव व दबाव की वजह से ऐसा हो रहा था। मैंने कमरे के दरवाजे से बाहर निकलकर लान की ओर कदम बढ़ाए, यह जानने के लिए की कोई दिख रहा है या नहीं। रिसेप्शन पर गार्ड सो रहा था और दोनों पुलिस वाले भी वही बगल में बैठे कुर्सी पर गहरी नीद में सो रहे थे। चार बजने में दस मिनट रह गए थे मैंने पहला सेल फोन आफ कर दिया और दूसरे फोन को वाइब्रेशन पर डाल दिया चार बजने में पाँच मिनट रह गए तो मैं दबे पाँव अपना बैग कंधे पर रख कर सांस रोककर बाहर निकला और रोड के किनारे-किनारे सौ मीटर बढ़ा ही था कि पीछे से पुलिस जीप के सायरन की आवाज सुनाई दी। मेरी सांस थम सी गयी। मेरा खून जमने लगा। सैकड़ो ख्याल बिजली की गति से 20 सेकेंड में मेरे जहन से गुजर गए। मगर मैं आगे बढ़ता रहा। सायरन की आवाज करीब आती जा रही थी। लेकिन अचानक मैंने फोन निकाला और वही रुक कर पवन को काल करने लगा। ऐसा दिखाना चाहता था कि किसी टैक्सी का इंतजार कर रहा हूँ। उसी समय पुलिस की गाड़ी तेजी से आगे निकल गयी। शायद गश्त कर रही थी। उसी क्षण पवन का फोन काल मिल गया। उसने फोन उठाते ही कहा - "भैया, मैंने आपको देख लिया है आप फोन बंद कर दीजिये।" दस सेकेंड ही बीते थे कि पवन ने गाड़ी बगल में रोकी मैंने बैग को पीछे की सीट पर डाल दिया और आगे की सीट पर बैठ गया। पवन ने गाड़ी को तेजी से सुल्तानपुर रोड पर बढ़ा दिया।

पंद्रह मिनट तक मेरी साँसे बहुत तेज-तेज चलती रही। उसके बाद मैंने कहा - "पवन, आज मुझे आजादी मिल गयी है।" पवन ने बिस्कुट का पैकेट निकाला और मेरी तरफ बढ़ा दिया। मैंने दो बिस्कुट निकाल कर खाना शुरू कर दिया। घबराहट में मैंने रात का खाना ठीक से नहीं खाया था। मुझे तेज भूख लगी थी। पवन गाड़ी बहुत तेज चला रहा था आधे घंटे में वह शहर से पचास किलोमीटर दूर ले आया था। मैंने पवन से कहा - "अब गाड़ी धीमे चलाओ। अब खतरे की बात नहीं है।" पवन ने गाड़ी की स्पीड अब साठ पैसठ पर कर दी। थोड़ी देर बाद मैंने

बातें शुरू कर दी। मैंने कहा - "पवन मुझे माफ कर दो, मैंने सुनीता व तुम्हारा बहुत अपमान किया है। क्षमा करने के लायक तो नहीं हूँ फिर भी भाई समझ कर माफ कर दो।" पवन की आंखे छलछला गयी। पवन ने कहा - "नहीं भैया, ऐसा मत कहिए, सुनीता और मैं इटारसी से दिल्ली सिर्फ आप और माँ जी के लिए आए थे मेरा अपना स्वार्थ था, आप लोगों के साथ मुझे परिवार का एहसास होने लगा था, सुनीता तो आपको बड़ा भाई समझ कर अपना अधिकार जमा रही थी, गलती हमारी थी जो हमने अपनी सीमा से आगे निकाल कर ज्यादती की थी जो गलत था।" मैंने कहा - "नहीं पवन, तुमने व सुनीता ने कोई सीमा रेखा नहीं लांघी थी मैं तुम लोगों के स्नेह व प्यार को समझ ही नहीं पाया था शायद पत्थर और कंक्रीट के बीच रहते-रहते मेरे दिल व दिमाग से संवेदनशीलता खत्म हो गई थी।" जैसे-जैसे रास्ता आगे बढ़ता जा रहा था मेरे दिल का बोझ हल्का होता जा रहा था। शरीर रुई की तरह हल्का हो गया था। मन के अंदर से मैल साफ होता जा रहा था।

सौ किलोमीटर निकल चुके थे क्योकि मैं लगातार माइल स्टोन देख रहा था। मैंने पवन से कहा - "अरे हनुमान जी, एक कप चाय पीने को मिलेगी।" पवन ने भी हँसते हुए कहा - "जी रामचन्द्र जी", एक किलोमीटर बाद एक चाय वाला सड़क के किनारे झोपड़ी के बाहर अंगीठी जला रहा था। वही पर गाड़ी खड़ी करके हम दोनों गाड़ी से उतर गए। पवन ने चाय वाले से चाय बनाने के लिए कहा, चाय वाले ने कहा - "बाबूजी दस मिनट लगेगा। आप थोड़ा इंतजार कर लीजिये।" हम लोग भी थक गए थे। पवन भी रात भर जागा हुआ लग रहा था। दस मिनट बाद चाय वाले ने चाय दी हम लोग चाय पीने लगे। अचानक मुझे याद आया कि पवन ने तो टैक्सी बेच दी थी।मैंने पवन से पूछा - "नई टैक्सी के लिए तुम्हारे पास पैसे तो नहीं थे और जहां तक मुझे याद है तुम दिल्ली से जाते समय कुछ पैसा रुपया लेकर भी नहीं गए थे। तो पैसा कहाँ से आया?" काफी ज़ोर देने पर पवन ने

कहा - "भैया, सुनीता ने बताने के लिए मना किया था मगर आपको अगर नहीं बताऊंगा तो भी आप मानेगे नहीं। जो कुछ बचत साल भर में काम करके की थी उससे और सुनीता की जिद पर उसके गहने बेचकर यह टैक्सी खरीदी है, सेकेंड हैंड है भैया, यह सुनकर तो मेरे होश उड़ गए। मैंने कहा भी इसकी जरूरत तुरंत क्या थी। पवन के जबाब ने तो मुझे शर्मसार ही कर दिया। वह बोला - "भैया, पिछली बार जब आपका फोन आया था तो सुनीता घबरा गयी थी। उसने कहा-समर्थ भैया, किसी मुसीबत में हैं और शायद हमारी जरूरत उनको पड़ेगी। किसी भी वक्त उनके पास जाना पड़ सकता है और जरूरत पर कोई गाड़ी या साधन नहीं मिला तो हम क्या कर पाएगे। इसलिए टैक्सी खरीदकर चलाओ इससे हमारी कमाई भी हो जायेगी और जरूरत पड़ने पर हम उनको वहाँ से ले भी आयेंगे।" कल रात अचानक उसको घबराहट होने लगी तो उसने कहा तुम सुबह लखनऊ चले जाना और भैया की जो सहायता हो सके वह करना। मुझे उन दोनों के व्यवहार में एक बचकानापन लगा। दूसरे क्षण सुनीता व पवन का मेरे प्रति आगाध प्रेम मेरे सारे अस्तित्व को झकझोर गया। बिजनेस में मेरे सैकड़ो लोग दोस्त बने मगर साथ उसने दिया जिससे मैंने एक बूंद की उम्मीद नहीं की थी। जरूरत पर जो साथ दे वही सच्चा मित्र है। यह साथ देने का दम शायद पैसा बढ़ने से नहीं आता है यह तो मनुष्य के ह्रदय में होता है। यह मैंने सुनीता व पवन में देख लिया था। पवन ने आज पवनसुत हनुमान का कार्य पूरा कर दिया था मगर मैं अब तक राम नहीं बन पाया था। उसी क्षण मैंने प्रण किया कि आजीवन अब से मैं सुनीता व पवन को अपने से दूर नहीं होने दूँगा। चाय पी कर हम दोनों वहाँ से निकले और मैंने वही से सावित्री देबी को फोन किया कि हम लोग एक डेढ़ घंटे में आप के घर पहुँचेंगे, कुछ अर्जेंट काम है।

अब चूंकि हम लोग खतरे से बाहर थे इसलिए पवन भी गाड़ी धीरे-धीरे चला रहा था। आठ बजे के आस पास हम लोग सावित्री देबी के गाँव पहुँच गए। सावित्री देबी ने मुझे देखते ही बड़ी ही खुशी

से स्वागत किया पवन का उनसे परिचय कराने के बाद हम लोग थोड़ा फ्रेश हुए। सावित्री देबी ने हम लोगों को चूड़ा फ्राई कर खाने के लिए दिया। चूड़ा, लाई, गुड व मटर तो गाँव का स्टार्टर है बर्गर पिज्ज़ा व कोल्ड ड्रिंक शहर का स्टार्टर है। नाश्ता करने के बाद पवन थोड़ी देर के लिए आराम करने के लिए खटिया पर लेट गया। बेचारा पूरा दिन व पूरी रात जागा हुआ था। मैंने पहले माँ को फोन करके बताया कि मैं इस समय सुल्तानपुर के एक गाँव में हूँ और उन्हे हरिद्वार से सुल्तानपुर आने के लिए कह दिया इसके बाद निहारिका व अरबिन्द से फोन पर अपने सुल्तानपुर आने की खबर दे दी। सावित्री देबी और मैं बातें करने बैठ गए। सावित्री देबी ने बताया कि सरपंच जी किसी जरूरी काम से लखनऊ गए हैं अगले दिन तक लौट आएंगे।

अब मैंने सावित्री देवी से कहा - "दादी आपकी दी हुई सीख व राय ने मेरी आत्मा मे हलचल मचा दी है। यहाँ से लखनऊ जाने के बाद जो घटनाए घटीं है वो भी मुझे काफी दुखदपूर्ण रही है।" मैंने सारी घटना क्रमवार उन्हे बताई। अब बताइये दादी कि मैं क्या करूँ, कैसे इस भँवर से निकलूँ, मुझे कुछ सूझ नहीं रहा, नेता व उनके साथी मुझे हर तरफ ढूंढ रहे होंगे। मैंने तो डर के मारे अपना सेलफोन भी बंद कर दिया है। दादी ने कहा - "समर्थ बेटा, घबड़ाओ मत अभी तुम यही पर रहो। सरपंच जी के आने के बाद हम लोग मिलजुल कर रास्ता सोचेंगे कि आगे क्या करना है। तुम अभी काफी मानसिक तनाव से गुजर रहे हो इसलिए कम से कम एक हफ्ते तक चुपचाप यही पर रहो। थोड़ा गाँव घूमो और मेरे पास कुछ किताबे है उनको यहीं रह कर पढ़ो और किताबों की जरूरत होगी तो लखनऊ या बनारस से मँगवा दूँगी। दिन का खाना खाकर मैं सोने चला गया। शाम को थोड़ा गाँव मे घूमा और रात में खाना खाकर फिर सो गया। शारीरिक व मानसिक थकान कि वजह से खूब नींद आ रही थी।

अमूमन आदमी ज्यादा देर रात तक जग जाए तो बड़ी मुश्किल से दो तीन बजे तक जाग पता है। लेकिन आकाश व समर्थ की आंखो

से नींद कोसो दूर थी। समर्थ ने कहा - "आकाश, मेरी जीवन का घटनाक्रम हूबहू वैसा तो नहीं होगा जैसा तुम्हारा है लेकिन फिर भी कुछ समानता तो होगी, हो सकता है तुम्हारी फिल्म की कहानी मे थोड़ा बहुत चेंज तुम्हें करना पड़े। आकाश ने कहा- हाँ समर्थ भाई, तुम अपनी कहानी आगे बताओ क्या हुआ।

समर्थ ने बात आगे शुरू की, पवन बोलता तो अभी भी था मगर पहले से ज्यादा संजीदा हो गया था। पवन दादी का दुलारा हो गया था, वह उनका काफी काम करता था। दादी के कहने पर पवन को हरिद्वार भेजने की बात हुई तो मैंने कहा - "दादी, हरिद्वार से माँ को लाने में काफी गाड़ी चलानी पड़ेगी और पवन को मेरे साथ आए हुए तीन चार दिन हो चुके है। सुनीता इटारसी में परेशान हो रही होगी।" पवन ने इसी समय अपनी थोड़ी सी बुध्दि दौड़ाते हुए कहा - "भैया एक काम यह हो सकता है कि माँ जी हरिद्वार से कानपुर आ जाए और मैं सुनीता को भी कानपुर बुला लेता हूँ। वही से मैं दोनों को लेकर यहाँ आ जाऊँगा।"

दो दिन पश्चात सुबह पवन माँ व सुनीता को लेने के लिए कानपुर चला गया। हरिद्वार व इटारसी की ट्रेन शाम तक कानपुर पहुँचती थी इसलिए पवन बहुत धीरे-धीरे गाड़ी चलाते हुए कानपुर पहुंचा। जिससे कानपुर में ज्यादा इंतजार न करना पड़े। कानपुर स्टेशन में पहले उसने सुनीता को लिया उसके बाद स्टेशन पर ही दोनों माँ जी का इंतजार करते रहे। ट्रेन की बोगी का नंबर व बर्थ पवन को पता था इसलिए वह तेजी से डब्बे की ओर दौड़ा। ट्रेन के दरवाजे पर चढ़ने व उतरने वालो की बहुत ही ज्यादा भीड़ थी जैसा की हम सभी स्टेशन पर देखते है कि ट्रेन से उतरने वालों से ज्यादा ट्रेन पर चढ़ने वाले उतावले रहते हैं और यात्रियो के ट्रेन से उतरने से पहले लोग भारी तादात मे चढ़ने लगते। हालात ये हो जाते हैं कि ट्रेन का दरवाजा जाम हो जाता है। जैसे कि भरे हुए ग्लास में और पानी भर दिया जाए। पवन ने कैसे भी करके माँ को ट्रेन से उतारा और सुनीता के पास रेस्ट

किसान: भूखों का देवता

रूम में लेकर पहुँचा। तीनों ही अति प्रसन्न थे। सुनीता व पवन ने माँ के पैर छूए तो माँ जी ने पवन की पीठ पर धौल जमते हुए कहा - "पवन, अब तुम मुझसे भाग कर दूर नहीं जा सकते। शायद नियति यही चाहती है।" यह कहते-कहते तीनों की आँखे छलक गयी। प्लेटफार्म पर तीनों ने चाय पी और सामान लेकर स्टेशन से बाहर आ गए। सामान एक जगह रखकर पवन अपनी टैक्सी लेने स्टैंड चला गया और रात में करीब आठ बजे कानपुर से तीनों निकल गए। रास्ते भर अपनी अपनी बातें करते-करते सुबह छ: सात बजे तक गाँव पहुँच गए। वहाँ पहुँचे तो समर्थ एक ग्लानि से भरा घर के दरवाजे पर खड़ा था।

मैं आत्मग्लानि से भरा दरवाजे पर खड़ा यही सोच रहा था कि सुनीता से सामना कैसे करूंगा। दिल तेजी से धड़क रहा था। मुझे माँ की इतनी चिंता नहीं थी जितनी की सुनीता से नजर मिलाने की। जैसे ही टैक्सी दरवाजे पर आकार रुकी मैं तेजी से टैक्सी का दरवाजा खोलने के लिए दौड़ा। पहले माँ उतरी तो मै उसके गले से लिपट गया करीब आधे मिनट तक माँ को पकड़े रहा और रोता रहा। माँ ने मुझे थपथपाते हुए कहा - "जब दिमाग ठीक नहीं था तो रुलाई नहीं आई अब दिमाग सही रास्ते पर आ गया है तो रो रहा है।" मैंने कहा - "माँ, इसी का प्रायश्चित कर रहा हूँ।आंसू से मन की सारी मैल धुल गई। जितने आंसू निकलते है उतना ही शरीर व मन हल्का महसूस करता हूँ" सावित्री दादी माँ को अन्दर ले गयी। पवन सामान लेकर अंदर चला गया। पीछे से सुनीता खड़ी चुपचाप मेरी तरफ देख रही थी सबके जाने के बाद उसने मेरे पैर छूए। मै सिर्फ इतना ही कह पाया - "मुझे माफ कर दो।"

सावित्री देवी का घर काफी बड़ा था। उनके बेटे व पोते सभी शहर मे रहते थे इसलिए घर में कमरो की कमी नहीं थी। सभी लोग इत्मीनान से बैठ गए। पवन व सुनीता, माँ व मुझे एक-एक कमरा रहने के लिए इंतजाम कर दिया गया था। सावित्री दादी सबके लिए चाय बनाकर ले आई। माँ ने झेपते हुए कहा- माँजी जी, आप क्यो चाय

बना कर लायी, मुझसे कहना चाहिए था।" उनकी बात होती रही इसी बीच सुनीता ने सावित्री दादी से चाय की ट्रे ले ली और सबको चाय दे दी। सावित्री दादी ने फिर कहा - "समर्थ, तुमने सुनीता की जितनी भी तारीफ की है वह कम है। सुनीता ने झेपते हुए कहा - "आखिर सबसे छोटी हूँ और आपकी पोती की उम्र की हूँ तो यह ज़िम्मेदारी मेरी है कि जब तक यहाँ रहूँ आप लोगों को कोई तकलीफ ना हो।" चाय पीते-पीते सावित्री दादी ने ऐलान कर दिया कि आप सभी लोग मुझे दादी कहेगे। आखिर सबसे बुजुर्ग हूँ मैं। माँ बोली - "जी दादी", सावित्री दादी ने ठहाका लगाते हुए कहा - "अरे मैं बाकी लोगों की दादी हूँ तेरी तो सास हूँ, माँ कह मुझे और मैं तुझे समर्थ की माँ नहीं कहूँगी तेरा नाम लूँगी।" माँ ने कहा - "जी, जो आपको ठीक लगे वही पुकारिए।" सावित्री दादी ने कहा - "समर्थ ने तो तुम्हारा नाम कभी लिया ही नहीं।" माँ ने कहा - "जी, वंदना।" सभी लोग चाय पी चुके थे। सुनीता ने सबके कप ले लिए और रसोईघर में रखने चली गयी। दादी ने सबको आराम करने के लिए भेज दिया और खुद खाने की तैयारी करने चली गयी। पीछे-पीछे सुनीता रसोईघर में पहुँच गयी। दादी ने सुनीता को तुरंत वापस जाने के लिए कहा। मगर सुनीता कहाँ मानने वाली थी, कहने लगी - "खाना खाने के बाद आराम कर लूँगी।" दादी,सुनीता व मैं रसोईघर में बैठ कर बातें करने लगे और साथ-साथ खाना भी तैयार हो रहा था। मैंने दादी से पूछा - "दादा जी सुबह - सुबह कहाँ चले गए।" दादी ने कहा - "अरे बेटा सारे गाँव की समस्या का निदान करने का भूत सवार रहता है तेरे दादा जी को। इसलिए उनके आने जाने का कोई पक्का टाइम नहीं रहता है।" इसी तरह बातें करते-करते बारह बज गए। सुनीता की आंखे नीद से बोझिल व लाल हो गयी थी मगर फिर भी हम लोगों के बीच में आकार उसका उत्साह देखने योग्य था। दादी ने सुनीता को माँ व पवन को जगाने के लिए भेज दिया और मुझसे बोली - "समर्थ, सुनीता से थोड़ी बात कर,उससे अपने किये की क्षमा माँग, बहुत ही समर्थवान व संवेदनशील लड़की है, जीवन में पवन व सुनीता जैसे सम्बंध सभी को नहीं मिलते हैं। तेरा

प्रारब्ध क्या है यह तो मैं नहीं जानती मगर जितना भी मैंने पढ़ा और ज़िंदगी को जिया है उससे मैं यह कह सकती हूँ कि तेरे जीवन के लक्ष्य में ये तेरे सारथी की तरह चलेंगे। थोड़ी देर में सभी लोग इकट्ठा हो गये। दादी ने सभी लोगों को एक साथ खाना खाने के लिए बैठाया। माँ ने थोड़ा संकुचाते हुए कहा - "मैं रसोईघर में खा लूँगी।" दादी ने अधिकार पूर्वक आदेश देते हुए कहा - "वंदना, सभी लोग साथ खाना खायेंगे।" इसके बाद माँ ने बिना विरोध किए हुए खाना शुरू कर दिया। खाना खाने के बाद माँ, पवन व सुनीता आराम करने चले गए। मैं पढ़ने बैठ गया। दादा-दादी जी घर के आँगन में खाट पर बैठकर बातें करने लगे।

मुझे यह पता ही नहीं चला कि मुझे कब नींद आ गयी। शाम को पाँच बजे के लगभग सुनीता ने मुझे जगाया - "भैया, उठिए अंधेरा होने को आ रहा है।" चाय पीने के साथ ही दादा जी से मैंने गाँव का हाल चाल लिया और दादा जी बड़ी ही उत्सुकता के साथ मुझे सुबह से दिन तक की सारी घटनाए बताते जा रहे थे। दादा जी ने कहा - "समर्थ, चलो बेटा थोड़ा गाँव के बाहर तक घूमकर आते है। मैंने तुरंत ही पैरो में चप्पल डाली और तेजी से उनके साथ हो लिया। पवन बोला - "भैया, गाड़ी ले चलूँ।" मगर मैंने तुरंत ही मना कर दिया और दादा जी के तेज बढ़ते हुए कदमो के साथ बढ़ता चला गया। इतनी उम्र में भी उनके जीवन में ऊर्जा का संचार कहाँ से आता था इसको समझ पाना मेरी समझ से परे था। हम दोनों लोग हल्की फुल्की बातें करते हुए एक घंटे बाद लौट आए। गाँव में आमतौर पर खाना बहुत जल्दी ही खाया जाता है। इसलिए आठ बजे तक हम लोगों ने खाना खा लिया और बैठ कर बातें करने लगे। मैं लखनऊ में घटी हुई घटनाओ से बेखबर व निश्चिंत था एक हलकापन शरीर व मन पर छा गया था। मेरे दिल व दिमाग पर जो हजारो टन का बोझ था वह लगभग हट सा गया था। दादी ने कहा - "सभी लोग अब जल्दी से सो जायें। कल सुबह हम लोग बैठकर बातें करेंगे।" चूंकि मेरा शरीर थका हुआ था इसलिए मैं

सोने के लिए तुरंत उठ खड़ा हुआ। बिस्तर पर लेटा तो अनायास ही बाबा, दादी, पिताजी व रेणु का चेहरा एक-एक करके फिर सामने आने लगा। एक नई सुबह के इंतजार में मैं कब सो गया यह मुझे याद नहीं।

सुबह-सुबह चिड़ियो की चहचहाट के साथ मेरी नींद खुली। इस सुबह की ताजगी वैसी ही थी जैसी कि बचपन में दादाजी के साथ सुबह उठने में होती थी। आज एक स्थिरता व आनंद का अहसास हो रहा था। थोड़ी देर तक मैं उस सुबह की हल्की ठंड का लुफ्त लेता रहा। दस मिनट बाद दादा जी उठ गए। मुझे जगा देख बोले - "समर्थ इतनी जल्दी नींद खुल गयी तुम्हारी" मैंने कहा - "जी सारी थकान खत्म हो गयी है इसलिए नींद नहीं आ रही है" यह कहने के साथ ही मैंने बिस्तर छोड़ दिया। फ्रेश होने के लिए खेत की तरफ चल दिया।। हाथ मे ब्रश लेकर आधुनिकता व देहात का संगम करने का विलक्षण दृश्य था। सावित्री देवी के प्रयासो से गाँव मे स्त्रियो के लिए शौचालय बन गए थे। इसलिए गाँव की कोई भी स्त्री सुबह दिखाई नहीं दे रही थी। जबकि देश के बहुत से भाग में अभी भी गाँव की स्त्रियाँ खेतों में शौचालय जाने के लिए मजबूर हैं। आधे घंटे मे हम लोग वापस आ गए। चाय नाश्ता करके मैं, पवन को लेकर खेतों की तरफ निकल गया। किसान व उनके परिवार के लोग खेतों मे काम करने में तल्लीन थे छोटे बच्चे से लेकर बुजुर्ग तक काम में लगे हुये थे। उत्सुकतावश मैं खेत में काम कर रहे लोगों के बीच पहुँच गया। ये देख कर मैं दंग था कि वो सभी नंगे पैर काम कर रहे थे। वैसे तो नंगे पैरों खेतों में काम करते हुए किसानों को बचपन में देखा था मगर इतने वर्षों बाद भी हालात में कोई सुधार नहीं हुआ था। शरीर पर सिर्फ धोती ही थी। बच्चे हाफ पैंट पहने हुए थे। सभी कुपोषण का शिकार लग रहे थे। छोटी लड़कियां जिनकी उम्र आठ - नौ साल होगी उनमें से ज्यादातर छः महीने से एक साल के बच्चे को गोद में लेकर घुमा रही थी क्योकि उनकी माँ खेती में अपने परिवार का पेट भरने की जद्दोजहद कर रही थी। छोटी बच्चियाँ खेलने की उम्र में माँ की ज़िम्मेदारी उठा रही थी।

मुझे अपने कैरियर की सफलता उनके खून से सीचें हुए खेतों पर बने पत्थर व ईटों के बने मकानों से मिली थी। उनके किसान परिवार के शरीर से निकलते हुए पसीने की बूंदोंका वजन मेरी आंखो से छलक़ती बूंदों के वजन से हल्का लग रहा था। मेरी आंखो की एक बूंद ने पूरी आँख को धुंधला कर दिया। कुछ भी साफ दिखाई नहीं दे रहा था। कुछ ही क्षण में एका-एक मैंने रुमाल निकालकर आंखो को साफ किया तो साफ-साफ जीवन की सच्चाई फिर दिखने लगी। इतने वर्षो में मायावी झिल्ली मेरी आंखो पर चढ़ गयी थी। पवन ने कहा - "भैया, शहर में आने से पहले मैं इनमे से एक था मुझे आज भी वो दिन याद है। जब सुनीता व मैं खेतों में काम करते थे। मगर आर्थिक तंगी ने मुझे शहर की ओर धकेल दिया।" वहाँ बैठे-बैठे एक घंटा हो चुका था। इसके बाद हम लोग वहाँ से घर लौटे और नहाने के लिए गाँव के पोखरे पर चले गए। गाँव का पोखरा पक्का बना था। गाँव के सभी बच्चेएबूढ़े वही नहाने के लिए एकत्रित थे। एक उत्सव जैसा माहौल था। पोखरे के चारो तरफ आम के पेड़ लगे हुए थे। काफी खूबसूरत जगह थी। पवन व मैं वही थोड़ी देर तक बैठे बच्चो का खेलना देखते रहे। नहा कर एक घंटे बाद हम लोग वापस लौट आये। सुनीता खाना बनाकर तैयार कर चुकी थी। सभी लोगों ने खाना खाया उसके बाद सावित्री दादी ने सभी को दालान में इकट्ठा होने के लिए कहा।

11

दादा जी,दादी ने आवाज लगाकर सभी लोंगों को बुला लिया। दादा जी ने बोलना शुरू किया - "समर्थ तुम्हारी सारी कहानी मैं पहले से जनता था और दादी ने तुम्हारी पिछले तीन चार महीने में घटी घटनाओं को मुझे बताया है और इसलिए इस समस्या को सुलझाने में हम सभी लोगों को मिलकर इसका हल निकालना होगा।" पवन व सुनीता चुपचाप बैठे थे। माँ ने कहा - "अम्मा जी, आप व पिता जी जैसा सोचेंगे वैसा ही हम लोग रास्ता पकड़ेंगे।" काफी विचार विमर्श के पश्चात दादी ने कहा - "तुरंत ही लंबे समय की प्लानिंग नहीं की जा सकती इसलिए अभी हमें कुछ समय और चाहिए होगा। जिससे भविष्य मे उन रियल स्टेट के माफियाओ के चंगुल से समर्थ को निकाला जा सके। इसलिए मेरा सुझाव है कि लगभग एक महीने तक सभी लोग यही रहेंगे और निश्चिंतता के साथ मन को ठंडा करके रहेंगे। समर्थ मैं तुमसे ये उम्मीद करती हूँ कि तुम अब दिल्ली का सारा बिजनेस बंद करने का प्लान करो।"

अगली सुबह ही मैंने पवन को दिल्ली भेजने का निर्णय लिया। पवन दिल्ली के फ्लैट पर रह चुका था तथा वहाँ के मेरे सारे क्लाइंट को जानता था इसलिए उसको हिदायत देकर मैंने एक हफ्ते बाद उसको दिल्ली भेज दिया। साथ ही साथ अरबिन्द को फोन कर दिया। अरबिन्द मेरे दिल्ली के आफिस व फ्लैट के लिए क्लाइंट ढूँढने में लग गया।

किसान: भूखों का देवता

एक दिन पढ़ते-पढ़ते काफी बोरियत होने लगी तो मन हुआ की गाना सुनू। मगर सुना कहाँ जाय यही सोचते-सोचते टहलने लगा। एका एक याद आया कि मेरी लैपटाप मेंरे बैग में पड़ा है। मैंने जल्दी से लैपटाप निकाला और आन किया तो लैपटाप आन नहीं हुआ। ध्यान आया बैटरी बैकअप खत्म हो चुका होगा। चार्जिंग पर लगाया तो लाइट का पता नहीं था। गाँव में तो लाईट भी उतनी ही देर के लिए दिखती है जितनी देर के लिए नेता अपने क्षेत्र में पूरे साल दिखते है। खैर लाइट आने पर चार्जिंग शुरू हो गयी। पाँच घंटे लगे रहने पर लैपटाप पूरी तरह से चार्ज हो गया। शाम को घर के आँगन में लैपटाप मे गाने लगा दिया लता जी के चुने हुए गानो का संग्रह था। बहुत दिनों के बाद गाना सुन रहा था मैं। दादी तो एकदम खुश हो गयी। लता जी की आवाज में वाकई जो जादू है। मन ठहर जाता है। ऐसा लगता है कि संगीत सुनते-सुनते मोक्ष मिल जाए।

अगले दिन मैंने दादाजी से कहकर एक मॉडम मंगवाया और गाँव में इंटरनेट यूज करने का जुगाड़ लगा लिया था। सिगनल कभी कभी आते थे। मगर फिर भी काफी काम हो जाने की संभावना थी। फेसबुक से मैंने निहारिका व अरविंद को कांटेक्ट किया। न्यूज़ पेपर भी मैंने देखने शुरू किए। लखनऊ की न्यूज मे कुछ लोगों ने मेरे भागने की एफ़. आई. आर दर्ज कराने की बात छपवाई थी। मैं इस तरह पंद्रह दिन तक तरह - तरह की किताबे पढ़ता और इंटरनेट से न्यूज भी अपडेट करता। जिन किताबों को मैंने पंद्रह दिन तक पढ़ा था उसमें आत्मकथाए,अध्यात्म व साहित्य से जुड़ी किताबें थी। यदापि मैंने अपने जीवन काल में पढ़ाई बहुत की थी प्रोफेशनल बनने के लिए बहुत ज्यादा ध्यान दिया था। मगर जीवन की सत्यता व समस्याओ से जुड़ी चीजों पर इतनी गहराई से नहीं पढ़ा था। और जब पहले इस तरह की किताबें पढ़ी थी तब समझ की इतनी गहराई नहीं थी मेरे दिमाग पर जमी परत एक - एक करके हटना शुरू हो गए थी। जब-जब जीवन में विपरित परिस्थितियाँ आई तो जोश में बहुत कुछ

करने की ठानी थी मगर ठंडे व शांत मन से पहली बार कुछ सार्थक करने की उमंग दिल के कोने में बीज के रूप में पैदा हो चुकी थी। हर किताब को पढ़ने के बाद मैं दादी से उस किताब के बिषय पर गहन चर्चा करता। दादी विषय के मर्म को इतने अच्छे तरीके से समझाती की पूरा विषय आत्मा तक छू जाता। दादी ने ये सारी किताबे पढ़ी हुई थी। एक दिन दादी से मैंने अकस्मात ही पूछ लिया - "दादी, आप के अंदर इतना ज्ञान है जीवन के सारे मर्म को इतनी बारीकी से समझती है फिर भी आपने अपने बेटों को यहाँ रोक कर अमल करने का प्रयास नहीं किया।" दादी ने कहा - "बेटा, पुरानी कहावत है घर की मुर्गी दाल बराबर, जो गाँव में रह रहा है उसे शहर दिखता है और जो शहर में है वो गाँव आना नहीं चाहता। मेरे बेटों की काबिलियत मैं जानती हूँ वह सिर्फ अपना पेट भर लें वही बहुत है" दादी कहते-कहते चुप हो गयी और रुधे हुए गले से बोली - "किसको अच्छा नहीं लगता कि उसके बेटे बहू व पोते-पोतियाँ उसके पास रहें। मगर एक विचित्र विडम्बना है जिसकी सास बहू का ध्यान देती है वहाँ बहू तैश में रहती है। और जहां बहू सास-ससुर का ध्यान देती है वहाँ सास-ससुर विफरे रहते है। यहाँ भी वही स्थिति है। मगर जहां दोनों एक दूसरे का ध्यान देते है वहाँ स्वर्ग होता है।" दादी ने अपने बेटो को गाँव में रोकने की संभवतः सारे प्रयास किए थे। शायद सफल नहीं हो सकी थी। खैर मैंने बात बदल कर कहा - "दादी, मैं किसानों के बारे में और ज्यादा जानना चाहता हूँ उनके रहन-सहन उनकी खेती बारी का तरीका व उनकी समस्याय"। दादी ने कहा - "इसके लिए तुम्हें गाँव व आसपास के क्षेत्रो में घूमना पड़ेगा, हो सके तो देश के अलग-अलग हिस्सो में किसानों की जो समस्या है उनको जाकर समझने का प्रयास कर सकते हो, हाँ साथ ही साथ किसानों से जुड़ी एतिहासिक व पौराणिक जितनी भी साहित्य पढ़ सकते हो उसको भी पढ़ो।" दादी ने गंभीरतापूर्वक पूछा - "समर्थ तुम करना क्या चाहते हो?" मैंने कहा - "जी, अभी तो कुछ कह नहीं सकता, मगर किसानों की बेहतरी के लिए कार्य करना चाहता हूँ, ये कैसे करूंगा कह नहीं सकता, मगर करूंगा जरूर।"

अगले दिन दादी से इजाजत लेकर मैं बनारस से किताबें खरीदने चला गया। बनारस में पैर रखते ही एक खुशी का अनुभव हुआ। मगर एक अंजाना डर भी मन में था कि कहीं नेता व उसके कारिंदे यहाँ न हो। खैर पूरे दिन ढेर सारी किताबे खरीदी। साथ-ही-साथ भागवत गीता भी खरीद ली थी। रात में आठ बजे तक लौट आया। दादी को सारी किताबे दिखाई। दादी एक-एक किताब ध्यान से देखती जाती और किताबों को लेने का मकसद पूछती जाती। भारत का आंदोलन व भागवत गीता को देखकर दादी असमंजस में पड़ गयी। दादी ने पूछा - "समर्थ ये किस लिए खरीदी, कहीं आंदोलनकारी बनने का मन तो नहीं बना रहे हो।" मैंने कहा - "नहीं दादी।" दादी ने कहा - "अरे मज़ाक कर रही हूँ।" मैंने कहा - "दादी, भागवत गीता तो मैं इसलिए लाया हूँ कि कर्म के सिद्धान्त को समझ सकूँ और जो डर मेरे अंदर बैठा है उसको समाप्त कर सकूँ।" सारी किताबे देखने के पश्चात हम सभी ने खाना खाया और उस रात मैंने भागवत गीता का पहला अध्याय पढ़ना शुरू किया।

अगले एक महीने तक लगातार मैं पढ़ता रहा। कभी भागवत गीता पढ़ता तो कभी आंदोलन की जानकारी लेता। मेरे इस अध्ययन का असर ये हुआ कि मेरी माँ, सुनीता, दादी, दादा व पवन को जब-जब समय मिलता तो पढ़ने बैठ जाते। घर एक पुस्तकालय सा हो गया। लगातार पढ़ते-पढ़ते मेरी तबीयत भी खराब हो गयी। मौसम के असर से वाइरल फीवर हो गया। फीवर मे पढ़ना संभव नहीं था इसलिए आँख बंद करके पढ़ी हुई बिषय वस्तु को दोहराता, अगर कभी किताब उठता तो सुनीता मेरे ऊपर बरस पड़ती। उन बीमारी के चार दिनों में सुनीता ने जो सेवा मेरी की उसे मैं बयान नहीं कर सकता। दादा जी ने कहा - "समर्थ पढ़ने के साथ-साथ थोड़ा घूमा भी करो। जो पढ़ रहे हो उसको जमीनी हकीकत पर जानने की कोशिश भी करो।" उस दिन के बाद से मैं सुबह पाँच बजे से आठ बजे तक गाँव में या उसके आसपास घूमें चला जाया करता था और दिनभर पढ़कर शाम को गाँव में लोगों

से मिलने चला जाता था। धीरे-धीरे खेती की बारीकियाँ समझने की कोशिश करने लगा, कैसे किसान बीज व खाद का इंतजाम करता है। सिचाई, जोताई व बुआई और फिर कटाई करके मंडी में जाता है और इतनी मेहनत के बाद किसान को मिलता क्या है। भुखमरी व गरीबी में जीने का अभिशाप। मैं ये नहीं कहता कि किसान राजा बन जाय, मगर उसको इतना तो मिले जिससे उसके व उसके बच्चो को दो वक्त पेट भरके खाना नसीब हो जाय और सरकारे इतना ध्यान रक्खे कि उनके इलाज व पढ़ाई गाँव व उसके आसपास के इलाके में हो सके। वरना होता ये है कि बच्चे पढ़ने शहर जाते हैं तो किसान को उनका एक अलग खर्च देना पड़ता है जिससे किसान पर आर्थिक बोझ बढ़ता जाता है और जब वह इस बोझ को सहन नहीं कर पता है तो शहर में मजदूर बन जाता है या टूटकर आत्महत्या कर लेता है। यह जरूरी नहीं कि आत्महत्या का कारण खेती बाड़ी ही हो उससे जुड़े अन्य कारण भी हो सकते है।

इस दौरान मैंने किसान आंदोलन से जुड़े इतिहास व उसकी इति को भी समझने की कोशिश की। दो सौ वर्षो मे बाढ़ व अकाल ने न जाने कितने बार उत्तर प्रदेश,बिहार, बंगाल, विदर्भ व उत्तरपूर्व क्षेत्रो को बुरी तरह से बर्बाद किया। व्यापारी वर्ग ने दाम बढ़ा कर अपनी क्षतिपूर्ति कर ली और सरकारी कर्मचारी सरकार द्वारा पहुचाई जाने वाली स्कीमों से अपनी पूर्ति कर लेता था कुल मिलकर परिणामतः नुकसान किसान को हो जाता था और होता भी है। बंगाल के दुर्भिक्ष ने तो किसान के शरीर की पसलियो की हड्डियों की संख्या तक दिखा दी थी, भूख से तड़पते बच्चे जब मर रहे थे तो भारत के आभिजात्य वर्ग उस पर लगान की मार से उनको पीस रहे थे। भारत के स्वतंत्रता के आंदोलन का प्रयास कई बार अलग-अलग विचार धाराओ के माध्यम से किए जाने का प्रयास किया गया था। कभी सशस्त्र तो कभी समाजिक आंदोलन। लेकिन गोपाल कृष्ण गोखले ने प्रथम बार इस बात का एहसास किया कि बिना किसानों व मजदूरों के सहयोग किए

हम इसे जन आंदोलन का रूप नहीं दे सकेंगे। इस बात को गांधी जी ने अपने देश यात्रा के दौरान गांठ बाध कर रखा था और जब किसानों व मजदूरों ने आंदोलन ने अपनी भागीदारी प्रदान की तब देश के आजादी की नीव पड़ी। आज भी यह जुमला कि हमारी पार्टी किसानों व मजदूरो के हितो के लिए प्रतिबद्ध है बहुत ही ज्यादा प्रचलित है। पता नहीं यह प्रतिबद्धता कैसी है कि नेताओ के हित सध जाते है मगर किसानों व मजदूरों की समस्याएँ आज़ादी के छ: दशक तक बीत जाने के बाद भी ख़त्म नहीं हो पायी है। जितने भी किसान नेता आंदोलन कर आगे बढ़े वो राजनीतिज्ञ बन गए। फिर तो उनकी बल्ले-बल्ले हो गयी।

खेती से जुड़ी समस्यों को रोज समझते - समझते मैं खुद को किसान समझने लगा एक विचित्र परिवेश मेरे चारो तरफ खड़ा हो गया था। एक बात जो दुखदाई थी कि किसान बीज खरीदने से लेकर मंडी में अनाज बेचने तक हर कदम पर पैसो की तंगी झेलता है। उधार लेकर काम चलता है यहाँ तक की गाय और अनाज बेचकर मूल व ब्याज चुकाता है और अगर फसल खराब हो गयी तो जमीन हाथ से निकल जाती है। अब मेरे ऊपर से शहर का मायावी चोला उतार गया था और देश की वास्तविकता साफ दिख रही थी। विकास जरूरी है मगर कुछ लोगों का नहीं, सभी का।

एक दिन दिल्ली से अरबिन्द का फोन आया कि फ्लैट व आफिस के लिए ग्राहक मिल गए है तुम समय निकाल कर दिल्ली आ जाओ तो डील फ़ाइनल कर दी जाए। मुझे भी दो महीने से बैठे-बैठे उकताहट हो गयी थी। मैंने सुल्तानपुर से दिल्ली का रिजर्वेशन करा लिया और एक हफ्ते बाद मैं दिल्ली चला गया। एक डर जो मेरे मन मे उन रियल स्टेट के लोगों से था वह अब खत्म हो चुका था। भगवत गीता पढ़ते-पढ़ते यह डर अब समाप्त हो चुका था। दिल्ली पहुँच कर मैं पवन के साथ अरबिन्द के आफिस पहुंचा वहाँ अरबिन्द से मिलकर कालेज के पुराने दिन याद आ गए। फिर निहारिका से फोन पर बात हुई तो

उसने बताया कि वह इस समय दिल्ली में है। हमने शाम को मिलने का प्लान किया। अरबिन्द, निहारिका व मैं शाम को उसी रेस्तरां मे मिले जहां अक्सर मिला करते थे। निहारिका से एक लंबे अंतराल के बाद मिलने पर हम दोनों ही काफी भावुक हो गए। निहारिका ने पिछले पाँच महीने में किए गए कामो के बारे में बताया। विदर्भ क्षेत्र की गरीबी, पानी की समस्याए सूखा, महाजन का कर्ज व अन्य न जाने कितनी समस्याए सुरसा की तरह मुँह बाए खड़ी थी। हम तीन घंटे तक बातें करते रहे। अगले दिन अरविंद का आफिस खुला था इसलिए निहारिका और मैं पूरे दिन एक साथ घूमते रहे। मैंने निहारिका को अपने भविष्य के काम के बारे में विस्तृत चर्चा की। निहारिका ने कहा - "समर्थ आज कालेज के बाद पहली बार तुम्हारे अंदर वही वास्तविक समर्थ दिख रहा है, जिसमे देश, समाज व मानवता के लिए जज़्बात दिखाई दे रहे है। मैंने किसानों के बीच काफी काम किया है इसलिए मुझे लगता है कि तुम मुझसे उनके बारे में काफी जानकारी ले सकते हो। मैंने कहा - "मुझे तुमसे जानकारी नहीं तुम्हारा साथ चाहिए, मुझे तुम्हारे मनोबल की आवश्यकता है, मैं तुम्हारे साथ काम करना चाहता हूँ। तुम अगर चाहो तो मैं विदर्भ चलने के लिए तैयार हूँ।" एक हफ्ते तक हम लोग इस तरह के गहन चिंतन करते रहे ए एक हफ्ते बाद मैंने अपने आफिस व फ्लैट का सौदा किया और सारे पैसे बैंक मे ट्रान्सफर करके रियल स्टेट का सारा काम खत्म कर दिया। पैसे इतने तो मिल गए थे कि दस वर्षो तक मुझे कमाने की जरूरत नहीं थी।दो दिन बाद मैंने निहारिका से उसके प्रोग्राम के बारे मे पूछा - "निहारिका तुम कब वापस विदर्भ पहुंचोगी।" निहारिका ने कहा - "समर्थ, मैं एक हफ्ते बाद यही से विदर्भ के लिए निकलुंगी।" मैंने दस दिन बाद उससे बिदर्भ में मिलने के लिए वादा किया और अगले दिन पवन व मैं, अरबिन्द व निहारिका से विदा लेकर सुल्तानपुर चले आए। आने के बाद मैंने माँ से अकेले में कहा-माँ, अगर तुम इजाजत दो तो मैं देश के अलग-अलग हिस्सो में जाकर किसानों की समस्या को देखकर आऊँ।" माँ ने कहा - "हाँ बेटा, आज तुमने जो निर्णय लिया है उससे मुझसे

ज्यादा तुम्हारे दादी,दादा व पिताजी की आत्मा खुश होगी। जीवन के प्रति तुमने जिस बड़े उददेश्य को पूरा करने के लिए अब अपने कदम बढ़ाए हैं भगवान उसे पूरा करने की ताकत तुम्हें प्रदान करे और मार्ग दर्शन के लिए सावित्री दादी से आज्ञा ले कर आगे बढ़ो।"

मैंने कुछ पैसे माँ, सुनीता व पवन को दिये और निहारिका के पास जाने का प्रोग्राम बनाने लगा। मैंने सोचा कि निहारिका के पास एक दो हफ्ते रहकर लौट आऊँगा और आगे क्या करना है फिर सोचूंगा। मैंने एक दिन के लिए बनारस जाने का निर्णय किया जिससे नए राइटर्स की लिखी कुछ किताबे खरीद सकूँ। नयी जेनेरेसन की विचार धारा को समझ सकूँ। इसलिए दो दिन पश्चात ही बनारस चला गया वहाँ पर रात में दशाश्वमेध घाट के पास एक धर्मशाला में रात गुजारने का मन बन लिया क्योकि होटल में तो मैंने बहुत बार शरण ली थी इसलिए आम जन जीवन को समझने के लिए मुझे अब ऐसे मौको पर आम लोगों के बीच ही रहना था।

रात में धर्मशाला के बड़े प्रांगण में करीब आठ बजे भजन मंडली बैठ गयी और भोले नाथ के भजन कीर्तन चलने लगे। उस मस्ती मे मैं डूब गया रात के ग्यारह बज गए। मुझे खाना खाने का भी होश नहीं रहा। मंदिर के रखरखाव करने वाले लोगों ने चाय पीला दी। चाय पी कर मैं मस्त हो गया। एक व्यक्ति ने मुझसे पूछा - "का भैया बाहर से आए है।" मैंने कहा - "जी"। वह व्यक्ति मुझसे मुखातिब होते फिर कहने लगा - "आपको काफी देर से बैठा देख रहा हूँ आपने खाना भी नहीं खाया होगा चलिये पास में भंडारा हो रहा है वही चलकर प्रसाद ग्रहण कर लेते है।" मैं भी उससे वशीभूत हो उसके साथ चल पड़ा। रात करीब बारह बजे लौट कर वापस धर्मशाला आ गया। सुबह पाँच बजे का अलार्म लगा कर सो गया।

इधर आकाश व समर्थ को बात करते करते सुबह हो गयी और बात का सिलसिला तब टूटा जब नदीम ने दूर से आवाज लगाई। आकाश उठ कर खड़ा हो गया और नदीम की तरफ तेजी से जा पहुंचा

और घबराते हुए पूछा - "यार नदीम,क्या हो गया था?तुम्हारा सेल फोन लग ही नहीं रहा था। पूरी रात तुम्हारा इंतजार करते - करते सुबह हो गयी, तुम ठीक तो हो।" नदीम ने मुसकुराते हुए कहा - "आकाश, मुझे बोलने का मौका तो दो। रात में पूना से मुंबई हाइवे पर एक एक्सीडेंट हो गया था उसकी वजह से हाइवे जाम हो गया था। अभी अभी टैक्सी से यहाँ पहुंचा हूँ।" दोनों बात करते करते इतने मशगूल हो गए कि उन्हे समर्थ की उपस्थिति का एहसास हि नहीं रहा। एका-एक आकाश ने नदीम से कहा - "अरे नदीम, मैं तो तुम्हें बताना ही भूल गया ये समर्थ प्रकाश है और बीती पूरी रात मैं इनसे इनकी आपबीती सुनता रहा और मुझे ये उम्मीद है कि इनकी पूरी कहानी सुनने के बाद अपनी फिल्म को एक उददेश्य पूर्ण रास्ते पर ले जा कर ख़त्म कर पाऊँगा।" नदीम ने अपना हाथ समर्थ की तरफ बढ़ा दिया दोनों बड़ी ही गर्मजोशी से मिले। समर्थ ने कहा - "आकाश,अब उजाला हो गया है और थकान व नींद से सर काफी भरी हो गया है। इसलिए अभी इजाजत दो। दिन में थोड़ा आराम करके शाम पाँच बजे हम सभी यही पर मिलते हैं। इसके साथ ही समर्थ तेजी से सड़क की तरफ बढ़ गया। आकाश व नदीम भी होटल की तरफ चल पड़े। होटल पहुँच कर थोड़ा नाश्ता करके दोनों सो गए।

दिन में करीब दो बजे के आस पास नदीम की आँख खुली तो उसने आकाश को आवाज देकर उठाया। नदीम ने रूम सर्विस से चाय मंगा ली फिर दोनों बैठकर चाय पीने लगे। नदीम ने आकाश से पूछा - "ये समर्थ प्रकाश है कौन?, तुम्हारी इससे जान पहचान कैसे हुई?, मैं तुम्हारे सारे दोस्तो को जनता हूँ।" आकाश ने रात को घटी सारी बातों को बड़े ही संक्षेप में नदीम को बताया। सारी बात सुनने के बाद नदीम ने कहा - "आकाश, उसकी कहानी एक जीवन की व्यथा है और आकर्षित भी कर रही है कि वह यहाँ तक कैसे पहुंचा, शाम को मैं भी तुम्हारे साथ चलूँगा जिससे उसके बाकी बची हुई कहानी के बारे मे सुन सकूँ।" चाय पीने के बाद दोनों तैयार होकर होटल से बाहर आ गए। टैक्सी लेकर बीच पर पहुंचे। बेंच पर समर्थ पहले से मौजूद था।

दोनों ने समर्थ से हाथ मिलाया और बैठ गए। आकाश ने समर्थ से उत्सुकतावश पूछा - "बनारस में फिर क्या हुआ?" समर्थ ने बात आगे बढाते हुए बताना शुरू किया।

अगली सुबह पाँच बजे अलार्म बजने से पहले ही मेरी नींद खुल गयी। मंदिर के घंटो व आजान की आवाज से कानों में एक मिठास घोल दी। अजान व मंदिर के घंटे व घंटियो में एक तरह का संगीतमय तारतम्य बैठ गया। लगा आसमानी ताकत मुझे जगा रही हो। मैं उठ कर बैठ गया। नहा कर मैं धर्मशाला से बाहर आया तो सबसे पहले काशी विश्वनाथ के दर्शन के लिए चला गया। आधे घंटे लाइन में लगने के पश्चात दर्शन हो गए। इसके बाद मैं गंगा के घाट पर पहुँचा तो आरती चल रही थी। ना जाने कितने श्रद्धालु अपनी आत्मा को तृप्त करने व मोक्ष पाने की उम्मीद से घाट पर स्नान कर रहे थे। अन्य देशो के पर्यटक ये देखने के लिए बनारस आते है कि मोक्ष मिलता कैसे है क्योकि उनके अध्यात्म में मोक्ष की परिकल्पना है ही नहीं। उस दिन मैंने किसी से बात नहीं की बस एक घाट से दूसरे घाट पैदल घूमता रहा। दिन के नौ बजे तक मैं वापस धर्मशाला लौटा फिर नाश्ता करके किताबे खरीदने चला गया। वहाँ चार पाँच घंटे किताबे खरीद कर बस स्टैंड पहुँचा तो गाँव पहुँचते पहुँचते लगभग रात के आठ बज गए थे।

दो दिन पश्चात मैं अकेले ही लातूर के लिए निकला, जहां इस समय निहारिका अपना प्रोजेक्ट कर रही थी, मगर सुनीता व पवन को हिदायत भी दी कि सावित्री दादी, बाबा व माँ को कोई कष्ट ना होने पाये। दो दिन यात्रा के पश्चात मैं निहारिका के पास लातूर के एक गाँव में पहुँचा। गाँव के स्टेशन से बाहर ही एक रिक्शेवाले से गाँव तक जाने के लिए कहा तो रिक्शे वाले ने पूछा - "किसके घर जाना है।" मैंने कहा - "वहाँ एक संस्था गाँव के किसानों के लिए काम कर रही है। उनके आफिस जाना है।" रिक्शेवाले ने पलट कर कहा - "जी एक मेम साहब वहाँ तीन चार लोगों के साथ दिनभर लोगों को सहायता करती रहती है।" मैंने कहा - "हाँ-हाँ वही जाना है।" रिक्शेवाले ने

20 मिनट में गाँव के पास पहुँचा दिया। वहाँ से उतर कर मैं गाँव के बाहर से पूछते-पूछते निहारिका के कैंप मे पहुँच गया। एका - एक मुझे देखते ही निहारिका तो एकदम विस्मित हो गयी। अपनों से दूर निहारिका की आंखे मुझे देखते ही छलक आई। कुछ क्षण में ही अपने को सम्हालते हुए उसने मुझे बैठने के लिए कहा। पानी पी कर थोड़ा आराम मिला। पंद्रह मिनट में गाँव के तीन चार लोग कैंप में आए और निहारिका से पूछने लगे - "क्या कोई बाहर से आया है कुछ चाय या खाना बनाना है तो ले आयें?" निहारिका ने फिलहाल चाय लाने के लिए कहा। पंद्रह मिनट में एक सत्रह अठारह साल की एक लड़की चाय बनाकर आ गयी। निहारिका ने दिन में दो बजे तक खाना लाने के लिए कहा और वह लड़की हामी भर कर चली गयी। इस समय कोई ग्यारह बज रहे थे। चाय पीकर निहारिका व उसके सहयोगी और मैं विदर्भ क्षेत्र के कृषि विषय पर चर्चा करने लगे। वहाँ के हालत तो देश के अन्य सूखा ग्रस्त क्षेत्रो से कहीं ज्यादा बदतर थे। सरकारें तरह तरह से सुविधा उपलब्ध करा रही थी मगर यह एक क्षणिक उपाय था उनकी सहयता से एक दो महीने ही खाने पीने का इंतजाम ही हो पता था। मगर क्षेत्र की कृषि व्यवस्था व आर्थिक प्रगति कैसे हो यह योजना कोई सरकार बनाती हुई नहीं दिख रही थी। अगर योजना बन भी रही थी तो उसका लाभ किसान या किसान से बने मजदूरो तक नहीं पहुँच रहा था। कितना वक्त और लगेगा उनकी स्थायी समस्या का स्थायी हल निकालने में या संसार की समाप्ति के साथ ही उनकी समस्या समाप्त हो जाएगी। यही बात करते-करते वह लड़की खाना ले आई, खाना खाने के बाद सारा स्टाफ बाहर पेड़ के नीचे बैठ कर अपने काम में लग गया। निहारिका व मैं वहीं बैठकर पुरानी बातें करने लगे।

अगले दिन से मैं लगातार निहारिका व उनके सहयोगीयो के साथ एक गाँव से दूसरे गांवो का भ्रमण करने लगा। हर जगह समस्या एक ही थी- कृषि। उससे जुड़ी और भी समस्याए थी जैसे बच्चो की पढ़ाई, लड़की की शादी की समस्या, दो वक्त का खाना सबसे बड़ी समस्या व जीने के लिए घुट-घुट कर जीना। मैंने निहारिका से उसके काम करने

का तरीका पूछा। निहारिका ने बताया- उसके आर्गनाइजेशन से पैसा देश के अलग-अलग क्षेत्रो में भेजा जाता है जो हम लोग अलग-अलग गांवो में खाना,कपड़ा, किताबें जितना भी बन पड़ता है, पहुंचाते हैं। पैसा कम है, समस्या विकराल है फिर भी हम हार नहीं मान सकते क्योंकि हमारे संगठन का मोटो है कि हार नहीं माननी है।

गाँव में बुजुर्ग किसानों से बातचीत कर पता चला कि एक समय हर गाँव में 2 से 4 तालाब तथा 7 से 8 कुएं भी थे। मगर आधुनिकता को तालाब व कुओं से एलर्जी है वह चाहे गाँव हो या शहर हो, उसे पाट देती है। दोषी कौन है सरकार या जनता, यह तो प्रश्न उसी तरह है पहले मुर्गी हुई या अंडा हुआ। सरकारो का दोष प्रथम दृष्टाया ही दिखाई देता है। क्योकि सारी जमीन सरकारी मिल्कियत है। मनुष्य तो उसका केयर-टेकर है। दूसरा दोष उन लोगों का है जो आज से तीन दशक तक शहर मे पलायन कर गए और शहर में एक अच्छा मुकाम हासिल कर लिया मगर उस मिट्टी की तरफ पलट कर नहीं देखा, जिससे उसका जन्म हुआ था। आज की शहर की जेनेरेशन को गाँव के जीवन के बारे में कुछ नहीं पता है और उनको पिछली जेनरेशन हमेशा दोषी ठहराती है, जिन्होने कभी गाँव का जीवन देखा ही नहीं। हमेशा दोष अगली जेनेरेशन का ही क्यो होता है। पिछली पीढ़ी हमेशा अच्छी क्यो होती है जबकि जीवन की धारा हमेशा आगे की तरफ बढ़ती है तो कुछ दोष तो पिछली पीढ़ी का होगा तभी तो उसके कुछ कीड़े बहकर अगली पीढ़ी को मिले होगें। दोषारोपण करने से समस्या का हल तो निकलेगा नहीं, इसलिए समस्या को जड़ से समझना होगा और उसकी जड़ में लगी दीमक का इलाज करना होगा नहीं तो हम पत्तियों को साफ करते रहेंगे और जड़ के कीड़े पेड़ को अंदर से खोखला करते जायेंगे और पेड़ की तरह भारत के सभी सूखा ग्रस्त व बाढ़ ग्रस्त क्षेत्र सूख जायेंगे।

एक हफ्ते तक बारीकी से वहाँ पर समस्या का अध्ययन करके मैं वहाँ से निकलकर छतीसगढ़, झारखंड, उत्तर पूर्व क्षेत्र व उत्तर क्षेत्र

के उन क्षेत्रो में जाने का मन बनाने लगा जहाँ इस तरह की समस्याए लगातार बनी हुई थी। मैंने निहारिका से इस सम्बंध में डिस्कस किया तो वह मेरे साथ चलने को तैयार हो गयी। हम दोनों ने एक महीने का एक टूर प्रोग्राम बनाया जिससे ज्यादा से ज्यादा उन क्षेत्रों को कवर किया जा सके जहां पर किसानों से जुड़ी समस्याएँ हो। दो दिन बाद निहारिका एक महीने की छुट्टी लेकर मेरे साथ जिंदगी के नए सफर पर निकल पड़ी। कालेज से आज तक के सफर में निहारिका में कोई बदलाव नहीं हुआ था, मैं ही भटक गया था। अब हम दोनों किसी भी समस्या को देखते तो आपस में डिस्कसन करके उसका निदान ढूढ़ने में लग जाते थे। बरसात के मौसम में हम लोग उत्तर पूर्व भारत में पहुँचे तो ब्रह्मपुत्र नदी का उफान देखकर दंग रह गए। किसी समुद्र के होने का एहसास हो रहा था। काफी ज्यादा गाँव उसकी चपेट में आ चुके थे। यह केवल इसी साल नहीं था, बल्कि हर वर्ष की कहानी यही थी। दो दशकों से नदियो को जोड़ने की योजना पर बात हो रही थी मगर उसको अमलीजामा पहनाने की कवायद दिख नहीं रही थी। लैपटाप में इंटरनेट पर इस समस्या का समाधान ढूढ़ने की कोशिश की मगर सफलता नहीं मिली। असम से एक दिन के लिए हम दोनों शिलांग चले गए।

शिलांग में हमारे कालेज के एक प्रोफेसर सुकल्यान राय चौधरी रिटायरमेंट के बाद से रहा करते थे। उनका पता अरविन्द से मिल गया। उनके घर जब हम एकाएक पहुँचे तो वह आश्चर्य में पड़ गए, उन्होने अपनी पत्नी को आवाज देकर बुलाया। चौधरी सर पत्नी से बोले - “देखो बेटा- बेटी आए हैं इनका ध्यान वैसे ही रखना जैसे मेरा रखती हो।” फिर उन्होने कहा - “कितने दिन यहाँ घूमने का प्रोग्राम है?” मैंने कहा हम यहाँ घूमने के उद्देश्य से नहीं आए है हम दोनों ने जीवन में अपना एक मिशन बनाया है बस उसी के सिलसिले में यहाँ तक आ गए है और आपका आशीर्वाद मिल जाय बस इसी की चाह में आपसे मिलने शिलांग तक आ गए। चौधरी सर को हम लोग पिता

तुल्य समझते थे। चौधरी सर ने कहा - "मेरा आशीर्वाद तुम दोनों के साथ है" इसके साथ-साथ चौधरी सर की पत्नी भी नाश्ता लेकर आ गयी। चौधरी सर ने अगले दिन पूरा शिलांग दिखाने का आग्रह किया। हम दोनों के पास उनका आग्रह ठुकराने का कोई कारण नहीं था।

अगले दिन सुबह आठ बजे चौधरी सर तैयार होकर होटल पहुँच गए। उनका उत्साह वह भी इस उम्र में भी काबिले तारीफ था। हम दोनों दस मिनट मे नीचे रेस्ट्रा में पहुँचे तो चौधरी सर कॉफी का आर्डर दे चुके थे। सारे दिन चौधरी सर ने शिलांग के महत्वपूर्ण जगहों को दिखाया। शिलांग पीक पर जाकर तो मजा आ गया। मौसम इतना अच्छा था कि बयान नहीं कर सकता। हल्की-हल्की बारिश की फुहार पड़ रही थी। चौधरी सर ने मज़ाक में कहा - "समर्थ, जब तुम्हारा व निहारिका का लक्ष्य एक ही है तो तुम दोनों शादी क्यो नहीं कर लेते?" तुम दोनों की ताकत एक और एक ग्यारह हो जाएगी। यह सुनकर निहारिका से ज्यादा मैं झेप गया। मैंने कहा - "सर, शादी के बार में अभी सोचा नहीं" शाम को हम लोग ने सर से बिदा ली और ट्रेन पकड़ने के लिए गुवाहाटी चले आए।

रात में गुवाहाटी में हम दोनों ने स्टे किया और सुबह की ट्रेन से पटना के लिए निकल पड़े। रास्ते में जितनी भी नदी पड़ी, हर नदी का उफान इतना ज्यादा था कि कुदरत की नाराजगी दिख रही थी। नदी पर बने पुल से आसपास के गाँव के डूबने के नजारे ह्रदय विदारक थे। पटना पहुँचने में रात हो गयी। बरसात के मौसम में गंगा व सोन नदी का फैलाव अभी तक आँख के सामने से ओझल नहीं हो रहा था। पटना में दो दिन रुक कर आस-पास के क्षेत्रो का जायजा लिया तो समस्या वही पानी की ज्यादती थी। पटना से बनारस, बनारस से मथुरा के रास्ते राजस्थान में हमने कुछ क्षेत्रों का दौरा किया। विडम्बना देखिये की एक ही समय में कुछ क्षेत्र पानी की अधिकता से त्रस्त थे तो कुछ पानी की किल्लत से। इस एक महीने की यात्रा के बाद हम लोग सावित्री दादी के गाँव पहुँचे। पवन व सुनीता तो स्टेशन पर हमारा

इंतजार कर रहे थे मैंने निहारिका के साथ आने की खबर पहले से ही दे दी थी। निहारिका तो सुनीता को देखकर प्रसन्न हो गयी। हम सभी गाड़ी से घर पहुँचे। दादी तो निहारिका को देखकर गदगद हो गयी। निहारिका ने माँ व दादी के पैर छूए तो दादी ने खुश होते हुए वही पुराना आशीर्वाद दे दिया- दुधों नहाओ पूतों फलो। निहारिका भी तेज लड़की तपाक से बोली - "कहाँ इतना दूध है इस देश में, पीने को मिल नहीं रहा है। नहाने की बात दूर है।" निहारिका की बात सुनकर दादी ने कहा - "पवन, कल से एक गाय का दूध इसको दे देना नहा लिया करेगी।" निहारिका ने बात को बदलते हुए कहा - "सॉरी दादी, मैं तो बस थोड़ा सा मज़ाक कर रही थी।" दादीं ने कहा - "मै कौन सा सिरियस हुई जा रही थी, मैं भी मज़ाक ही कर रही थी।" निहारिका ने कहा - "दादी, वाकई में आप एक ज़िंदादिल इंसान है। समर्थ अगर आपसे प्रेरणा लेकर आगे बढ़ रहा है तो ठीक ही कर रहा है।"

12

निहारिका के गाँव पहुँचने से घर में रौनक आ गयी। बाबा रात में लौटे तो निहारिका को देखकर पूछने लगे - “ये कौन है? दादी ने बताया - “ये समर्थ के साथ पढ़ती थी अब दोनों साथ-साथ काम करेंगे।” रोज सब साथ-साथ खाना खाते बातें करते व विचार विमर्श करते। यही करते करते एक हफ्ता बीत गया। दादी ने एक शाम को सबको चाय पर आँगन में इकठ्ठा किया। सभी उत्सुक थे कि क्या बात हो गयी। दादी ने घोषणा की अब जितना भी पढ़ना लिखना व जगह जगह घूम-घूम कर स्टडी करनी थी वह सब हो चुकी।अब समय है कि उस पर काम शुरू किया जाय। वरना सिद्धांत किताबों तक ही सीमित रह जाएगा और पढ़ाई लिखाई जब तक जीवन के उद्देश्य को पूर्ण कार्य में न लगाई जाए तो उसका कोई महत्व नहीं है। दादी ने कहा - “समर्थ,अब तुम लखनऊ जाकर किसानों की जमीन व किसानों के हितो की रक्षा के लिए अपना संघर्ष शुरू करो।” “लेकिन दादी इसकी शुरुआत कैसे करूँ ये समझ में नहीं आ रहा है?” - मैंने कहा। दादी ने कहा - “जिस रियल स्टेट कंपनी में तुम काम कर रहे थे उसकी जितनी भी जाल-साजियाँ उन्होने की है वह तुमको पता है। इसलिए बिना डरे हुए उनके खिलाफ केस तैयार करो और कोई ऐसा वकील ढूंढो जो इस तरह के ही केस लड़ता हो तथा किसानों के लिए एक संघर्ष समिति गठित करो जिसमें एक जैसे विचारो वाले लोग शामिल हो। इसके अलावा अन्य शहरों व देश की राजधानी में इसका असर दिखना चाहिए।” मैंने आशंकित होकर कहा - “दादी इतना बड़ा काम मेरे अकेले के बस का नहीं है। इतने खतरनाक लोगों से संघर्ष करना पड़ेगा उनके पास खतरनाक हथियार है, राजनैतिक पहुँच है, प्रशासन में पैठ है, पचासों लोग उनके

लिए मरने मारने के लिए तैयार हो जाते है।" दादी ने कहा - "समर्थ तुममें पहले से ज्यादा हिम्मत है तुम्हारे बड़ो की शुभ कामनाएं तुम्हारे साथ है, छोटों का तुम पर विश्वास है और हथियारो व गुंडो का डर तो अहिंसा से ही खत्म होगा। वहाँ कुछ मुट्ठी भर लोग हैं जो तुम्हें डराएंगे। तुम्हारे साथ समय के साथ-साथ अच्छे व साहसी लोग जुडते जायेंगे व लाखो किसानों का साथ मिलेगा, तुम कदम तो बढ़ाओ और जब तक पहला कदम नहीं बढ़ाओगे तब तक दूसरा कदम कहाँ रखना है यह कैसे पता चलेगा। निहारिका, पवन व सुनीता तुम्हारे साथ जायेंगे यहीं से तुम्हारी शुरुआत होगी। जब जरूरत होगी तो तुम्हारे बाबा, माँ और मैं लखनऊ पहुँच जाएंगे।" अगले दिन हम चारों गाड़ी से लखनऊ पहुँच गए मगर लखनऊ के अंदर पहुँचते ही मेरी साँसे ठहर सी गयी। हम सभी लोग अमीनाबाद के एक धर्मशाला में जाकर रुके ताकि किसी को यह ना पता चले कि मैं लखनऊ में हूँ। अगले दिन निहारिका व मैं कोर्ट गए वहाँ ये पता करने में लग गए कि कौन सा वकील इस तरह के केस में इन्टरेस्ट रखता है। कई दिनों तक लगातार कोर्ट के चक्कर लगाते रहे। अलग अलग कोर्ट में जिरह सुनते रहे अंत में निहारिका ने पता लगाया कि अनामिका ठाकुर नाम की एक वकील है। जो इस तरह के केस लड़ती है तथा पैसे भी जरूरत भर का लेती है। निहारिका ने कहा - "मै शाम को उनसे मिलने जाऊँगी वह जानकीपुरम में रहती है।" रात को मैं अपने कुछ क्लाइंट से मिलने महानगर चला गया और निहारिका मिसेस ठाकुर से मिलने चली गयी।

सुबह हम लोगों ने रात में जो बातें मिसेस ठाकुर से हुई, उनकी चर्चा की और यह निश्चय किया कि धरती बचाओ संघर्ष समिति का गठन किया जाय और केस भी समिति की तरफ से किया जाय जिससे लड़ाई व्यक्तिगत न हो कर सार्वजनिक रहे। दूसरी बात निहारिका ने यह बताई कि मिसेस ठाकुर पूरे केस को समझना चाहती हैं। इसलिए वह मुझसे मिलना चाहती है। तो यह निश्चित हुआ कि ठीक अगले दिन ही हम लोग उनसे मिलेंगे। प्रातः काल जल्दी उठकर हम लोगों

ने बाहर से मंगवाकर नाश्ता किया फिर साढ़े नौ बजे मिसेस ठाकुर के घर मिलने चले गए। हम चारो लोगों को उनके रीसेप्शन रूम मे बैठाया गया। उस समय कोई दूसरा क्लाइंट भी वहाँ बैठा उनका इंतजार कर रहा था। मिसेस ठाकुर चैंबर में किसी केस को एक बुजुर्ग महिला के साथ डिस्कस कर रही थी। उन पंद्रह मिनट के दौरान में उस क्लाइंट से बातें करने लगा। उसने बताया कि चिनहट के इलाके में एक बिल्डर ने उसके पिता से जबरदस्ती जमीन हथिया ली है और कुछ रुपये देकर जमीन छोड़ने के लिए ज़ोर ज़बरदस्ती कर रहा है। उसके लड़के का एडमिशन इंजीनियरिंग कालेज में हो गया था उसकी पढ़ाई के लिए उसे पैसों की सख्त जरूरत थी। पंद्रह मिनट बाद वह महिला अंदर से निकली उनकी उम्र कोई साढ़-पैसठ वर्ष की रही होगी चेहरे पर एक चमक व गंभीरता थी चेहरे को देखने पर एक संतुष्टि का भाव था। आधे घण्टे बाद हम सभी लोग अंदर गए। मिसेस ठाकुर ने एक-एक करके प्रश्न पूछने शुरू किए और सारी जानकारी मैं उन्हे देता जा रहा थे। मैंने लैपटाप मे रियल स्टेट में नेता गिरधारी लाल के काले पैसों के लेन देन का सारा लेखा जोखा कर रखा था और इसकी डिटेल भी उनको सी.डी में कर के दे दी। आधे घण्टे तक हम लोग इस विषय पर बात करते रहे। मिसेस ठाकुर ने बताया कि अभी जो बुजुर्ग महिला यहाँ से गयी है यह भी लखनऊ के आस पास के किसानों की समस्याओं के लिए लड़ रही है। यह एक संभ्रांत किसान परिवार से है और अपनी खेती की कमाई का बड़ा हिस्सा किसानों की बेहतरी के लिए खर्च करती है, अगली बार जब आप लोग आईयेगा तो फोन करके उनको भी बुला लेंगे। तब तक मैं केस तैयार कर लेती हूँ। आप लोग और साक्ष्य इकट्ठे करने की कोशिश करते रहें।

हम लोगों को ये समझ मे नहीं आ रहा था कि चार लोगों से संघर्ष कैसे शुरू किया जाए। एका-एक एक आइडिया दिमाग में आया कि क्यो न उन किसानों से मिला जाए जिनकी जमीन को हासिल करने के लिए उसने रियल स्टेट के लोगों के साथ मिलकर इतनी चालें

चली हैं और चाल बदलने का समय आ गया है, बस फर्क इतना था पहले पैसे के लिए चली गयी चाल थी अब कुछ लोगों के जीवन व धरती की बेहतरी के लिए चाल चली जाएगी। हम लोगों ने कई सारे बैनर बनवाये और फैजाबाद रोड, सुल्तानपुर रोड, सीतापुर रोड व रायबरेली रोड के किनारे बसे गांवो को टार्गेट करने की कोशिश करने लगे। कुछ किसान जिन्हे बिल्डरों ने धोखा दिया था वह बदहाली की जिंदगी जी रहे थे उन्होने हमारा साथ देने के लिए हामी भर दी। आखिर किसान के पास रास्ता ही क्या था? खोने के लिए उनके पास था ही क्या जो वह किसी से डरें। हमारी इस गतिविधि की खबर धीर-धीरे बिल्डरों के कानों में पड़ गई। बिल्डर के गुंडे, एक दिन गाँव में जहां अपार्टमेंट बन रहा था, पहुँच गए और उन्होने हम लोगों को धमकी दी कि यदि हम अपने अभियान को बंद नहीं करते तो परिणाम अच्छे नहीं होंगे। मगर उनकी इस धमकी से हम लोगों को और ज्यादा बल मिला। हम लोगों ने उन सभी किसानों को एक-एक बैनर दे दिया और यह हिदायत दी कि जहां भी बिल्डर का काम चल रहा हो वहाँ रोज सुबह तीन चार लोग बैनर लगा कर बैठ जाओ। शाम होने तक चुपचाप बैठे रहो। इस तरह रोज-रोज प्रदर्शन करना है।

एक हफ्ते बाद मिसेस ठाकुर ने केस तैयार कर लिया और हम लोगों को बुलाया। उसी शाम को हम सभी मिसेज ठाकुर के चैंबर पहुँचे। वहाँ पर वही बुजुर्ग महिला भी थी जो पिछली बार दिखी थी। मिसेज ठाकुर ने अपने ड्राइंगरुम में हम सभी को बैठाया। उन्होने आपस में सबका परिचय कराया। एडवोकेट ठाकुर ने कहा - "जहां तक कोर्ट केस का प्रश्न है वो तो हम सभी लोग लड़ेंगे और ये भी हो सकता है कि कोर्ट कुछ समय के लिए काम को रुकवाने के लिए स्टे आर्डर दे लेकिन यह केस बहुत लंबा चलेगा क्योकि जब तक सरकारे कोई निश्चित पालिसी किसानों की जमीन के लिए नहीं बनाती तब तक समस्या जड़ से खत्म नहीं होगी। इसलिए छोटे-छोटे प्रदर्शन कर शहर के आसपास के किसानों का संगठन खड़ा करना होगा जिससे एक

पब्लिक ओपिनियन बने जिससे एक दबाब राज्य व केंद्र सरकारों पर पड़े।" एडवोकेट ठाकुर का फोन आ गया तो वो मोबाइल लेकर रूम से बाहर आ गयी। इस बीच निहारिका उस महिला से बाते करने लगी। उन्होने अपना नाम दुर्गा बताया और लोग उन्हे दुर्गा काकी के नाम से पुकारते हैं। हम लोग दस पंद्रह मिनट तक बातें करते रहे। अगले हफ्ते तक केस फाइल करने का वादा कर एडवोडेट ठाकुर ने हम लोगों को विदा किया। शायद उन्हे कहीं जाना था। बाहर आकार मैने दुर्गा काकी से उनका फोन नंबर ले लिया।

पवन ने दौड़-दौड़ कर ढेर सारे बैनर बनवाए और एक हफ्ते के अंदर ही ज्यादा से ज्यादा बैनर अलग-अलग क्षेत्रो में पहुंचाए गए। अभी तक इन सारी गतिविधियों पर ना तो न्यूज़ पेपर की नजर पड़ी और ना ही न्यूज चैनल की। सारे चैनल व न्यूज़ पेपर तभी न्यूज़ कवर करते हैं जब उसमें सेन्शेसन हो। वरना जिस तरह से अन्य घटनाएँ घट रही थीं उसी तरह से ये भी एक घटना थी। दूसरी तरफ एडवोकेट ठाकुर ने केस फाइल कर दिया। ये जन याचिका थी इसलिए इसके जबाब की ज़िम्मेदारी सरकारी महकमे की थी। कोर्ट ने सरकारी पक्ष को जबाब देने की मियाद एक महीने की दे दी थी। अब जो लोग इस रियल स्टेट के बिजनेस में हिस्सेदार थे उनको इस केस को कोर्ट में एडमिट न होने देने के लिए अपने सोर्सेज का इस्तेमाल करना शुरू कर दिया। साथ-ही-साथ यह भी पता करना शुरू कर दिया कि इस केस के पीछे कौन कौन लोग हैं। पंद्रह दिन के बाद उस नेता को पता चल गया कि मैं लखनऊ में मौजूद हूँ और ये केस मैंने ही किया है मुझे ढूँढते हुए कुछ गुंडे अमीनाबाद धर्मशाला पहुँच गए उस समय हम चारों वहाँ मौजूद थे। उसमे से एक ने रिवाल्वर निकाल ली और अभद्र भाषा प्रयोग करते हुए बोला तुम लोग अपना केस वापस ले लो नहीं तो इतने केस में फंसाया जाएगा कि पूरी ज़िंदगी कोर्ट के चक्कर और जेल में बीत जाएगी। सुनीता व निहारिका यह देख कर घबरा गयी। पवन को उनकी धमकी नागवार लग रही थी। पवन था तो

सीधा-साधा मगर वह मेरी इज्जत इतनी ज्यादा करता था कि कोई मुझे खुले-आम कुछ कहे ये वो बर्दाश्त नहीं कर सकता था। एक बार गरजते हुए पवन ने कहा - "इससे पहले तू कुछ करे मैं तेरी बोटी-बोटी कर डालूँगा" पवन का शरीर गुस्से में काँप रहा था। वो नेता के प्यादे उससे ज्यादा कुछ नहीं बोले, शायद उनको सिर्फ धमकाने के लिए भेजा गया था और वो सब वहाँ से निकल गए। उनके जाने के बाद मैंने सुनीता व निहारिका को सम्हाला। मैंने उनको समझाया कि ये लड़ाई ऐसे ही तो लड़ी जाती है और जब शैतान से लड़ाई होगी या संघर्ष होगा तो इसी तरह के पैतरे वह अपनाएंगे, इससे कम की उनसे उम्मीद नहीं करनी चाहिए। अगर तुम दोनों को डर लग रहा है तो तुम लोगों को सुल्तानपुर भिजवा देता हूँ। सुनीता ने कहा-नहीं भैया थोड़ी देर के लिए तो दिल घबरा गया था, ऐसा पहली बार देखा था इसलिए शायद डर गयी थी मगर आपको छोड़कर तो जाने का सवाल ही नहीं उठता। निहारिका ने सुझाव दिया कि इस जगह को अब हम लोगों को छोड़ देना चाहिए। अगले रोज हम लोग अमीनाबाद से निकलकर गोमती नगर की तरफ चले गए जहां एक गाँव में किसानों ने विरोध प्रदर्शन के लिए टेंट लगा रक्खा था। अब लगा कि रहना भी इन्ही लोगों के बीच चाहिए जिनकी ये लड़ाई है। उन किसानों ने हम लोगों को हाथो हाथ लिया।

बेंच पर बैठे बैठे तीनों को लगातार एक घंटा हो चुका था। नदीम बोला - "यार चाय पीते है। मैं चाय वाले को बुला कर लाता हूँ।" नदीम दस मिनट में चाय वाले बुलाकर लाया। रात के नौ बज रहे थे कहानी के बढ़ते हुए वेग की वजह से किसी को भूख नहीं लग रही थी। न तो कहानी सुनने वाले को और ना ही कहानी सुनने वाले को। जीवन की कथा शायद इसीलिए सम्मोहित करती है क्योकि हर व्यक्ति का जीवन एक दूसरे से भिन्न होता है। जो कहानी मेरी है। वह दूसरों की नहीं है और जो दूसरों की है वह मेरी नहीं। चाय पीकर समर्थ ने कहानी आगे बढ़ाई। इस धमकी देने की घटना के पंद्रह दिन बाद कोर्ट में सुनवाई

की डेट लगी थी। अब पंद्रह दिन काटना हमारे लिए मुश्किल हो रहा था। एक दूसरे की हिम्मत से हम में ढाढ़स बंधा था वरना डर तो सबको लगता है और हमें भी लग रहा था। निहारिका ने उस घटना का जिक्र दुर्गा काकी से फोन पर किया तो दुर्गा काकी ने हमें अपने पास बुलवाया। उनका मानना था कि इस घटना की एफ़.आइ.आर थाने में करा दी जाए। दूसरा सुझाव उनका ये था कि जब लड़ाई लंबी चलनी है तो अब रहने का स्थायी बंदोबस्त भी करना चाहिए। इसलिए जब भी हमें जरूरत हो तो हम उनके घर पर रह सकते हैं। अगले दिन ही हमने अज्ञात लोगों के खिलाफ हजरतगंज थाने मे एक एफ़.आइ.आर लिखवा दी तथा उसकी कापी कोर्ट मे लगाने के लिए रख ली।

अलग अलग क्षेत्रों में लगभग पाँच सौ वालिंटियर तैयार हो गए।इनमे ज्यादातर वो लोग थे जिनकी जमीने धोखे से हथिया ली गयी थीं। हम अपनी सारी प्रोग्रेस रोज के रोज सावित्री दादी व माँ को भेजते रहते थे। दूसरी तरफ एडवोकेट ठाकुर इस तरह के जितने भी केस लड़ रही थी उससे संबन्धित लोगों को हमारे पास भेज रही थी जिससे हमको बल मिले और काम करने वालो की संख्या भी बढ़ती रहे। इस समय तक उन्नीस बीस लड़के जिनकी उम्र बीस से बाईस वर्ष के बीच थी वह हमारी संस्था से जुड़ गए थे। उनका जोश हमारे संघर्ष को तेजी से आगे बढ़ा रहा था। जिस दिन सरकार ने अपना पक्ष कोर्ट में रक्खा उस समय पहली बार मुझे लगा कि लखनऊ में हम भी सशक्त हो चुके हैं। करीब सौ किसान मजदूर व नव युवक छात्र वहाँ पर उपस्थित थे। जज साहब ने सरकारी पक्ष की दी गयी दलील को नाकाफी मानते हुए एक महीने के भीतर वह सारे तथ्य रखने के लिए कहा जिससे यह सिद्ध हो सके कि सरकारी नीति किसानों के लिए हितकर है और किसानों को उनकी जमीन के बदले उचित मुआवजा मिल रहा है। अब जहां बिल्डर्स को उम्मीद थी कि केस खारिज हो जाएगा वही केस एडमिट होने के आसार नजर आ रहे थे। हमे ये पता था कि हम क्या कर रहे हैं और आगे क्या करेंगे मगर हमें ये नहीं पता था कि दूसरा पक्ष क्या करेगा?

अब एक महीने तक हमे तेजी से आंदोलन आगे बढ़ाना था साथ ही साथ हमें ये भी जानकारी हासिल करनी थी कि खेती की जमीन को शहरीकरण करने से ज़मीन, मौसम व पर्यावरण पर क्या असर पड़ेगा व भविष्य में इसके क्या दुष्परिणाम होंगे। तब हमने यह निश्चित किया हम उन संगठनो से मिलकर बात करेगे जो पर्यावरण को लेकर काफी समय से अलग-अलग माध्यम से सरकारों व जनता को जगाने का प्रयास कर रहे थे। वैसे ये सारी बातें तो किसानों से भी पता चल गयी थी मगर कोर्ट में तथ्यो को रखने के लिए राष्ट्रीय व अंतराष्ट्रीय स्तर पर जो रिपोर्ट्स पिछ्ले दस सालों में आई है उनका अध्ययन करना अनिवार्य था। दिन भर किसानों के साथ बैठकर बातें करते- करते कुछ तथ्य ऐसे पता चले कि यदि उन पर जल्दी ही कुछ न किया गया तो पानी का संकट शहरो पर बहुत जल्द ही मंडराने लगेगा। एक बुजुर्ग किसान ने बताया कि उसकी उम्र पंचानबे साल की हो गयी है और उसके देखते देखते ये शहर धीरे-धीरे गाँव को निगलता हुआ आगे बढ़ रहा है। खेती की नमी धीरे-धीरे जा रही है समरसेबल से पानी खींचा जाता है जिससे पानी का स्तर धीरे-धीरे नीचे चला जा रहा है और एक निश्चित स्तर पर पहुँचने के बाद जमीन से आर्सेनिक निकलना शुरू हो जाता है जो कैंसर जैसे रोगो का कारण बंनता है। वैसे तो कैंसर का कारण केमिकल्स फर्टिलाइजर भी है और वह भी चेतावनी वाली स्थिति है। दूसरा कारण गांवो के तालाब का धीरे-धीरे पट जाना व कुओं का खत्म होंना भी जमीन के नीचे छिपे पानी के स्तर को सुखा रहा है। भारत के जितने बड़े शहर है जिसमें दिल्ली व लखनऊ भी शामिल है, पीने के पानी की किल्लत से जूझ रहे है।

अब एक बात साफ थी कि गरीब अनपढ़ किसान यदि पर्यावरण व धरती की चिंता कर सकता था तो शहर के पढे लिखे तथा कथित सभ्य समाज के लोग व प्रशासन तंत्र को क्यो नहीं समझ में आ रहा था? इसका मतलब साफ़ है जो मनुष्य जिस चीज के प्रति संवेदनशील बनना चाहता है वह उसी के प्रति सोचता है और फिर वैसा हो जाता

है। शहरीकरण जरूरी है मगर इतनी तेजी से नहीं और इंसान के जान की कीमत पर तो बिलकुल भी नहीं। अंततः हम सभी जन्म लेते हैं जीने के लिए ना कि मरने के लिए। मरना तो अंतिम सत्य है इन सारे विचारों का अंतर्द्वंद लेकर मैं एक कृषि बैज्ञानिक से भी मिला जो रिटायर हो चुके थे और उस समय एक ऐसे एन. जी. ओ. से जुड़े थे जो खेती पर रिसर्च कर रही थी। उन्होने आजादी से पहले व आजादी के बाद के सारी आंकड़े उपलब्ध कराये। कितने तालाब पहले थे और अब कितने हैं? पहले कितने क्षेत्र में पहले जंगल था और कितने में अब है?, कितनी खेती की जमीन पहले की तुलना में कम हो गयी है ये सारे सत्यापित आंकड़े हम लोगों ने इकट्ठे कर लिए जो फिलहाल आवश्यक थे इन सारे बिल्डर को आगे काम करने से रोकने के लिए। इन सारे डाक्यूमेंट की तीन कापी करवा कर मैंने फिलहाल रख ली। एक कापी मैंने पवन के हाथ एडवोकेट ठाकुर के पास भिजवा दी और एक कापी दुर्गा काकी के पास रखवा दी। एडवोकेट ठाकुर ने कहा - "कई वर्षो से वह इस तरह के केस लड़ रही है मगर पहली बार इस तरह के साक्ष्य उनकी नजर में आए हैं।"

धीरे-धीरे एक महीने बाद शहर के हिन्दी न्यूज पेपर के तीसरे व चौथे पेज पर हमारे संघर्ष की न्यूज छपने लगी लेकिन बहुत छोटी सी कवरेज मिल रही थी। हमारे लिए यह भी एक अच्छी शुरुआत थी। अगली सुनवाई की तारीख भी आ गयी। कोर्ट में एडवोकेट ठाकुर ने कोर्ट से मांग की कि कंस्ट्रक्सन का कार्य तुरंत रोका जाय। इसके सपोर्ट में तो सारे तथ्य भी रख दिये गए जिससे पर्यावरण व खेती को हो रहे नुकसान का भी हवाला दिया गया तथा ग्रीन ट्रिबुनल की नयी रुलिंग्स का भी जिक्र किया गया। कोर्ट ने तीन घंटे की बहस के बाद लखनऊ शहर में जितने कंस्ट्रक्सन साइट थे उसे तुरंत ही स्टे लगाने का आर्डर पास किया और केस की अगली सुनवाई की तारीख तीन महीने के बाद की दे दी और सरकार को सख्त हिदायत दी कि इन तीन महीनो में कोई कार्य नहीं होना चाहिए। अगले ही दिन कोर्ट के

इस रुख से पूरे बिल्डर एसोसिएशन में खलबली मच गयी। हिन्दी व अंग्रेज़ी सभी न्यूज पेपर में फ्रंट पेज पर कोर्ट के आदेश की खबर छपी। तीन चार दिन तक शहर के बहुत सारे स्वयंसेवी संगठन भी मुझसे मिलने आने लगे। उनमें सभी ने इस संघर्ष के लिए हमारे साथ हाथ-से-हाथ मिलाकर काम करने को कहा। मुझे यह सफलता की शुरुआत अप्रत्याशित लग रही थी।

कोर्ट का स्टे लगे हुए कोई पाँच दिन ही हुए थे निहारिका, पवन, सुनीता व मैं फैजाबाद रोड के पास मटियारी गाँव में किसानों से बात करने गए थे, दिन के करीब दो बज रहे थे कि अचानक मोटर साइकिल पर सवार दो लोग जिन्होंने हेलमेट पहना हुआ था हमारे करीब आए और उन्होने मेरा नाम सुनीता से पूछा। जैसे ही सुनीता ने मेरी तरफ इशारा किया पीछे बैठे सवार ने अपनी रिवाल्वर निकाल कर दो फायर मुझ पर किए, एक गोली मेरे कंधे पर लगी और दूसरी बायेँ हाथ पर लगी, मैं जमीन पर गिर पड़ा, पवन तेजी से बाइक की तरफ भागा मगर वो दोनों बाइक सवार तेजी से निकल गए,पवन ने उस बाइक का नंबर नोट कर लिया था। इधर निहारिका ने चीख कर पवन को बुलाया। सारे लोग दहशत में आ गए, सुनीता चीख-चीख कर रो रही थी। मेरा शरीर जमीन पर पड़ा था कंधे व हाथ से खून तेजी से निकाल रहा था। पवन ने मुझे लोगों की सहायता से गाड़ी में बैठाया और मेडिकल कालेज की तरफ भागे। कई लोग भी अपने-अपने साधन से मेडिकल कालेज की तरफ निकल पड़े। मेडिकल कालेज पहुँचते - पहुँचते मैं बेहोश हो चुका था। मगर जैसा कि सुनीता ने मुझे बताया कि निहारिका ने वहाँ से निकलते ही दुर्गा काकी को फोन किया।

वह हमारे मेडिकल कालेज पहुँचने से पहले ही वहाँ पहुँच गयी थी। मेडिकल कालेज के परिसर में स्थित थाने में उन्होने रिपोर्ट लिखाई जबकि थाने की पुलिस रिपोर्ट दर्ज करने में आना कानी कर रही थी। मगर दुर्गा काकी ने अपनी धमक से रिपोर्ट दर्ज करा दी। मुझको गोली लगने की खबर तेजी से संगठन के सभी कार्यकर्ताओं को

मिल चुकी थी। मेडिकल कालेज में इमरजेंसी के बाहर एक हजार से ज्यादा किसान व नवयुवक इकट्ठे हो चुके थे। हमारे संगठन व हमारे आंदोलन की चर्चा लोकल न्यूज पेपर में भी हो रही थी इसलिए पुलिस के बड़े अधिकारी भी मेडिकल कालेज पहुँच गए। डाक्टरों ने गोली तो निकाल दी मगर ज्यादा ब्लड बह जाने की वजह से मुझे ब्लड भी चढाना पड़ा और मुझे ब्लड देने वालों की लाइन लग गई। दो दिन बाद डाक्टरों ने मुझे खतरे से बाहर होने की सूचना पुलिस को दी। दुर्गा काकी तो लगातार प्रशासन पर दबाब डाल रही थी कि हत्यारो व उनके पीछे के जिन लोगों का हाथ है उनको पकड़ा जाए। हत्या के इस असफल प्रयास ने संभवतः उन लोगों को मुश्किल में डाल दिया था।

इस घटना ने प्रिंट मीडिया व इलेक्ट्रानिक मीडिया दोनों को जगा दिया। रोज का पेपर हास्पिटल में आता था और इस संघर्ष से संबन्धित खबर लगातार छपती रहती थी। हॉस्पिटल में पंद्रह दिन तक मैं एडमिट रहा और उस दौरान ना जाने कितने संगठन व युवा मुझसे मिलने आए। हर किसी ने हमारे मिशन से जुडने की इच्छा जताई। निहारिका व दुर्गा काकी पुलिस का मामला देख रहे थे। मगर एक बात आश्चर्यजनक रूप से सामने आई वह थी सुनीता व पवन का निखरता व्यक्तित्व। उन दोनों ने उस दौरान जितने लोग भी मिलने आए उनका फोन नंबर व एड्रेस नोट कर लिया। सभी से यह आशवासन लिया कि जरूरत पड़ने पर वह हमारे साथ कदम-से-कदम मिला कर चलेंगे। पता नहीं कैसे इस घटना का पता सावित्री देबी को लग गया। उन्होने फोन करके पवन व सुनीता को बहुत डांटा। जबकि पहले दो दिन उन दोनों को होश ही नहीं था कि किसी को खबर भी दी जाय और दो दिन बाद जब मुझे होश आया तो मैने ही मना कर दिया कि माँ व सावित्री दादी को खबर न दे जब तक मैं हास्पिटल से डिस्चार्ज ना हो जाऊँ। लेकिन पवन व सुनीता एक आज्ञाकारी बालक की तरह उनकी डांट चुपचाप सुनते रहे। ठीक अगले दिन मैं हास्पिटल से छूटकर दुर्गाकाकी

के घर ले जाया गया और दूसरी तरफ सुल्तानपुर से सावित्री दादी व बाबा, माँ को लेकर लखनऊ पहुँच गए। पवन उनको स्टेशन से लेकर दुर्गा काकी के घर पहुँच गया।

13

मेरे कंधे व हाथ पर बंधे बैंडेज को देखकर माँ की आंखो में आँसू आने से कोई रोक नहीं पाया। माँ मेरे पास नहीं आई। एक बार मुझे देखकर वो दूसरे कमरे में चली गयी। उसका गुस्सा भी जायज था। जिसके लड़के को गोली लग जाय और उसका पता उसे पंद्रह दिन बाद चले तो उसे दुख व गुस्सा तो जरूर आएगा और यह स्वाभाविक है। ये सारी बातें और भी संजीदा हो जाती है जब कि माँ ने सास, ससुर, पति व एक बच्ची को अपने आंखो के सामने मरते देखा हो। निहारिका ने माँ को समझाने का प्रयास किया। लेकिन माँ तो बस एक अजीब से सदमे में थी। माँ को निहारिका ने सम्हाला हुआ था और माँ के रोने से निहारिका का कुर्ता भीग गया। दूसरी तरफ बाबा मेरे बगल में कुर्सी पर चुपचाप बैठे हुए थे और सावित्री दादी रोती जा रही थी और कस-कस के मुझपर बरस रही थी। हर व्यक्ति मुझसे नाराज था और सबकी नाराजगी प्रदर्शित करने का तरीका अलग-अलग था। दुर्गा काकी ने आकर सावित्री दादी को समझाते हुए कहा "कृपया आप नाराज ना होए आप सभी के लिए तो समर्थ हमेशा चिंतित रहता है और घबराहट में आप लोगों को कुछ न हो इसलिए उसने आप लोगों को फोन से बताना उचित नहीं समझा। कृपया समर्थ को गलत ना समझे, इस समय तो आप लोगों को उसको ढाढ़स बढ़ाना चाहिए। वैसे भी इस संघर्ष की प्रेरणा तो आप ही ने उसको दी है जैसा कि सभी बच्चो ने मुझे आपके बारे में बताया है।" यह सारे चुने हुए शब्दों की मालाओं को दुर्गा काकी ने कही, उससे सावित्री दादी अकस्मात ही शांत हो गयी। एका-एक उनको शायद एहसास हुआ कि वह जरूरत से ज्यादा इमोशनल हो रही हैं। फिर अपने ऊपर नियंत्रण करते हुए

उन्होने कहा - "मै ज्यादा घबरा गयी थी इसलिए घबराहट में कुछ ज्यादा ही बोल गयी।" सुनीता आदतन ही दुर्गा काकी के घर में भी काम करने लग गयी थी इसलिए वह सबके लिए चाय बनाकर ले आई। अब माहौल काफी हद तक हल्का हो चुका था। निहारिका माँ को मेरे पास ले आई। सब लोग धीरे-धीरे हल्की फुलकी बातें करने लगे। रात को खाना खाकर सब लोग सोने की तैयारी करने लगाए। माँ ने कहा - "आज मैं तुम्हारे पास ही रहूँगी मुझे तुमसे कुछ बातें करनी हैं।" सभी लोग इस बात की सहमति के साथ सोने चले गए।

मैंने माँ से कहा कि मुझे सहारा देकर बैठा दे। माँ ने हाथ से सहारा तो दिया मगर उनका शरीर भी अब कमजोर होने लगा था इसलिए मुझे बैठने के प्रयास में काफी ताकत लगानी पड़ी। कंधे के घाव अभी भरे नहीं थे इसलिए दर्द काफी ज्यादा हो रहा था। माँ के चुप रहने से मुझे काफी असहज महसूस हो रहा था। मैंने माँ से कहा - "माँ, कुछ तो बोलो, तुम्हारा नाराज होना स्वाभाविक है। मगर गलती की माफी भी तो होती है वह भी इस लाचार बेटे के लिए। मुझे एहसास है कि मैंने तुम्हें कभी सुख नहीं दिया है और आगे भी शायद मैं तुम्हें कोई आराम न दे पाऊँ। मैंने जिस रास्ते पर कदम रक्खा है उसमें शायद ये जीवन कम पड़ जाए। मगर आज मैं ये रास्ता छोड़ता हूँ तो आने वाले सालों में ना जाने कितने समर्थ जीवन के गर्त में असुविधा व शासन व्यवस्था के शिकार होंगे और न जाने कितने ही मजदूर व किसान, गरीबी व भुखमरी से ग्रस्त रहेंगे व एक साधारण मानवीय जिंदगी जीने के लिए तरसेगे।भगवान राम और कृष्ण के अवतार के इंतजार में हम कितना कष्ट सहेंगे। मनुष्य को भगवान ने बुद्धि और विवेक दिया है कि गलत व सही का निर्णय करे और जब ये सही निर्णय मैंने लिया है तो तुम मेरे लिए परेशान हो रही हो। माँ उन सभी बेटों के लिए सोचो जिनके पास कुछ नहीं है। मुझे शायद उस परम शक्ति ने इस कार्य के लिए चुना है। इसलिए मुझे आशीर्वाद दो और मेरी ताकत बनो।" मेरी बातें सुनकर माँ के चेहरे पर एक दृढ़ मुस्कान फैल गयी। उसने कहा - "समर्थ

ये नाराजगी क्षणिक है हम तुम्हारे संघर्ष के खिलाफ नहीं हैं लेकिन ऐसी घटना होने पर हम तुम्हारे पास न रहे तो इसका मतलब है कि हमारा तुम पर अधिकार ही नहीं है।" थोड़ी देर की बातचीत में सारे गिलेशिकवे दूर हो गए। बात करते-करते मैं कब सो गया मुझे पता ही नहीं चला। सुबह जब नींद खुली तो माँ को कुर्सी पर बैठे-बैठे सोते हुए पाया। मैंने सुनीता को आवाज लगाई और सुनीता तुरंत ही आ गयी। मैंने सुनीता से माँ को अंदर ले जाकर बिस्तर पर सुलाने के लिए भेज दिया।

सभी लोगों के एक साथ इकट्ठा एक जगह होने से मेरा मनोबल मानो आसमान छूने लगा। पंद्रह दिन बीत चुके थे पुलिस को अब तक कोई सुराग नहीं मिल रहा था कि इसके पीछे कौन लोग शामिल है। मुझे थोड़ा अंदेशा उस नेता का था जिसके लिए मैं पहले काम करता था और वो लोग भी हो सकते थे जो प्रशासन में बैठकर जमीन की खरीद फ़रोख्त का लाभ उठा रहे थे। मगर मैंने पुलिस के सामने किसी पर संदेह या शक नहीं जताया क्योकि मेरा संघर्ष व्यक्तिगत न होकर सामाजिक था, नाम लेने से व्यक्तिगत दुश्मनी भी बढ़ने का डर था। मेरे नाम न लेने से वो कम से कम इस बात से आश्वस्त रहेंगे कि मेरी उनसे कोई व्यक्तिगत लड़ाई नहीं है फिर शायद इस तरह की घटना की पुनरावृति न हो।मुझे बिस्तर पर पड़े हुए सैकड़ो तरह के ख्याल आ जा रहे थे। संघर्ष को आगे बढ़ाया कैसे जाए। न्यूज पेपर व इलेक्ट्रानिक मीडिया का सहारा तो मिल गया मगर अब लड़ाई का पक्ष आज कि जेनेरेशन को समझाने के लिए सोशल मीडिया का भी इस्तेमाल जरूरी था। नुक्कड़ नाटक करके किसान की व्यथा को समझाने का प्रयास भी किया जा सकता है, अब हर उस वर्ग को किसान की उपयोगिता समझाना जरूरी था जो किसान को न तो जानता था और न ही उसकी उपयोगिता को पहचानता था। हर व्यक्ति रोटी व अन्न खाता है मगर शहरी क्षेत्र के रहने वाले व्यक्ति के जहन में ये कभी नहीं आता है कि यह अन्न उसके मुँह में निवाला बनकर किस तरह पहुँच

रहा है। ये सतही तौर पर समझ में आता है। किसान उगाता है और बाजार मे अनाज बेचता है। इसके पश्चात हम उसे खरीद कर खाते हैं। कुछ सामंती सोच के लोग गुरूर में कहते हैं कि पैसा देते हैं तब खरीदते हैं बिना पैसे के थोड़े ही खरीदते हैं पहले भी समझदार लोग कह गए हैं कि सब कुछ रोका जा सकता है मगर खेती नहीं। सब कुछ के बिना चलाया जा सकता है मगर पेट भरे बिना कुछ नहीं हो सकता। अब बात मेरे दिमाग में आई कि अगर किसान के खेत मे स्टूडेंट को पहुंचाया जाय तो शायद वह लड़के व लड़कियां उसकी अथक मेहनत की जमीनी हकीकत को समझ सकेंगे। बेड पर पड़े-पड़े जो भी तरीका मेरे दिमाग मे आ रहा था मैं उसे नोट पैड पर लिखता जा रहा था।

मैं अभी भी ज्यादा चलने फिरने की स्थिति में नहीं था। इसलिए पेपर की न्यूज से इस सारे घटनाक्रम पर नजर रख रहा था। अलग अलग क्षेत्रों में हमने छोटी-छोटी यूनिट बनाकर छोटे-छोटे स्तर पर लीडर को जन्म दिया जिससे संगठन की ताकत क्षेत्रवार बढ़ती रहे। रोज़ शाम को सभी यूनिटों के हैड अपनी-अपनी प्रोग्रेस बताने जरूर बताने आते नहीं तो फोन से मैं अपडेट ले लेता था। बीस दिन बाद सुबह पेपर की न्यूज देखी तो दंग रह गया। फ्रंट पेज पर सावित्री दादी व दुर्गा काकी की फोटो थी, उन्होने डी॰एम॰ के कार्यालय के बाहर किसानों के साथ प्रदर्शन किया था। खबर भी जोरदार थी कि दो बूढ़ी औरतें किसानों की बदहाली को दूर करने के लिए संघर्षरत। खबर यह भी थी कि जिस देश के नेता,सरकार, प्रशासन व युवा वर्ग सो रहा है वहाँ इन बुजुर्ग महिलाओ का कदम कबीले तारीफ है।

मैंने पेपर पढ़ते ही निहारिका को आवाज लगाई, निहारिका ने आते ही आवाज देने का कारण पूछा। मैंने कहा - "निहारिका ये पेपर में जो छपा है तुम्हें उसके बारे में पता है?" निहारिका ने कहा - "नहीं तो, क्या छपा है?" मैंने पेपर उसकी तरफ बढ़ा दिया। पेपर पढ़ कर वह भी सन्न रह गयी उतनी देर में सुनीता,पवन व माँ भी आ गयी। सभी ने ये खबर पढ़ी तो सभी अवाक हो गए। मैंने पूछा सावित्री दादी,

दादा व दुर्गा काकी कहाँ है। तो सुनीता ने बताया दोनों तो पीछे के लॉन में बैठी बातें कर रही हैं मैंने पवन से सहारा देकर लॉन तक के जाने के लिए कहा,लॉन में दोनों लोग बैठी बातें कर रही थीं। मुझे लॉन में देखकर दुर्गाकाकी खड़ी हो गयी। उन्होने आगे बढ़कर मुझे कुर्सी पर बिठाया और पवन से और कुर्सियाँ लाने के लिए कहा, साथ ही साथ सबको बुलाने के लिए कहा। सभी लोग लॉन में पहुँच गए। मैंने सावित्री दादी से कहा - "दादी पेपर में जो छपा है उसके बारे में हमें बताना तो चाहिए था।" सावित्री दादी ने तपाक से कहा - "जब तुम हास्पिटल में थे तो बताया था क्या?" मैंने कहा - "दादी, बदला मत लो।" दादी ने हँसते हुए कहा - "मज़ाक कर रही हूँ, हम लोगों ने सोचा यदि तुम बिस्तर पर हो तो क्या हुआ इस संघर्ष की आग को हम तब तक बुझने नहीं देंगे जब तक सरकार,प्रशासन व जनसमान्य जाग न जाए।" आज संडे का दिन था इसलिए सभी आराम से बैठे बातें कर रहे थे लेकिन दादा जी का कहीं पता नहीं था दादी ने बताया - "बुढ़ऊ ताजी सब्जी की तलाश में गए हैं।"

दिन के करीब ग्यारह बजे कोई दस - बारह लड़के और लड़कियां घर के बाहर आए और सावित्री दादी व दुर्गा काकी को पूछ रहे थे। उन्हे अंदर बुलाया गया तो उन्होने बताया कि आज के न्यूज पेपर से आपका पता चला तो हम लोग उनसे मिलने चले आए। हम आपके साथ जुड़कर पढ़ाई के साथ-साथ आपके संघर्ष में साथ देना चाहते है। प्लीज हमे अपने साथ जुड़ने दीजिये। निहारिका ने उन सभी को समझाया - जल्दीबाजी में कोई निर्णय ना लो पहले ये समझ लो कि हम लोग क्या कर रहे हैं? कैसे कर रहे है?और सबसे बड़ी बात कि क्यूँ कर रहें हैं और इसके क्या परिणाम होंगे? निहारिका ने उन्हे समझा बुझाकर वापस भेज दिया और उन्हे अगले संडे को आने के लिए कहा। बारह बजे के आस पास चार - पाँच पत्रकार भी आ गए। उन्होने दादी, दुर्गाकाकी व मेरा इंटरव्यू लिया और दो बजे तक हम सभी लोग फ्री हो पाये। उसी शाम चार बजे निहारिका पवन को लेकर मार्केट गयी

थी तब मैंने सुनीता से कहा - "सुनीता मेरी प्यारी बहन मैं तुझसे एक प्रार्थना कर रहा हूँ प्लीज हँसना मत।" सुनीता - "आप कहो तो भैया मुझसे जो बन पड़ेगा मैं करूँगी।" मैंने कहा - "तुम ये बात दिल्ली से जानती हो कि मैं व निहारिका कालेज से एक दूसरे को जानते हैं। मैं निहारिका को पसंद भी करता हूँ और चाहता भी हूँ मैंने उससे एक बार शादी के लिए भी कहा था मगर उस समय उसने मुझे मना भी कर दिया था इसलिए मैं चाहता हूँ कि तुम उससे प्लीज एक बार बात करो। उसके मन में अब शादी के लिए क्या विचार है?" सुनीता ने कहा "भैया, पता नहीं तुम ये बात समझ नहीं पा रहे हो कि एक लड़की जो सिर्फ तुमको चाहती थी और किसी और से शादी न करनी पड़े इसलिए माँ बाप के विरोध के बावजूद विदर्भ चली गयी और तुम्हारे कहने पर तुम्हारी लड़ाई लड़ने लखनऊ में डेढ़ महीने से रह रही है तो क्या उसका तुम्हारे प्रति स्नेह नहीं दिखता है। पहले तुमने जब उसे शादी का प्रस्ताव दिया था तब तुम गलत रास्ते पर थे आज सही रास्ते पर हो तो तुम्हारा आत्मविश्वास कम हो रहा है। फिर भी एक बार मैं निहारिका जी से उसके अन्तर्मन को जानने की कोशिश करूँगी, उसके बाद ही तुम ये निश्चित करना कि उसको शादी के लिए फिर से प्रपोज करना है या नहीं?"

सुनीता से बात करने के बाद मैं दो तरह के अंतर्द्वंद से जूझने लगा पहला तो ये कि मुझे सुनीता से ये बात कहनी चाहिये थी कि नहीं और दूसरी यह की निहारिका कहीं फिर मना न कर दे। शाम को सात बजे के आस - पास सुनीता ने निहारिका से पूछा - "दीदी, आप समर्थ भईया को पसंद करती हैं और इतने सालो से जानती भी हैं फिर शादी क्यो नहीं कर लेती हैं?" निहारिका ने कहा - "सुनीता ये बात क्या मैं करूँगी, मेरे पिता तो यहाँ हैं नहीं, फिर लड़की हूँ क्या ये बात मुझे कहनी चाहिए, ये बात तो तय है कि अब हम दोनो का लक्ष्य एक ही है, मैंने तो अपना इस्तीफा भी भेज दिया है और मेरे पुराने एन॰जी॰ओ॰ ने मेरे इस कार्य में मुझे सहयोग देने का वायदा भी

किया है, मेरे माँ व पिता जी दिल्ली मे मेरी चिंता लगातार कर रहे हैं व मुझे रोज फोन करते रहते हैं। रिश्तेदार अलग पापा पर दबाव डाल रहे है कि बेटी की शादी कब करेंगे, मैं भी कब तक पापा से बेकार दलील देती रहूँगी" सुनीता के बात समझ में आ गयी दोनों ही मन से एक दूसरे से प्यार करते हैं मगर आगे की बात कौन करे? प्रॉबलम ये है। सुनीता ने दादी को सारी बात बताई तो दादी ने कहा - "सुनीता, आज रात सबको खाना एक साथ देना सभी एक जगह इकठ्ठा रहेंगे। उस समय हम इस रिश्ते को जोड़ने की कोशिश करेंगे।

प्लान के अनुसार ही रात में सब लोग इकठ्ठा हो गए। दादी ने माँ से छेड़ते हुए कहा - "वंदना, तुम समर्थ की माँ हो या दुश्मन, लड़के की शादी करनी है या जिंदगी भर कुँवारा रखने का मन है।" माँ ने कहा - "जी, शादी तो करनी है कोई अच्छी लड़की भी तो मिले। एक काम ये भी हो सकता है कि पेपर में मैट्रीमोनियल में इसका बायोडेटा भेज देते हैं। शायद कुछ भला हो जाए।" सभी लोगों की इस तरह की बातचीत से मेरा व निहारिका का चेहरा स्याह हो गया था। मैं नजरे उठाकर निहारिका को देखता और फिर नजरे नीचे कर लेता उधर निहारिका का खाने का कौर उसके मुंह में ही रुक गया। बार - बार पानी पीने लगी। दादी ने निहारिका से कहा - "निहारिका, तू कल इसका बायोडेटा पेपर में दे देना" इतना सुनते ही निहारिका का सारा खाना मुंह से बाहर आ गया उसे वाशरूम में भागना पड़ा। शायद दादी को लगा कि अब यह नाटक ज्यादा हो रहा है। उसने निहारिका को अपने पास बुलाया और समर्थ की तरफ मुखातिब हो कर बोली - "एक लड़की मेरी नजर में है, वो भी यहीं लखनऊ में ही है तुम कहो तो बात करूँ?" मैंने कहा - "अरे दादी,अभी क्या जल्दी है?जिस मिशन पर मैं लगा हूँ शादी करना संभव नहीं है वो लड़की मेरे साथ क्या खुश रह पाएगी"। दादी ने कहा - "ठीक है मैं निहारिका की बात कहीं और चलाती हूँ, भाई इसकी शादी की थोड़ी ज़िम्मेदारी हमारी भी है। क्यों सुनीता क्या कहती हो"। अब तो दादी व सुनीता के अलावा सभी सन्न

रह गए कि दादी ने ये क्या कह दिया? दादा जी तो दादी पर बरस पड़े। दादा जी ने दादी से कहा - "सावित्री तुम पगला गयी हो क्या,ये क्या बकवास कर रही हो? कुछ सोचती समझती नहीं हो, जो मन में आता है फट से बोल देती हो।" दादी ने कहा - "चुप रहो बुढ़ऊ इतने दिन से बच्चों के साथ हो, कभी सोचा की इनकी शादी करनी चाहिए।" निहारिका उठ कर जाने लगी तो सावित्री दादी ने उसका हाथ पकड़ लिया और माँ से बोली - "वंदना अपनी बहू सम्हाल इतने साल से तू इन दोनों को साथ - साथ देख रही है। मगर तुझे इस बात का कभी पता नहीं चला कि ये दोनों एक दूसरे को चाहते हैं, चल एक काम कर तुरंत निहारिका के पापा को फोन कर यहाँ बुला ले।" माँ पहले से ही निहारिका के माता-पिता को जानती थी इसलिए उसने तुरंत फोन किया।माँ ने फोन उठाकर नंबर डायल कर दिया। दूसरी तरफ से आवाज आयी "हॅलो, कौन बोल रहा है?" इधर से वंदना ने कहा - "हैलो राय साहब आप निहारिका के पिता बोल रहे हैं, मैं वंदना समर्थ की माँ बोल रही हूँ आपसे कुछ जरूरी बात करनी है।" दूसरी तरफ से आवाज आई - "जी बहन जी, बताइये क्या बात है?" माँ ने कहा - "जैसा आपको पता है कि निहारिका इस समय लखनऊ में हमारे साथ है मैं चाहती हूँ कि आप लखनऊ आ जाए तो निहारिका की शादी के विषय मे आपसे बात करनी है, हो सके तो शनिवार तक आ जाए तो जल्द ही बात हो जाएगी।" उन्होने उधर से फोन काट दिया। थोड़ी देर बाद निहारिका के फोन पर उसके पापा का फोन आया। उन्होने सारी बात खुलकर पूछी और ये भी पूछा कि लड़का कौन है? तो निहारिका ने सारी बात उन्हे बता दी उसके पिता ने शायद उसे उस निर्णय पर फिर से पुनर्विचार करने के लिए कहा होगा।

शनिवार की सुबह निहारिका पवन को साथ लेकर स्टेशन गयी। सात बजे लखनऊ मेल से उसके पापा व मम्मी आए और वो सभी लोग आठ बजे तक दुर्गा काकी के घर पहुँच गए। चाय पीने के बाद निहारिका के पिता ने निहारिका से अकेले में बात करने की इजाजत

मांगी। निहारिका के पिता मिस्टर राय की बात बाहर तक सुनाई दे रही थी। उन्होने कहा - “निहारिका, जब समर्थ ठीक ठाक बिजनेस कर रहा था तो तूने उससे शादी करने से मना कर दिया अब जबकि वह कुछ काम नहीं कर रहा है, बिना मतलब के ये सब आंदोलन कर रहा है तो तू उससे शादी करना चाहती है। बेटा तू उल्टी खोपड़ी की है क्या?” निहारिका का जबाब साफ सुनाई दे रहा था - “पापा जब वह गलत रास्ते पर था तब मैंने शादी के लिए मना किया था और जब वह सही रास्ते पर है तो मैं हाँ कर रही हूँ।” मिस्टर राय ने खीझते हुए कहा - “पता नहीं नयी पीढ़ी किस ढंग से सोचती है लेकिन ये तेरा फैसला है तो हमे मंजूर है।” अगले दिन ही पास के मंदिर में निहारिका व मेरी शादी हो गयी।

अब हम दोनों एक ही लक्ष्य की तरफ बढ़ने के लिए प्रतिबद्ध हो गए। अब कुछ एक महीने बाद मै ठीक महसूस कर रहा था। लेकिन डाक्टर ने मुझे घर से बाहर निकलने की इजाजत नहीं दी थी। इसलिए मैं काकी के घर पर ही रहता था और मेरी देखभाल के लिए सुनीता को लगाया गया बाकी सभी लोग शहर में अलग-अलग जगह जाकर किसान जन जागरण का काम करने लगे। माँ व दादा जी भी इसमें बढ़-चढ़ के हिस्सा ले रहे थे। मैंने एक दिन दादी व बाबा से कहा कि आप के गाँव की जमीन की देखभाल कौन करेगा?तो बाबा ने कहा - “समर्थ, मैंने दिल्ली से अपने बच्चो को गाँव बुलवा लिया है और उनको हिदायत दी है कि गाँव के खेत व घर बार खुद सम्हाले, हम लोग अब नए रास्ते पर चल पड़े है क्योकि अब अगर किसान का जागरण नहीं हुआ तो प्रकृति हमे माफ नहीं करेगी”।अब ढेर सारे किसान न सिर्फ लखनऊ से बल्कि प्रदेश के अलग-अलग हिस्सो से मेरे पास आने लगे। मैं घर में बैठकर उनके इस आंदोलन के बारे में विस्तृत चर्चा करता और उनका सहयोग मांगता। सावित्री दादी,दुर्गा काकी, बाबा व माँ एक साथ पुलिस व प्रशासन से संबन्धित मामलो को देखते तथा निहारिका व पवन दिन भर स्कूल,कालेज,इंजीनियरिंग

व मैनेजमेंट कालेज के बाहर खड़े होकर पम्फ़लेट बांटते व स्टूडेंट को खेती व किसान की समस्या को समझाने का प्रयास करते। धीरे-धीरे निहारिका ने कुछ स्टूडेंट की एक कोर टीम तैयार कर ली जो खेती पर थोड़ा अध्ययन करती व किसानों से खेती से संबन्धित जानकारी हासिल करती। उसके अलावा शाम को शहर के अलग-अलग हिस्सो में नुक्कड़ नाटक के माध्यम से भी इस आंदोलन का प्रचार व प्रसार किया जाता। निहारिका व मेरे पुराने मित्र भी मेरे बुलाने पर लखनऊ आए उन्होने हमारे संगठन की ताकत बढ़ाने के लिए पैसों से सपोर्ट किया। धीरे-धीरे स्टूडेंट व किसान लखनऊ में अलग-अलग क्षेत्रो में एक साथ काम करने के लिए मिलने लगे।

दो महीने मुझे रेस्ट करते हुए बीत चुके थे इस दौरान सभी लोगों ने अथक मेहनत करके लखनऊ के आसपास के गांवो के किसानों के अंदर जनजागरण सा कर दिया था। इस आंदोलन से जुड़े वो स्टूडेंट ज्यादा थे जिनका बैक-ग्राउंड खेती से जुड़ा हुआ था। लेकिन धीरे-धीरे शहर के लड़के भी इनसे जुड़ रहे थे। ट्विटर व फेसबुक के माध्यम से कृषि से संबन्धित जानकारी धीरे-धीरे हर उस व्यक्ति तक पहुँचने की कोशिश की जा रही थी जो किसान व खेती की उपयोगिता व उसमें होने वाली दिक्कतों से अनभिज्ञ थे। ये सारी गतिविधियाँ बहुत खुले रूप से न होकर सिर्फ अंदरूनी रूप से सैंवधानिक तरीके से चल रही थी। इसका आकार लेना शुरू हो रहा था इसको जमीनी हकीकत पर लाने की रूप रेखा तैयार करनी थी।

इस दौरान पवन कुछ स्टूडेंट व किसानों के साथ मिलकर यह पता लगाने की कोशिश कर रहा था कि मुझ पर हमला किसने किया था। हमारे अभियान मे कुछ सरकारी कर्मचारी भी जुड़े हुए थे वो हमे आगे आने वाली सरकारी स्कीमों के बारे में भी बता रहे थे। जिसमें किसानों की जमीन को हस्तांतरित करने की स्कीम है। अगली डेट कोर्ट में एक महीने के बाद की ही थी, इसलिए एडवोकेट ठाकुर के सम्पर्क में भी

हम लोग थे इस तीन महीनों में एडवोकेट ठाकुर भी एक तरह से हमारे संगठन के काफी करीब आ गई थी। लगभग सभी वर्ग के लोग हमारे साथ जुड़ चुके थे पैसा भी चन्दे के रूप में हमे मिल रहा था पवन ने आखिरकार पता लगा लिया कि हत्या करवाने का प्रयास उसी नेता का है जिसके साथ मै पहले काम करता था व नगर विकास मंत्रालय के एक सेक्रेटरी का भी इसमे हाथ है और बिल्डर एसोसिएशन के लोग परोक्ष रूप से जुड़े हैं। हमें अब अपनी टीम के मेम्बर की जान की सुरक्षा का भी ध्यान रखना था इसलिए स्टूडेंट के नौ ग्रुप बनाये गये हर ग्रुप में दस स्टुडेन्ट थे जो बारी बारी से हमारे साथ हमेशा मौजूद रहते थे। कोर्ट में अगली डेट से पहले बिल्डर्स ने कोर्ट में अपनी एक अपील फाइल कर दी जिससे उस कोर्ट आर्डर के खिलाफ स्टे मांगा गया था जिसमे की काम रोकने के लिए आर्डर किया गया था और दोनो केस की सुनवाई एक ही दिन पड़ी थी इसलिए केस की तारीख पर कोर्ट में जबर्दस्त भीड़ हो गयी। एक तरफ गिरधारी लाल व उसके आदमी जो संख्या मे करीब 100 के आसपास थे और उनके पास करीब बीस हथियार बंद गुण्डे थे जो कोर्ट के परिसर के बाहर मौजूद थे। दूसरी तरफ हमारे संगठन के लोग भी सैकड़ो की संख्या में मौजूद थे।

कोर्ट में लंच से पहले बिल्डर का केस लगा था इसलिए बिल्डर की तरफ से शहर के पाँच मार्निंद वकील खड़े थे और वकीलों ने बिल्डरों के पक्ष में ऐसी दलीलें दी कि कोर्ट का आर्डर उनके पक्ष में हो गया अब इस आर्डर की कापी उन्होने लंच के बाद हमारे केस में लगा दी और कोर्ट ने सुनवाई के लिए दो महीने बाद की डेट दे दी। अब हमारे केस में तीसरी डेट लग गयी। लगभग छः महीने से ज्यादा का वक्त केस में बीत चुके था। अब ये लगा कि कोर्ट के सहारे ही हम लोग नहीं रह सकते है। हमे सरकार पर उसकी पॉलिसी बदलने का दबाव बनाना जरूरी है। उसी शाम को हम लोगों ने ये निश्चय किया कि एक माह बाद एक निश्चित तारीख पर हम लोग विधान सभा के सामने प्रदर्शन करेंगे, जब विधान सभा का सत्र चल रहा होगा। अब

हमे आंदोलन का आगाज करना था। वह भी खुले तौर पर। इस दौरान कुछ राजनैतिक पार्टियां भी हमे सहयोग देने के लिए आगे आई, मगर हम इसे राजनैतिक आंदोलन न बनाकर सामाजिक ही रखना चाहते थे। इसलिए हमने उनको साफ इंकार कर दिया। दो बड़ी पार्टियो ने तो पार्टी ज्वाइन करने तक का आफ़र दे दिया और सीधे पार्टी में पदाधिकारी बनाने का प्रस्ताव भी मेरे सामने रक्खा।

अभी तारीख निश्चित नहीं हुई थी मगर सभी तैयारी में जुट गए। सुबह से शाम तक छोटी बड़ी सभाएं की जाने लगीं। सुनीता से लेकर दादा जी तक का उत्साह देखने ही लायक था। इसी दौरान एक दिन करीब तीन बजे दुर्गा काकी व मैं एक सभा फैजाबाद रोड पर चिनहट के करीब एक गाँव में कर रहे थे। तभी दुर्गा काकी को चक्कर आ गया। मैंने उन्हे एक पेड़ के नीचे आराम करने को कहा और सभा को संबोधित करने लगा। एक घंटे बाद जब सभा समाप्त हो गयी तब मैंने दुर्गा काकी से पूछा - "अब तबीयत कैसी है?" दुर्गा काकी सर हिला कर बिना बोले ही जवाब दिया और चलने का इशारा किया। उस रात दुर्गा काकी को हल्का बुखार हो गया था माँ व सावित्री दादी रात भर उनके पास बैठे रहे। हम लोग भी बारी-बारी से उठकर उनका हाल पूछ लेते थे। सुबह-सुबह मैंने निहारिका व पवन को दुर्गा काकी को डाक्टर को दिखाने के लिए भेजा। बाकी सभी लोग अपने-अपने काम पर लग गए। शाम को जब हम लोग लौटे तो दुर्गा काकी आँगन में बैठी थी। बाकी सभी लोग वहाँ पहले से मौजूद थे। मैं सबसे अंत में वहाँ पहुंचा। मुझे देखते ही पवन अंदर से कुर्सी उठा लाया। मैंने काकी से पूछा - "हाल कैसा है?" तो उनका जबाब था - "ठीक है" डाक्टर ने कहा है कि मौसमी बुखार है तीन चार दिन में ठीक हो जाएगा। दवा निहारिका ले आई है, दो खुराक खा चुकी हूँ काफी आराम हो गया है। मैंने कहा "काकी कल तो मैं घबरा ही गया था आप एक हफ्ते आराम कीजिये, तब तक हम काम सम्हाल लेंगे"

एक हफ्ते तक दुर्गा काकी व माँ घर पर ही रहे और बाकी सभी लोग आंदोलन की अलख जगाने का प्रयास कर रहे थे। रोज शाम को लौटने पर सभी लोग दुर्गा काकी के इर्दगिर्द बैठकर दिनभर किए गए काम की समीक्षा करते थे। दुर्गा काकी अपनी तबीयत ठीक न होने के बावजूद सभी की बातों को ध्यान से सुनती और कुछ राय मशविरा जरूर देती। लेकिन एक हफ्ता बीतने के बाद भी उनका बुखार कम नहीं हो रहा था एक हफ्ते बाद डॉक्टर को फिर दिखाया गया तो डाक्टर ने कुछ ब्लड टेस्ट करने के लिए कहा। हम लोगों का हौसला थोड़ा कम हो रहा था। दुर्गा काकी के व्यक्तित्व को पकड़ पाना हम लोगों के लिए अभी संभव नहीं था। इसलिए उनके नेतृत्व की क्षमता के अनुकूल हम सभी लोग कार्य नहीं कर पा रहे थे। हम सभी लोग लगातार पंद्रह दिनों तक तैयारी मे लगे रहे। इसलिए रविवार आने पर हम सभी ने एक दिन का रेस्ट ले लिया। सुबह से ही सभी आराम से लान मे बैठे हुए थे दुर्गा काकी भी आराम से कुर्सी पर लेटी हुई थी। उनका शरीर कमजोर हो गया था। उनकी कामवाली आया गुड्डी आजकल उनकी देखरेख के लिए ज्यादातर घर पर ही रहती थी। गुड्डी का दुर्गा काकी से बड़ा लगाव था। गुड्डी गाँव से आई थी करीब पाँच वर्ष पहले। उनके एक लड़का व तीन लड़कियाँ थी। गुड्डी गाँव में खेतिहर मजदूर थी और अपने पास खेत न होने के कारण शहर की तरफ पलायन करना उसकी मजबूरी थी। गाँव में जब तक दो वक्त का खाना मिलता रहा वह अन्य मजदूरो की तरह गाँव मे रही, उसके बाद भूख व बच्चो की पढ़ाई के लिए शहर आ गयी। शहर में दुर्गा काकी के सहारे उसने अपनी दो लड़कियों की शादी की। एक लड़की बी.एड कर रही थी व लड़का आगरा में इंजीनियरिंग की पढ़ाई कर रहा था। ये तो दुर्गा काकी का दिल था कि ऐसे कई परिवारों को ऊपर उठाने में काकी ने कोई कसर नहीं छोड़ी थी।

14

दुर्गा काकी से इतने दिनों की संगत में हम उनके बारे में जानने का कोई प्रयास नहीं कर पाये। अतः जब सारे लोग काम पर लग गए तो मैंने दुर्गा काकी से कहा-" काकी, हम लोग आपके साथ छः-सात महीने से जुड़े हैं और आपके घर पर इतने दिनो से रह रहे हैं मगर आपने अपने बारे मे कुछ नहीं बताया।" दुर्गा काकी फीकी हँसी हँसते हुए बोली--" समर्थ, क्या करोगे इस अकेली बुढ़िया की जिंदंगी के पन्नों को पढ़ कर। मेरी जिंदगी संतापों से भरी हुई है।" मैंने फिर ज़ोर देकर कहा-" फिर भी मैं जानना चाहता हूँ। काकी ने बताना शुरू किया- मेरे विवाह से लेकर आजतक शायद ही कोई वर्ष ऐसा बीता हो जब मैंने खून के आँसू ना रोये हों। अच्छे खेत खलिहान, ट्रैक्टर व आधुनिक मशीने सभी तो थी घर में हमारे, मगर समय के साथ-साथ जब लखनऊ शहर बढ़ने लगा तो हम भी उसकी जद में आ गए। हमारे घर में सास-ससुर,पति,एक जेठ-जेठानी,एक देवर व नन्द तथा अन्य खानदान वाले सभी साथ के घरो में रहते थे। सास-ससुर की मृत्यु तो शादी के अगले साल हो गयी। दो साल बाद नन्द का विवाह भी काकोरी के एक किसान परिवार में करा दिया गया जिनके पास आमों के अच्छे बाग थे। मेरे पति नन्द लाल एक प्राइमरी स्कूल में अध्यापक थे इसलिए खेती का सारा काम जेठ जी के जिम्मे ही था। देवर को पढ़ने के लिए लखनऊ विश्वविद्यालय में एडमिशन करा दिया गया था खेती के कामो में मेरे पति का इन्टरेस्ट न लेना ही हमारी तबाही का कारण बन गया। मेरे पति जो सैलरी पाते थे वह घर में जितनी जरूरत होती उतना खर्च करते बाकी सारा खेती के बेहतरी के लिए लग जाता था। जेठ जी खेती से हुई आमदनी का हिसाब-किताब किसी

को न बताते। समाजिकता की वजह से छोटे भाई बड़े भाई से प्रश्न नहीं करते थे धीरे-धीरे हालात ये हो गए कि खेती के लिए बीज, खाद व अन्य आवश्यक सामाग्री खरीदने के लिए पैसा मेरे पति ही देते थे और खेती से हुई पैदावार से थोड़ा अनाज हमारे हिस्से में आ जाता था। देवर का खर्च भी हम ही लोग उठा रहे थे। एका-एक मेरे पति का ट्रान्सफर इटौजा के प्राइमरी स्कूल में हो गया। अब जो अनाज पैदा होता था उसका हिस्सा भी मिलना बंद हो गया। मेरी जेठानी ने सारे खानदान में घूम-घूम कर हमारी बुराई अलग शुरू कर दी। एक बुराई तो ये कि हमे घर के प्रति लगाव नहीं है। हम लोग घर की ज़िम्मेदारी से भागकर दूर के स्कूल में ट्रांसफर करा कर चले गए और दूसरा कि खेती करने का सारा भार जेठ जी पर आ गया।

मेरे पति बहुत सुविचारों के व्यक्ति थे इसलिए ये सारी बातें दूर के रिश्तेदारों से सुनकर बहुत ज्यादा विचलित हो जाते थे अंत में उन्होने बहुत प्रयास करके अपना ट्रांसफर फिर से मोहनलालगंज करवा लिया। मगर इस ट्रांसफर ने हमारे जीवन को ग्रहण लगा दिया। अपने ही घर में रहने के लिए हमें एक कमरा दे दिया गया। हमारे दो बेटे जिनकी उम्र उस समय दस व ग्यारह साल थी हमारे साथ ही एक कमरे में रहते थे। घर की खटपट से मेरे पति व मैं बेहद परेशान हो गए। हमारे बीच अक्सर झगड़े के बाद बात इतनी बढ़ जाती कि एक दूसरे को छोड़ने तक की बात हो जाती। मेरा एक ही कहना था कि कहीं किराए पर कमरा ले लेते हैं। कम-से-कम शान्ति से तो रहेंगे। मेरे पति कहते कि नहीं अगर घर के पास अलग कमरा लेंगे तो चार बातें होंगी। मैं घर का झगड़ा बाहर नहीं ले जाना चाहता। इसी कशमकश में मेरे पति व मेरा स्वास्थ्य लगातार खराब हो रहा था। मेरे बच्चो की पढ़ाई पूरी तरह से चौपट हो गयी। वह अध्यापक होकर भी उनको पढ़ा नहीं पाते थे और मैं तो उनके खाने पीने का भी ठीक से ध्यान नहीं दे पाती थी। क्योकि सारा दिन रसोईघर में काम खत्म ही नहीं होता था।

जितना हिस्सा घर में रहने के लिए हमारे पास पहले था उन सब में जेठ जी ने किराए पर उठा दिया था। इसलिए एक कमरे में मेरे पति व मेरे बीच जो भी झगड़े होते उनका असर अब बच्चों पर पड़ने लगा। लेकिन काल के ग्रास ने मेरी समस्याए खुद ब खुद समाप्त कर दी। गर्मी का मौसम था। बच्चो पर ध्यान न देने के कारण बच्चे दिनभर इधर उधर खेलते रहते थे। जून के पहले हफ्ते में गर्मी अपने चरम पर थी। बड़े बेटे का जन्मदिन का दिन था, काल डायरिया बनकर शहर व गांवो में घूम रहा था। मेरे बच्चों पर उसकी कु - दृष्टि पड़ गयी। देखते ही देखते बच्चों कों दस्त व उल्टियाँ शुरू हो गयी और जब तक हम अस्पताल पहुँचते दोनों बेटे हमे छोड़ कर इस संसार से चले गए। हमारी तो जिंदगी बिखर गयी। किसके लिए जिये और क्यों जिये यह प्रश्न अब हमारी अन्तरात्मा में चलता रहता। इसके बावजूद मेरे जेठ - जेठानी ने अपना रवैया हमारे प्रति नहीं बदला। वाकई जीवन में सीधा-साधा होना पाप है और विरोध न करना उससे बड़ा पाप है। मेरे जेठ चाहते थे कि हम खेती बाड़ी व मकान सब छोड़ कर चले जाएँ। मेरे पति ने तंग आकार एक अलग घर ले लिया। जहां हम लोग शान्ति व सुकून से रह सकें मगर घर से अलग होकर मेरे पति अन्दर ही अन्दर घुटने लगे और एक साल बीतते-बीतते उनको टी॰बी॰ हो गया वह कुछ खाते पीते नहीं थे। डाक्टर ने एक साल तक इलाज कराने की सलाह भी दी। समय पर सारी दवायें व अच्छी डाइट देने के बावजूद भी उनका शरीर ठीक न हो सका। वह जीवन को न जीने की इच्छा से ग्रसित हो चुके थे इस बीमारी के होने के चार महीने के अन्दर ही उनका स्वर्गवास हो गया। अब क्या था जीवन में एक सूनापन एक निर्विवादित खाली सड़क थी जिस पर कोई न चल रहा हो।

मेरा जीवन एक स्थिर तालाब सा हो गया। मेरे भाई ने मुझे सहारा दिया और पेंशन के सहारे मेरी जिंदगी जैसे तैसे धीरे-धीरे चल रही थी। मेरा देवर जो मेरा बहुत ध्यान रखता था व मेरे बहुत ही करीब था उसने कई बार जेठजी से इसके संबंध में बात की और पूर्ण

विरोध किया। मगर मेरा देवर एक दो दिन के लिए आता और वापस चला जाता। मैं भी कोशिश करती कि वह हास्टल में ही ज्यादा रहे जिससे उसकी पढ़ाई डिस्टर्ब न हो। मैं पेंशन से अपने देवर की पढ़ाई करवा रही थी और पति के स्थान पर नौकरी मिलने की लड़ाई शिक्षा विभाग से लड़ रही थी।

पति की मृत्यु के एक वर्ष पश्चात मेरे देवर का चयन जूनियर साइंटिस्ट के लिए इसरो में हो गया। वह बंगलुरु चला गया। वह चाहता था कि मैं लखनऊ छोड़कर उसके साथ बैंगलुरु चलूँ। मगर मैं उसके साथ कुछ कारणो से न जा सकी। बंगलौर से एक दिन उसका फोन आया कि आप यहाँ आ जाओ जरूरी काम है और हवाई जहाज का टिकट भेज दिया है। उसका एक दोस्त दो दिन बाद टिकट लेकर मेरे आवास पर आ गया। मैंने उसके दोस्त से कहा कि मैं हवाई जहाज से कैसे जा पाऊँगी। वह बोला भाभी आप चिंता मत कीजिये मैं आपके साथ चलूँगा। दो दिन पश्चात ही हम बैंगलौर पहुँच गए। हवाई जहाज की यात्रा तो काफी रोमांचित कर रही थी।

एअरपोर्ट पर मेरा देवर मुझे लेने आ गया था। वह मुझे लेकर अपनी कालोनी की तरफ बढ़ चला। रास्ते में बंगलौर की सड़के व सफाई देखकर अच्छा लग रहा था। मैंने रास्ते में देवर से वहाँ बुलाने का आशय पूछा। उसने बताया कि भाभी एक लड़की पसंद की है जो साथ में ही रिसर्च कर रही है। आप उसे देख लें और यदि आप को पसंद आ जाए तो। यह कहते ही वह शर्मा गया। मैं समझ गयी कि बात काफी आगे बढ़ चुकी है। मेरे लिए तो इतना ही काफी था कि उसने शादी करने से पहले मुझे इतनी इज्जत व तवज्जो दी है।

अगले दिन ही वह मुझे उसके घर ले गया। उसके पिता बैंगलौर में जज थे और माँ ग्रहणी मगर व्यवहार इतना अच्छा कि मन प्रसन्न हो गया। लड़की जब आई तो आते ही उसने मेरे पैर छू लिए। उसका पैर छूना ही मेरे मन से हामी भरने के लिए काफी था। मैंने बिना सोचे

समझे अपने गले से चेन निकाल कर उसको पहना दी। एक हफ्ते के अन्दर कोर्ट मैरीज़ कर दी गयी। देवर देवरानी ने एक हफ्ते की छुट्टी ली थी और घर पर ही रहे। वह शायद मेरे जीवन के सबसे सुखद व शानदार क्षण थे। हफ्ते भर बीतते-बीतते मुझे लगा कि मुझे वापस जाना चाहिए इसलिए मैं वापस आने की जिद करने लगी।

दोनों मुझे वहाँ रुकने के लिए मजबूर करने लगे मगर मन में ये ख्याल बार-बार आता कि इनकी अपनी जिंदगी है। उसमें खलल न पड़े। मेरे मन पर एक बोझ सा होने लगा। मैंने दसवें दिन हिम्मत करके देवर से कहा कि मुझे जाने दे मेरी नौकरी का मामला अटका हुआ है। खैर काफी समझाने पर वह दोनों मान गए लेकिन मेरे देवर ने एक शर्त रख दी कि गाँव के जमीन के हिस्से करके आपको आपका हक दिलाने के लिए आपको कोर्ट केस करना होगा जिससे आप अपनी जिंदगी आराम से गुजर बसर कर सकें क्योकि नौकरी मिलना तो सरकारी रहमो करम पर निर्भर करता है। एक हफ्ते बाद का ट्रेन का टिकट मिल गया क्योकि जाते समय देवर का दोस्त था इसलिए हवाईजहाज की यात्रा कर ली, लौटते समय मैंने जिद करके ट्रेन का टिकट करवाया। मैं बंगलौर से लखनऊ लौट आई।

लखनऊ आकर कोर्ट मे जमीन के बँटवारे का केस कर दिया एक साल मे ही जमीन तीन हिस्से में बंट गयी। देवर ने अपने हिस्से कि जमीन मेरे नाम कर दी और वापस चला गया। इसके बाद मैंने जरूरतमंद लोगों की सहायता करना शुरू कर दिया और यही मेरे जीवन का लक्ष्य बन गया। मेरा देवर को भी जब कभी छुट्टी मिलती है तो लखनऊ आता है यही मेरी कहानी है जो अभी खत्म नहीं हुई है क्योंकि भगवान ने इतने कष्टों के बाद भी मुझे जिंदा रखा है।एक औरत के जीवन में अगर उसके पति और बच्चे उसकी आँखों के सामने इस संसार से चले जायें तो उसका जीवन एक जिंदा लाश की तरह होता है।

अपनी कहानी सुनाते-सुनाते दुर्गा काकी काफी थक गयी थी। उनको हल्का बुखार फिर से चढ़ गया। मैंने उनको थोड़ा खाना खिलाया और बुखार कम करने की दवा दे दी। दुर्गा काकी ने कहा - "समर्थ मैं थोड़ी देर के लिए आराम करना चाहती हूँ।" थोड़ा सहारा देकर मैं उन्हे कमरे में ले आया। शाम को सभी लोग लॉन में इकट्ठे हो गए और अगले दिन की तैयारियाँ करनी शुरू कर दी। आंदोलन करने की शुरुआत की तारीख मानसून सत्र का पहला दिन ही रखा गया। जून की भयंकर गर्मी थी। लेकिन जिस तरह से हमारे संगठन से लोग जुड़े हमे खुद ही आश्चर्य हो रहा था। अब तक शहर व शहर के बाहर से करीब दस हजार लोगों का रजिस्ट्रेशन हम कर चुके थे हम ये भी अंदाजा लगाना चाहते थे कि कितने लोग आंदोलन की शुरुआत में हमारे साथ होंगे। आज के नए साधन ने हमारे आंदोलन को सक्रियता प्रदान की। इंजीनियरिंग,मैनेजमेंट व छात्र नेता जो अलग-अलग कालेज के थे उन्होने यूपी व अन्य राज्यो के लड़को से संपर्क करके उन्हे लखनऊ पहुँचने का आह्वाहन किया और जिन छात्रो का संपर्क गाँव से था वह सब गाँव-गाँव घूम घूम कर प्रदेश भर में मजदूरो व किसानों को लखनऊ पहुँचने के लिए प्रेरित कर रहे थे। हमें लगभग अगले बीस दिनों तक अथक मेहनत करनी थी। हमारी कोर टीम में करीब पचास लोग थे। सब कमर कस के तैयार हो गये थे। मैंने अगले दिन पवन व सुनीता को दुर्गा काकी के साथ डाक्टर को दिखाने के लिए घर पर छोड़ दिया। सावित्री दादी, बाबा, माँ व निहारिका सभी टीम के साथ अलग-अलग क्षेत्रों की तरफ निकल पड़े। हमारे जाने के बाद पवन गाड़ी से दुर्गा काकी व सुनीता को लेकर पैथोलॉजी सेंटर गया। वहाँ से रिपोर्ट्स लेकर वो लोग डॉक्टर को दिखाने के लिए चले गए। दुर्गा काकी ने रास्ते में रिपोर्ट्स देखी थी और उनके भावो को सुनीता पढ़ नहीं सकी क्योकि दुर्गा काकी समाज सेवा तो बहुत वर्षो से कर रही थी इसलिए लोगों को डॉक्टर को दिखाना व उनका इलाज करवाना उनके जीवन का एक अंग था उन्हे क्या पता था कि उनको भी एक दिन इस तरह दूसरे का सहारा लेना पड़ेगा। रिपोर्ट्स में पैथोलॉजी

के डाक्टर ने कुछ डाउट्स के कारण बोन मैरो टेस्ट को करने के लिए सुझाव दिया था। डाक्टर साहब ने संभवतः टेस्ट रिपोर्ट्स को देखकर गंभीरता से दुर्गा काकी को दिलासा देते हुए कहा घबराने की कोई बात नहीं है। एक टेस्ट और कराना होगा। उसके बाद ट्रीटमेंट शुरू कर देंगे। यह दिलासा देकर डाक्टर ने सिर्फ बुखार की टेबलेट खाने के लिए कहा वह भी जब बुखार चढ़े। वहाँ से वो लोग फिर पैथोलॉजी सेंटर गए और ब्लड का सैंपल देकर घर लौट गये। रात में लौटकर आने पर मैंने दुर्गा काकी का हाल पूछा। सुनीता ने बताया कि काकी का एक टेस्ट और करने के लिए दे दिया है। डाक्टर ने कहा है कि रिपोर्ट्स आने के बाद ही ट्रीटमेंट शुरू करेंगे। मैं रात को करीब दस बजे तक लौटा था। इसलिए थके होने के कारण हम भी हलचाल पूछकर सो गये क्योकि सुबह सात बजे तक मुझे व निहारिका को एडवोकेट ठाकुर से मिलना था। अगले दिन सुबह साढ़े छः बजे जानकीपुरम में एडवोकेट ठाकुर से मिलने निकल पड़े, साथ ही पवन को भी ले लिया था।

दो दिन पश्चात रिपोर्ट्स मिलनी थी और आंदोलन का काम भी जरूरी था इसलिए सभी लोगों के काम पर निकलने के बाद दुर्गा काकी व सुनीता ने आटो लेकर पैथोलॉजी सेंटर जाना उचित समझा। दुर्गा काकी की सुविधा के किए हम लोग कार घर पर छोड़ देते थे जब दुर्गा काकी को डॉक्टर को दिखाने जाना होता था। आंदोलन के कार्य करने में बाधा उत्पन्न हो रही थी इसलिए दुर्गा काकी ने कार के बजाय आटो से ही जाना उचित समझा। पैथोलॉजी सेंटर से रिपोर्ट्स लेकर दुर्गाकाकी व सुनीता डाक्टर की क्लीनिक गए। डाक्टर व दुर्गा काकी चैंबर में अकेले थे सुनीता बाहर बैठी रही। डाक्टर साहब ने दुर्गा काकी को मेडिकल कालेज रिफर कर दिया। दुर्गा काकी निर्विकार भाव से बाहर आयीं। सुनीता ने जानना चाहा कि डॉक्टर ने क्या बताया? तो दुर्गा काकी ने बात को टालते हुए कहा कि कोई खास बात नहीं है सिर्फ स्पेशलाइज ट्रीटमंट के लिए मेडिकल कालेज रिफर कर दिया है एक दो दिन में मेडिकल कालेज में दिखाने के लिए चलेंगे लेकिन ये बात

किसी से मत बताना वरना सभी लोग आंदोलन की तैयारी छोड़-कर मेरी चिंता में बैठ जाएंगे। मैं इस स्थिति में उन लोगों की तैयारी में खलल नहीं डालना चाहती हूँ।

रात में ग्यारह बजे हम सभी लोग लौटे तो दुर्गाकाकी सो चुकी थी। मैंने सुनीता से पूछा कि दुर्गा काकी की रिपोर्ट्स में क्या है? और डाक्टर ने क्या कहा? सुनीता ने बताया - "डाक्टर ने कहा है कि मेडिकल कालेज में ट्रीटमेंट करवाइए वहाँ एक्सपर्ट डाक्टर हैं और इलाज भी ठीक मिल जाएगा।" मैंने फिर पूछा - "लेकिन सुनीता समस्या क्या है?" सुनीता ने कहा - "भईया दुर्गा काकी ने डाक्टर से खुद ही बात की है और सारी रिपोर्ट्स भी उन्ही के पास है आप सुबह उनसे जरूर बात कर लीजिएगा।" ये सारी बातें करके हम सभी ने खाना खाया और सोने की तैयारी करने लगे। निहारिका और मैं काफी देर तक दुर्गा काकी के विषय में बात करते रहे। सावित्री दादी भी दिन में दुर्गा काकी के लिए काफी परेशान लग रही थीं। लेकिन दिन भर की दौड़-भाग में हम सभी लोग चाहकर भी दुर्गा काकी के लिए घर पर रुककर उनकी देखभाल नहीं कर पा रहे थे।

सुबह उठकर करीब सात बजे मैं दुर्गा काकी के पास गया उस समय सावित्री दादी व बाबा उनके पास बैठे बातें कर रहे थे। मैंने कमरे में अंदर पहुँचते ही दुर्गा काकी से नाराज होते हुए कहा - "आपने डाक्टर को कल दिखाया था, उन्होने क्या बताया? आपने सुनीता को कुछ भी नहीं बतायाए रिपोर्ट्स में क्या है? लाइये रिपोर्ट्स दिखाइए। मैं एक ही लाइन में लगातार पूछता चला गया।" काकी ने स्नेहपूर्ण मुस्कान के साथ जबाब दिया - "समर्थ, इतने प्रश्न एक साथ मत पूछो। थोड़ा आराम से बैठो मैं बताती हूँ।" मैंने बैठते हुए कहा - "काकी, आज मैं आपके साथ डाक्टर के पास चलूँगा, देखना चाहता हूँ कि डाक्टर ने वास्तव में कहा क्या है।" दुर्गा काकी ने थोड़ा प्यार भरी नाराजगी दिखते हुए कहा - "समर्थ, मैंने पेपर में पढ़ा है कि विधान सभा का मानसून सेशन पाँच अगस्त से शुरू होना है और तुम्हारे पास अब

केवल एक महीने का समय है। ऐसे समय मे तुम अपना ध्यान संगठन के कामो में न लगा कर मेरे पीछे पड़े हो। मैं तो अपना ट्रीटमेंट करवा ही रही हूँ, डाक्टर ने मेडिकल कालेज रिफर किया है और कहा है कि ब्लड में इन्फैकशन है, तीन महीने ट्रीटमेंट करवाना है और एक हफ्ते में चलने फिरने लायक हो जाऊँगी।" मैंने फिर ज़ोर देकर कहा - "मेडिकल कालेज क्यूँ? डाक्टर साहब ने दवाए नहीं लिखी" काकी ने फिर समझते हुए कहा - "वहाँ पर स्पेशलिस्ट डाक्टर हैं व कुछ टेस्ट भी करने है जो मेडिकल कालेज में सस्ते में हो जाएंगे, इसलिए मैंने सोचा कि मेडिकल कालेज में कल या परसो में दिखा लूँगी"। काफी देर तक बहस चलती रही बीच-बीच में माँ व निहारिका मुझे रोकने की कोशिश करते रहे। अंततः मुझे दुर्गा काकी की इच्छा के आगे मुझे झुकना पड़ा।

हम सभी लोग फिर अपने काम को गति देने के लिए निकल पड़े। अगले दिन पवन व सुनीता को दुर्गा काकी के पास छोड़कर हम लोग चले गए क्योकि दुर्गा काकी को मेडिकल कालेज दिखाने के लिए जाना था। मेडिकल कालेज में दुर्गा काकी के जानने वाले काफी लोग थे कुछ स्वयंसेवी संस्था के लोग जो दुर्गा काकी को जानते थे वहाँ मिल गए। दुर्गा काकी स्वंय सेवी संस्थानो में काफी जानी मानी हस्ती थी। एक घंटे में धीरे- धीरे करीब बीस स्वंय सेवी दुर्गा काकी के इर्द गिर्द इक्कट्ठे हो गए। उनमें से एक स्वंय सेवी ने ओ॰पी॰डी॰ का पर्चा बनवा दिया दुर्गा काकी उन सभी का हालचाल एक-एक करके पूछ रही थीं। उनमें से एक स्वंय सेवी जो उनमें सबसे ज्यादा दुर्गा काकी से बात कर रहा था शायद उसका नाम आदित्य था, ने जिद करके पवन व सुनीता को घर भेज दिया और काकी को घर तक छोड़ने के लिए वादा भी किया। आदित्य दुर्गा काकी को डाक्टर साहब के चैंबर में ले गया वहाँ डाक्टर ने रिपोर्ट्स देखने के बाद जो रिएक्शन दिखाया उससे आदित्य घबरा गया। उसने डाक्टर साहब से पूछा - "क्या हुआ डाक्टर साहब?" डाक्टर साहब ने दुर्गा काकी से पूछा - "माँ जी आप

जानती है कि आप को क्या बीमारी है?" दुर्गा काकी ने चेहरे के भाव बदले बिना हामी भरी - "जी जानती हूँ, मुझे कैंसर है। मैंने रिपोर्ट्स पढ़ ली है और मैं अब ये जानना चाहती हूँ कि कैंसर की कौन सी स्टेज चल रही है? मैं और कितने दिन जियूँगी?" ये बातें जिस सहज ढंग से दुर्गा काकी ने कही उसको देखकर डाक्टर साहब व आदित्य दंग रह गए थे वह दोनों अवाक होकर दुर्गाकाकी की बातें सुन रहे थे। डाक्टर साहब ने सारी रिपोर्ट्स देखने के बाद कैंसर डिपार्टमेन्ट में फोन करके वहाँ से आनकोलाजिस्ट को बुलाया और सारी रिपोर्ट्स को दिखाकर काफी देर तक डिस्कस किया। दुर्गा काकी वहीं पर आदित्य के साथ बाहर बैठी रहीं। डाक्टर साहब सारे पेशेंट देखने के बाद कैंसर विभाग के सीनियर डाक्टर के पास डिस्कशन करने चले गए। शाम चार बजे के आस पास दो डाक्टरों के साथ वह वापस आए। उन्होने दुर्गा काकी को अंदर बुलाया। दुर्गा काकी ने निडर होकर सीधे पूछा - "डाक्टर साहब कितना समय बचा है मेरी जिंदगी का" डाक्टर साहब ने कहा - "माँजी, ज्यादा से ज्यादा दो महीने बचे हैं आपके जीवन को। पी॰जी॰आई॰ में दिखाने से आपकी जिंदगी दो के बजाय चार महीने बढ़ सकती है।" यह सुन कर दुर्गा काकी ने पी॰जी॰आई॰ हास्पिटल के लिए रिफर करने के लिए हामी भर दी।

घर आने पर दुर्गा काकी ने इस बात का जिक्र किसी से नहीं किया कि उनको कैंसर हो गया है और उनके जीवन के मात्र दो महीने ही शेष हैं या शायद उससे भी कम। घर पर दुर्गा काकी ने आदित्य को थोड़ी देर के लिए रोक लिया, साथ ही साथ इस बात के लिए भी मना लिया था कि उनकी बीमारी का जिक्र वह किसी से भी न करे। रात करीब नौ बजे के आस पास सभी लोग वापस आने लगे। अब तो घर के लॉन व आँगन में संगठन के कार्यकर्ता जो बाहर के शहरो से आए थे, ने डेरा डाल रक्खा था। रात को सुनीता व गुड्डी उनके खाने पीने का इंतजाम करतीं और उनकी सेवा में जो बन पड़ता वह जरूर करती। दुर्गा काकी ने आदित्य का परिचय सभी से कराया। सुनीता ने सभी

के लिए चाय बनाई। चाय पीते समय दुर्गा काकी ने सबको एक जगह इकट्ठा होने के लिए कहा। दुर्गा काकी का व्यक्तित्व कितना विशाल था बावजूद इसके वह किसी पर कुछ थोपती नहीं थी। वह सावित्री दादी को दीदी कहकर ही संबोधित करती थी। उन्होने सावित्री दादी की तरफ मुखातिब होते हुए कहा - "दीदी, डाक्टर ने कहा है कि दो महीने में मैं बीमारी से मुक्त हो जाऊँगी और दवा शुरू कर दी है एक हफ्ते रेस्ट करने के बाद मैं आप लोगों के साथ आंदोलन के कार्य में सहयोग दे सकूँगी। हाँ एक बात जरूर है कि हर हफ्ते एक दिन के लिए हास्पिटल में ब्लड टेस्ट के लिए जरूर एडमिट होना पड़ेगा। आदित्य मेरा सारा काम करवा देगा। इसलिए मैं सभी से प्रार्थना करती हूँ कि अपनी सारी ताकत आंदोलन की तैयारी में झोक दें" यह कहते ही उनकी आंखे भर आई और वह मुँह धुलने के लिए बाथरूम की तरफ चली गयीं। इसके पश्चात एक हफ्ते तक मेरी व दुर्गा काकी की मुलाक़ात सिर्फ सुबह चाय के वक्त होती और आंदोलन की प्रगति पर चर्चा होती थी।

हम लोगों को इस बात का अंदाजा भी नहीं था कि उनको क्या हुआ है। दुर्गा काकी ने भी एक हफ्ते के अंदर हम लोगों को प्रेरणा देने के लिए ज्वाइन कर लिया। हम लोग उनकी बीमारी की अनभिज्ञता से दूर एक नए जोश के साथ काम पर लग गए। बाबा, सावित्री दादी, माँ व अन्य सभी जगह-जगह पर सुबह से लेकर शाम तक सभायें करते व भाषण दिये जाते। किसानों, मजदूरों व आम जन सामान्य को कृषि जल व पर्यावरण के संबंध में जानकारी दी जाती। जिससे उनके ज़हन में ये बात बैठे गई कि जो वह आज करेंगे उसका परिणाम उनके बच्चे भविष्य में भुगतेंगे। हम लोगों ने चार-चार लोगों की करीब दो सौ टीमे बनाई थी जो घर-घर जाकर लोगों को पर्यावरण, खेती व जल संबन्धित समस्याओ से होने वाले परिणाम समझाते। उसका असर उन पर किस तरह से रोज़मर्रा की जिंदगी में हो रहा है, उस पर ध्यान आकर्षित करते। जैसे कि घर के नलो में पानी का असमय चले जाना, पर्यावरण के असंतुलन से तापमान का बढ़ना, कही सूखा तो

कही अत्यधिक वर्षा का होना तथा किसानों की बदहाली से किसानों का खेती छोड़कर शहरों की ओर पलायन करने के फलस्वरूप अनाजों की कमी व उनकी कीमत वृद्धि होना इत्यादि। इसी तरह की कवायद रोज होती।

मेरी व निहारिका की शादी हुए कितने दिन ही हुए थे मगर हम दोनों ढंग से एक दिन भी साथ नहीं बिता सके। मैंने निहारिका से एक दिन कहा - "हमारी शादी हुए करीब एक महीने हो चुके हैं,मगर मैं तुम्हें वक्त भी नहीं दे पा रहा हूँ, तुम्हें मुझसे शिकायत भी होगी, तुम्हारे प्रति व्यक्तिगत रूप से भी मेरी जिम्मेदारियाँ हैं, वह भी मैं पूरा नहीं कर रहा हूँ। मुझे इस बात का अफसोस होता है कि मैंने तुम्हारी जिंदगी को खुशहाल न बनाकर ऐसी बदहाली में जीने के लिए मजबूर कर दिया है। तुम एक अच्छी जिंदगी की हकदार थी मगर मैंने तुम्हें ऐसी स्थिति में रखा हुआ है। प्यार की दो बातें करने का टाइम भी नहीं हमारे पास। मैं तुमसे इस बात के लिए माफी मांगता हूँ।" मैं कहते-कहते दुखी हो गया। निहारिका हँसते हुए बोली - "यार तुम इतने संवेदनशील हो गए हो, मुझे सोचकर अच्छा लगता है जब तुम्हें पैसा कमाने का जुनून हो गया था तब मैं तुम्हारी उस सोच से परेशान थी, मैं तुम्हें तब भी चाहती थी और आज ज्यादा चाहती हूँ क्योंकि कि अब तुम्हारे जीवन के मायने बदल गए हैं। तुम्हारा एक लक्ष्य है। तुम लोगों के हितों की बात कर रहे हो तुम समाज व देश के उन तबकों को उठाने के लिए लड़ रहे हो जो पिछले कई सौ सालों से पीढ़ी दर पीढ़ी दुखः-दर्द व गरीबी का दंश झेल रहे है। इसलिए मेरा तुम्हारे प्रति प्यार ही नहीं सम्मान भी बढ़ गया है और रही बात हमारे तुम्हारे प्यार के पल बिताने की तो पूरे दिन हम साथ रहकर काम करते हैं , वही मेरे लिए काफी है, जिंदगी भर साथ - साथ एक ही लक्ष्य के लिए काम करेंगे। शायद ये हमारी ही नहीं समय की मांग है और आज की यंग जेनेरेशन अगर इन समस्याओ को लेकर संवेदनशील न हुई तो भविष्य अंधकार मय हो जाएगा, हमारे जैसे लोग देश के अलग-अलग हिस्सो

में इस तरह के प्रयास करेंगे तभी बात बनेगी। शौक पूरे करने के लिए आगे की जिंदगी पड़ी है, मेरा मानना है कि मेरा तुम्हारा सम्बंध इसके लिए भगवान ने नहीं जोड़ा है कि हम अपने शौक पूरे करें, हमे ऐसे लोगों का साथ मिला है जो हमारे अपने नहीं थे। उनसे कोई खून का रिश्ता भी नहीं है। लेकिन फिर भी सावित्री दादी, बाबा,दुर्गा काकी, पवन, सुनीता और न जाने कितने लोग हमें छोटो का प्यार व बड़ो जैसा सम्मान देते है, इसलिए जिस मकसद के लिए हम आज एक साथ हैं उसके लिए काम करना ही हम दोनों का उद्देश्य है।" हम दोनों ने उस दिन काफी बातें भविष्य की योजना पर की। मन प्रफुल्लित हो गया था, मन में एक जोश भर गया। पत्नी के रूप मे निहारिका जैसी खूबसूरत सीरत व गहरी सोच वाली लड़की को जीवन साथी के रूप में पाकर मैं वास्तव में आज अपने को धन्य महसूस कर रहा था। उसकी इस शानदार सोच का मैं कायल हो गया। अब लग रहा था कि हम एक और एक ग्यारह की तरह काम करेंगे।

रविवार की शाम निहारिका व मैं यूनिवर्सिटी के पास बने नदवा मैदान में गोमती नदी के किनारे जाकर दो घंटे बैठे रहे। मैंने निहारिका का हाथ ऐसे पकड़ा हुआ था जैसे वह मुझे छोड़कर भाग न जाय। मुझे जीवन के हर वह क्षण याद आ रहे थे जब मेरा मनोबल टूटा था। निहारिका ने कितने मौकों पर मेरा साथ दिया था। तब मैं ये समझ नहीं सका था कि वह मेरे प्रति इतना स्नेह रखती है,वह इंजीनियरिंग की पढ़ाई के दौरान भी मेरी केयर करती थी। उस दिन मैंने अरबिन्द से भी बात की और अपनी शादी की खबर भी उसे दी। वह नाराज भी हुआ फिर मज़ाक में बोला कि तुम निहारिका से शादी न करते तो मैं ही कर लेता, यह कहते ही वह हँसने लगा। मैंने उसे लखनऊ आने के लिए कहा। उसने जल्द ही लखनऊ आने का वादा किया। हमनें वहाँ सालो बाद चुरमरे व बर्फ की आइसक्रीम खाई। बस समझो बचपन के दिन याद आ गए। अतीत सोचकर इतना अच्छा लगता जितना की आज के सारे सुख सुविधा में वो खुशी नहीं मिलती। जब भी मुझे सुकून

के क्षण मिलते तब-तब वही कहानी बाबा, दादी,पिताजी, रेणु व गाँव सब याद आ जाते थे।

जहां इस आंदोलन में प्रदेश के अलग-अलग शहरों व गांवों से लोग हमसे जुड़ रहे थे, वही नेता गिरधारीलाल के लोग शहर के अलग-अलग हिस्सों मे हमारे कार्यकर्ताओं को धमकी दे रहे थे। वह उस तरह की हरकत अब नहीं कर रहे थे जो उन्होने मुझ पर हमला करके की थी। क्योंकि हमें अब जनता का भरपूर सपोर्ट मिल रहा था। साथ ही साथ पुलिस व प्रशासन में जो संवेदनशील लोग थे वे भी अप्रत्यक्ष रूप से मदद कर रहे थे। अब एक अप्रत्यक्ष कोल्ड वार आंदोलनकारी व बिल्डर के बीच चल रही थी। मुझ पर जानलेवा हमला हो चुका था इसलिए कोर्ट के आदेश पर मुझे सुरक्षा भी मिली हुई थी। आंदोलन शुरू होने की तारीख से एक हफ्ते पहले ही कोर्ट मे सुनवाई की तारीख लगी थी, हम सभी का ध्यान उस तरफ भी लगा हुआ था। एडवोकेट ठाकुर से इतना ज्यादा सहयोग हमें मिला जिसकी कल्पना भी हम लोंगों ने नहीं की थी,जो भी तथ्य हमें पता चलते हम उसे इकठ्ठा करते जाते और एडवोकेट ठाकुर हमें अपने चैंबर में बुलाने के बजाय हमारे पास ही हमसे मिलने आती थीं। उन्हें हमारे समय की महत्ता का पता था, साथ ही साथ जो नए किसान केस लड़ने के लिए आते, एडवोकेट ठाकुर उन्हें भी वह हमारे पास भेज देतीं। नेता गिरधारीलाल ने वकीलों की टीम दिल्ली से बुलाई जिससे की कोर्ट का स्टे खत्म हो जाय। यानि साम,दाम,दण्ड, भेद सबका इस्तेमाल नेता गिरधारीलाल व प्रशासन में बैठे कुछ लोग लगातार कर रहे थे। हम लोग भी पूरी सतर्कता से अपना काम कर रहे थे।

रोज मर्रा के काम व अगले दिन का एजेंडा हम लोग मोबाइल एप्स पर ग्रुप बनाकर रोज अपडेट कर रहे थे। सभी कार्यकर्ताओं को रोज की कार्यवाही का मैसेज भी उनके मोबाइल पर भेज दिया जाता था। नयी जेनेरेशन के सारे गैजेट्स तैयारी करने के लिए प्रयोग किए जा रहे थे।हमने अभी आंदोलन की तारीख कार्यकर्ताओं को नहीं बताई

थी इसलिए कोई आपाधापी नहीं मची थी। रोज हमारे संगठन के सदस्य कोशिश करते कि प्रिंट या इलेक्ट्रानिक मीडिया से हमारा संदेश प्रदेश से लेकर देश के विभिन्न हिस्सो में फैल जाए। हम अपने संदेश को रोज प्रेस कान्फ्रेंस के जरिये जरूर पेपर को देते थे। हम अपने रास्ते पर बड़ी ही तन्मयता के साथ बढ़ते जा रहे थे। जोश से भरपूर हमारा संगठन हर मुश्किल से लड़ने को तैयार था। दूसरी तरफ प्रशासन तंत्र के अंदर बैठे कुछ लोग जिनका हित पैसा बनाने तक सीमित था। वह हमारे अस्तित्व को समाप्त करने के लिए नई - नई साजिश रच रहे थे।

दुर्गा काकी रोज हमारे साथ ही निकलती थीं। हफ्ते में दो दिन उन्होंने डाक्टर को दिखने के लिए निकाले थे, आदित्य उनको घर से आकर दोनों दिन ले गया और शाम तक घर छोड़ गया। दुर्गा काकी व सावित्री दादी का हाथ हमारे सर पर होने से हम उसे अपने ऊपर भगवान का आशीर्वाद मानते थे। बाबा हिसाब-किताब देखते, कुछ स्टूडेंट उन्हे सहयोग देते थे जैसे कि चंदे का कलेक्शन करना, दिन के खाने का इंतजाम करना व अन्य बहुत से काम। कुछ जगहों पर टेंट लगाए गये जिसमें बाहर से आए किसान व मजदूर रुकते थे। इस तरह मेरी प्रबंधन क्षमता भी बढ़ रही थी। दुर्गा काकी व सावित्री दादी सारे घटनाचक्र पर नजर रखती थीं। रात मे घर लौटने से पहले संगठन के सभी पदाधिकारी एक जगह इकट्ठे होते और दुर्गाकाकी व सावित्री दादी सभी को संबोधित करते और सबका हालचाल पूछते और कोई भी गलत कदम न उठे इसके लिए हिदायत भी देती थीं। हम सभी लोग हंसी, ठिठोली, मस्ती, खुशी व डर के साथ पल-पल उस लक्ष्य की ओर बढ़ रहे थे। जिसकी सफलता के विषय में हम सभी को संशय था और सफलता मिलेगी या नहीं यह भी नहीं पता था।

सरकार अभी तक हमारे आंदोलन को इतनी संजीदा तरीके से नहीं ले रही थी। हमने शांति पूर्ण ढंग से आंदोलन करने की स्वीकृति के लिए प्रशासन को पत्र भी लिख दिया। ए.डी. एम. मि॰ खन्ना दुर्गा काकी को पहले से ही जानते थे इसलिए उन्होंने बहुत ही सौहार्दपूर्ण

माहौल में हमारे इस कदम को बढ़ाने मे सहयोग करने का वादा किया। मि॰ खन्ना पंजाब के एक गाँव से निकल कर आई॰ए॰एस॰ बने थे और उन्हे किसानों की समस्या का भरपूर अंदाजा था। उनका सहयोग हमारे मनोबल को बढ़ाने के लिए काफी थी। उनकी उम्र तकरीबन बत्तीस साल की रही होगी। फिर भी समझ के मामले में परिपक्व थे उन्होने हमसे किसी अप्रिय घटना के होने की संभावना व्यक्त की और यह भी हिदायत दी कि यदि कहीं कोई भी संदिग्ध हमारे खेमे मे नजर आए तो उन्हें सूचित करें। हमारी डिमांड के सारे बिन्दु सिलसिलेवार बनाकर हम लोगों ने मि॰ खन्ना के माध्यम से डी॰एम॰ आफिस तक पहुंचा दिये। डी॰एम॰ साहब ने भी मंत्रालय तक यह चार्टर आफ डिमांड डिस्कस करने का वादा किया।

15

कोर्ट उस दिन खचाखच भरी हुई थी। चार हजार किसान व मजदूर कोर्ट के बाहर मौजूद थे हल्की-हल्की बारिश हो रही थी। लेकिन कोई भी हटने को तैयार नहीं था। सुबह के तकरीबन नौ बजे तक का ये हाल था। अगले एक घण्टे में अलग-अलग स्टूडेंट यूनियन के लोग व कॉलेज के छात्र भी इकट्ठे हो गए थे। ठीक दस बजे एडवोकेट ठाकुर कोर्ट पहुँच गईं। आज दुर्गा काकी ट्रीटमेंट के लिए गयीं थी इसलिए सावित्री दादी ही हमारे साथ थी। पुलिस बल काफी संख्या में कोर्ट के बाहर लगा हुआ था कोर्ट में हमारा केस पांचवे नम्बर पर लगा था। पहले चार केस ग्यारह बजे तक निपट गए थे। बाहर की स्थिति को देखते हुए जज साहब ने आज पूरी बहस कारवाई। तीन घंटे तक बहस चली। कोर्ट का निर्णय हमारे पक्ष में आया। कोर्ट ने साफ-साफ कहा जिन स्थानों पर लोग रहने लगे हैं उनको छोड़कर सभी अंडर कंस्ट्रक्सन बिल्डिंगों को गिरा दिया जाय और सभी कस्टमर को बिल्डर पैसा वापस करें और सरकारी पक्ष को हिदायत दी कि एक महीने के अंदर किसानों की जमीनों के संबंध मे प्लान बनाकर कोर्ट को अवगत कराये। टाउन प्लानिग के सम्बंध मे आर्डर किया कि गाँव के हितो का ध्यान रखते हुए सारे प्लान तैयार किए जायें। शाम चार बजे तक बहस चली, बीच मे दो घंटे तक कोर्ट की कार्यवाही रोकनी पड़ी। क्योंकि कि कुछ कागजात सरकारी पक्ष की तरफ से आने में बिलम्ब हो गया था। ये शगूफा हमेशा सरकारी पक्ष का रहता है कि मी-लार्ड अभी तारीख दे दी जाए, कागज अभी तैयार नहीं है, कागजात दूसरे मंत्रालय से वेरिफ़ाई हो कर लौटे नहीं है। समझ मे नहीं आता कि तीन महीने में

जो काम नहीं हो पाता है उसे कोर्ट की सख़्ती होने पर तीन घंटे मे कर लिया जाता है।

कोर्ट के इस सख्त आर्डर से प्रशासन स्तब्ध हो गया और बिल्डरों के खेमे में खलबली मच गयी। प्रशासन व बिल्डरों का नेक्सेस बिलकुल पानी की तरह साफ हो गया। नेता गिरधारीलाल ने सारे नेताओ, ब्यूरोक्रेट व व्यापारियों को इकट्ठा कर मीटिंग की और सरकार पर दबाब बनाने का प्रयास भी किया। सरकार ने लोवर कोर्ट के फैसले के खिलाफ केस फाइल करने के लिए हाईकोर्ट का रुख किया। आखिर पैसे वालों का दबाव था करोड़ो रुपये का मामला था। अपराधी तत्व तेजी से हरकत में आ गये। ये जंग अब सरकार व प्रशासन के अंदर भी लड़ी जा रही थी। सारे नेता खराब तो होते नहीं हैं, अतः बहुत से प्रतिपक्ष के नेता हमारा नैतिक समर्थन कर रहे थे और प्रशासन के ज़्यादातर प्रशासनिक अधिकारी भी हमारा समर्थन अंदर ही अंदर कर रहे थे क्योंकि उनमे बहुत सारे प्रशासनिक अधिकारी भी गाँव के परिवेश से जुड़े हुए थे। ऐसा कहना गलत होगा कि शहर के लोग किसान के प्रति संवेदनशील नहीं होते। क्योंकि शहर से जुड़े बहुत से प्राइवेट सेक्टर के लोग भी हमारा समर्थन कर रहे थे। अब कोर्ट के फैसले से हमारा मनोबल बढ़ा हुआ था। संगठन को एक नई ताकत मिल गयी थी। हमारा अब पूरा ध्यान इस बात पर केन्द्रित हो गया कि कैसे भी हो सरकार कोर्ट के आर्डर को लागू करे और सरकार किसान व जमीन के संबंध मे एक नीति निर्धारण करे। आंदोलन की शुरुआत के एक दिन पहले जहां हम अपनी तैयारी कर रहे थे। वही विधान सभा के सत्र को विफल करने के लिए नेता गिरधारीलाल की तैयारी चल रही थी। हम हर तरह की चालों को तोड़ने के लिए तैयार थे। नेताजी ने विपक्ष के कई बाहुबली नेताओं को साथ लेकर सरकार पर हमला बोल दिया, सरकार पर उल्टा आरोप लगाया कि सरकार बिल्डरों से मिली हुई है। हमने भी परिस्थितियों को देखते हुए आंदोलन करने की तारीख आंदोलनकारियों के बीच पहुँचा दी। अब लड़ाई आमने सामने की थी।

चार अगस्त की रात थी सभी विधान सभा से पाँच सौ मीटर की दूरी पर टेंट लगाकर बैठे विचार विमर्श कर रहे थे संख्या मे तकरीबन पाँच सौ लोग रहे होंगे। बड़ा ही सुगम माहौल था मौसम ठंडा था। लेकिन मच्छर भिन-भिन कर हम लोगों को जागा रहे थे। शायद उनका भी मानना था कि आंदोलन सफल हो।

दुर्गा काकी को छोड़कर सभी लोग वहाँ मौजूद थे उस दिन दुर्गा काकी मेडिकल एड लेने गयीं थीं। इसलिए उन्हे घर पर ही रहने के लिए मैंने कहा था। गुड्डी को हमने साथ रखा था कि लोगों को चाय वगैरह मिलती रहे। रात के करीब बारह बजे थे, निहारिका व मैं टेंट से बाहर निकल आए थे और धीरे-धीरे टहलते हुए हजरत गंज की तरफ बढ़ गए। हल्की झींसी पढ़ रही थी ट्रैफिक लगभग शांत सा हो गया था। लखनऊ की शामें बहुत गुलजार होती हैं, लेकिन रा़तें शांत रहती हैं। एक्का-दुक्का आटो हर पाँच-सात मिनट मे गुजर जाती थी। रात में चारबाग मे जब कोई ट्रेन आती थी तो उसके पैसेंजर ही आटो से गुजरते थे। रात मे अंधेरा था, मगर हजरतगंज की स्ट्रीट लैम्प से सड़क पर उजाला था। धीरे-धीरे हम लोग साहू पिक्चर हाल के पास पहुँच गए। मैंने निहारिका से कहा - "निहारिका हमारी शादी ऐसे समय में हुई है कि कोई उत्सव नहीं, कोई सजावट नहीं और ना ही कोई कोई संगीत हुआ, साथ बिताने का लिए समय भी नहीं मिल पा रहा है। कल से हम लोग आंदोलन शुरु करेंगे। पता नहीं कितने दिन चलेगा। सरकार झुकेगी या नहीं, पता नहीं। एक अंतहीन शुरुआत हुई है हम सभी के लिए नया अनुभव है मैं उस दिन को याद कर रहा हूँ जब गाँव से माँ पिता जी व रेनु के साथ गाँव से शहर आया था। बाबा व दादी को वो चेहरा याद आ रहा है जो गाँव छोड़ते हुए मष्तिस्क पर छपा हुआ था। मैं सोचता हूँ कि बाबा व दादी की आत्मा आज भी उस घर के आँगन में बैठी मेरा इंतजार कर रही है कि कब मैं वहाँ पहुंचू और वह मेरा चेहरा देखकर मुक्त हो जायें। जैसे हमे समय मिलेगा हम लोग गाँव जरूर जाएंगे। मैं उन सभी अतृप्त आत्माओ का ऋणी हूँ जो मेरे इंतजार मे इस लोक से देवलोक में जाने के लिए भटक रही हैं।"

हम लोग वापस लौटने लगे क्योंकि रात का एक बज गया था। हजरतगंज चौराहे पर पहुंचे ही थे कि एक जीप में करीब चार आदमी सड़क के दूसरी तरफ बैठे थे,मेरा दिमाग उस समय बिजली की गति से चला, शायद वो हमारी घात में बैठे थे। मैंने निहारिका का हाथ पकड़ा तो निहारिका ने कहा - "क्या हुआ?" मैंने कहा - "खतरा है, सामने कुछ अपराधी टाइप के लोग खड़े है, कुछ अनहोनी भी हो सकती है" इतने में सामने से पवन व कुछ छात्र मुझे ढूँढते हुए अपनी तरफ आते हुए दिखाई पड़े। इस समय जीप धीरे-धीरे हमारे तरफ बढ़ने लगी। मैंने खतरे को भाँप लिया। मैं निहारिका का हाथ पकड़ कर दौड़ने लगा, जीप करीब पचास मीटर दूर रही होगी और पवन हमसे सौ मीटर की दूरी पर, एकाएक निहारिका का पैर फैसला और मैं उसको सम्हालने के लिए झुका ही था कि जीप से एक फायर हुआ और गोली मेरे ऊपर से बालों को छूते हुए निकल गयी। निहारिका व मैं जमीन पर गिर गए। निहारिका का माथा फट गया। मुझे हल्की सी खरोच आई। फायर की आवाज सुनकर पवन तेजी से चिल्लाते हुए मेरी तरफ भागा। सारे छात्र व किसान जो पवन के साथ थे वो जीप की तरफ दौड़े। मगर इस तीस सेकेंड की घटना में अनहोनी टल गयी। जीप सवार वहाँ से भाग निकले। सभी ने हम लोगों के चारों तरफ एक घेरा बना लिया। हम लोग तेजी से टेंट की तरफ बढ़ गए। वहाँ पर किसी की गाड़ी में फस्ट ऍड बाक्स था इसलिए हल्की सी पट्टी कर दी गयी। सभी लोग सहम गए थे। सावित्री दादी व बाबा ने निहारिका को अंदर बैठने के लिए हिदायत दी। सभी को यह हिदायत दी गयी कि कोई भी अकेले कहीं नहीं जाएगा। रात में बारी-बारी से बीस लोग जागकर पहरा देते और फिर सोते। सारी रात यह चलता रहा सभी जरूरत से ज्यादा चौकन्ने हो गए। रात में ही ए.डी.एम साहब को फोन करके हमले की घटना की खबर दे दी गयी।

सुबह-सुबह करीब सात बजे हमनें टेंट के बाहर बैनर लगाकर आंदोलन शुरू करने की औपचारिक घोषणा कर दी। हम सभी संगठन

के लोग करीब पाँच सौ के आसपास थे, पैसा कम था, इसलिए बैनर कुछ थे लेकिन दफ्ती की तख्तियां ज्यादा थी। इन तख्तियों को बनाने का काम मैनेजमेंट कालेज व इंजीनियरिंग कालेज के लड़कों ने किया था। काफी मात्रा में पम्फ़लेट छपवाये गए थे जो वहाँ से गुजरने वालों को देने के लिए बनाये गए थे। वहाँ से गुजरने वाले हमारी तरफ कोई तवज्जो नहीं दे रहे थे। शायद यह आंदोलन उनकी नज़र में वैसा ही था जैसे शिक्षक संघ के लोग बैठ कर करते हैं या संविदा कर्मचारी अपनी नौकरी को पक्का करने की मांग के लिए करते हैं। आए दिन शक्तिभवन, जवाहर भवन व विधानसभा के आसपास पचास सौ लोग धरने पर बैठे रहते हैं। नौ बजे के आस पास दुर्गा काकी हम लोगों का हौसला बढ़ाने के लिए आ गयी। आते ही उन्हे जब पता चला कि रात में मेरे ऊपर गोली चली थी तो हमारे ऊपर फायर हो गयीं। तुरंत ही उन्होने मिस्टर खन्ना से बात की और उन्हे तुरंत ही स्थिति का जायजा लेने के लिए बुलाया। हमने कोई माइक नहीं लगा रखा था। इसलिए उन्होंने ज्यादा नहीं बोला बस इतना ही कहा कि ये तो अभी शुरुआत है इसलिए लोगों का ध्यान हमारी ओर नहीं है। लेकिन विधानसभा के इसी सत्र में इस आंदोलन की आवाज गुंजेगी और दिल्ली की संसद तक सुनाई देगी। दुर्गा काकी इसके बाद चुपचाप लेट गयी। शायद वो ज्यादा ही कमजोरी हो गईं थीं।मैंने उनसे कहा "दादी आप इतने दिन से इलाज करवा रहीं हैं लेकिन आप की सेहत ठीक होने की बजाय और बिगड़ती जा रही है"। दादी ने यह कहते हुए मुझे चुप करा दिया कि एंटिबायोटिक दवाओं के कारण मैं ज्यादा कमजोरी हो गई हूँ और कुछ नहीं तुम बेकार में मेरी चिंता मत करो।

दिन चढ़ते-चढ़ते शहर के अलग-अलग क्षेत्रों से किसान व मजदूर इकट्ठे होने लगे। शाम तक पाँच हजार तक की संख्या हो गयी। पुलिस के कुछ जवान वहाँ पर एहतियाद के तौर पर लगाए गए थे। इसलिए पहले दिन शांतिपूर्ण ढंग से हमारा समय निकल गया। दूसरे दिन सुबह से काफी संख्या में लोग मौजूद थे। दूसरे दिन की शुरुआत निहारिका

के भाषण से हुआ और दिन भर की कमान निहारिका के हाथ में रही। जब-जब सड़क पर चलते लोग कौतूहल वश रुककर हमारी तख्तिओं व बैनरों को पढ़ते, कोई न कोई स्टूडेंट उनको आकर्षित करने के लिए छोटा - छोटे भाषण देना शुरू कर देता था। इस तरह हम अपनी बात जन-जन तक पहुँचने की कोशिश करने लगे। रात में कोर ग्रुप के लोग अगले दिन के प्रोग्राम को सेट करते थे किन-किन विषय को संबोधित करना है और कौन-कौन लोग संबोधित करेंगे। इस तरह दूसरा दिन पहले दिन से बेहतर हुआ लोगों की संख्या भी बढ़ी व शाम को पेपर की कवरेज भी मिली।

शनिवार के दिन दुर्गा काकी व सावित्री दादी ने अपने भाषण मे ये अपील की कि छुट्टी के दिन लोग अपने परिवार के संग निकले और दिन भर किसानों के समर्थन मे खड़े होकर उनका हौसला बढ़ायें। उनकी अपील ये भी थी कि अगर उम्र के इस पड़ाव पर बुजुर्ग घर से निकल कर आने वाली पुश्तों के लिए लड़ सकती है तो जवान क्यों नहीं। पेपर के फ्रंट पेज पर आंदोलन स्थल पर बैठे बुजुर्गो की फोटो भी छपी थी। असर भी हुआ, अगले दिन संडे था, काफी संख्या में परिवार के साथ लोग आंदोलन स्थल पर पहुँचने लगे, यह देखकर की शहरी लोग भी इस विषय पर संवेदनशील हैं। बड़ा ही आश्चर्य हुआ व आत्मिक खुशी भी मिली। लोगों ने भी आंदोलन की सफलता के लिए अपनी-अपनी राय भी दी।

सोमवार को शहर के आसपास व दूसरे शहरों से किसानों का जमघट लगना शुरू हो गया। रास्ता जाम होने की स्थिति उत्पन्न होने लगी। ट्रैफ़िक कंट्रोल करने के लिए ट्रैफिक पुलिस की एक टीम वहाँ दिन में लगा दी गयी। मगर शाम तक आफिस छूटने के साथ-साथ भीड़ बढ़ती गयी। शाम छः बजे से रात के दस बजे तक जाम लगा रहा। इस दौरान माइक की व्यवस्था कर ली गयी। एक के बाद एक सम्बोधन से जनता का ध्यान किसानों की तरफ आकर्षित करने में हम लोग सफल हो रहे थे। इस तरह जैसे-जैसे दिन बीतते जा रहे थे, लोगों की

संख्या बढ़ती जा रही थी। प्रशासन ने हम लोगों को आंदोलन खत्म करने की चेतावनी दे दी। एस.डी.एम मि० खन्ना ने 10 अगस्त की रात को आकर मुलाक़ात की। सैद्धांतिक रूप से वो हमारा समर्थन कर रहे थे मगर प्रशासन का भाग होने की वजह से उनकी कुछ मजबूरियाँ थीं। उनकी दुर्गा काकी से बातचीत भी हुई। उन्होने कहा - "काकी इस आंदोलन की वजह से लोगों में जागरूकता तो बढ़ रही है और सरकार का ध्यान इस ओर खीचने में आप लोग सफल हो रहे हैं मगर कुछ नेता व भ्रष्ट अधिकारी लगातार सरकार पर दबाब डाल रहे है कि इस आंदोलन को बातचीत से या फिर रौंद कर खत्म कर दिया जाय। जबकि वरिष्ठ नेता इस पर समाधान का प्रयास करने के लिए प्रेरित कर रहे है, इसके साथ सुबह से रात तक भारी संख्या में लोगों का जमावाड़ा भी समस्या बन रहा है।" दुर्गा काकी ने पूछा - "मिस्टर खन्ना आप क्या चाहते है? कि आंदोलन खत्म कर दिया जाय और वह भी सिर्फ इस वजह से कि कुछ लोगों का हित आड़े आ रहा है, हमे इस बात की चिंता है कि जनता को समस्याओं का सामना करना पड़ रहा। हम ऐसा बिलकुल भी नहीं चाहते, लेकिन सरकार की संवेदनशीलता तो किसानों के प्रति दिख ही नहीं रही है। आज सात दिन हो चुके हैं मगर किसानों की समस्या पर बातचीत के लिए सरकारी पक्ष की तरफ से कोई भी नहीं आ रहा है।" मि० खन्ना ने कहा - "ठीक है, मैं आपकी बात आगे पहुँचने की कोशिश करता हूँ मगर मैं चाहता हूँ कि आप लोग आंदोलन अंबेडकर पार्क में करें। जिससे की समस्या थोड़ी कम हो जाए।" यह कहकर मि० खन्ना वहाँ से चले गए। मि० खन्ना की बात काफी हद तक सही थी। इसलिए रात में ही कोर कमेटी के लोगों की मीटिंग की गयी और निर्णय लिया गया कि यहाँ जनता को ट्रैफिक की समस्या हो रही है तथा हम लोग की संख्या बढ़ रही है। इसलिए आंदोलन को अंबेडकर मैदान में स्थानान्तरित कर दिया जाय।

अगली सुबह करीब सात बज रहे होंगें, जब डी० एम शेखर साहब ने हमारे टेंट में प्रवेश किया। कुछ सुरक्षा गार्ड भी उनके साथ में प्रवेश करने लगे, तो डी० एम० साहब ने उन्हे बाहर ही रोक दिया। हम सभी

खड़े हो गए, डी॰एम॰ श्री शेखर ने दुर्गा काकी की तरफ मुखातिब होते हुए कहा - "दुर्गा काकी, आपसे कुछ बात करनी है। अगर सभी लोग कुछ देर के लिए बाहर चले जाएँ तो उचित होगा।" दुर्गा काकी ने जिज्ञासावश पूछा - "ऐसी क्या बात है जो एकांत में ही हो सकती है?" डी॰एम॰ शेखर ने कहा - "ऐसी कोई खास बात नहीं है यदि आप चाहें तो कुछ लोग अंदर रह सकते है।" उनका प्रस्ताव था कि हम लोग आंदोलन का स्थान बदलकर अंबेडकर मैदान में ले जायें और दूसरा सरकारी स्तर पर आप की मांगो को पहुंचाया जाएगा। सरकार की तरफ से निश्चित रूप से कोई-न-कोई नुमाइंदा आप लोगों से जल्द ही बात करेगा। आप लोग कृपया जनता की सुविधा व असुविधा का ध्यान रक्खें।दुर्गाकाकी व सावित्री दादी ने डी॰एम॰ साहब को इस बात का आश्वासन दिया कि हम लोग आंदोलन यहाँ से स्थानांतरित कर देंगे। डी॰एम॰ मि॰शेखर आसश्वस्त होकर वहाँ से चले गए। 12 अगस्त को सारे कार्यकर्ताओ को निर्देश दिया गया कि वह लोग शाम तक अंबेडकर मैदान पहुंचे, शाम के वक्त प्रेस रिपोर्टर ने हमसे स्थान बदलने का कारण पूछा। प्रेस कान्फ्रेंस को निहारिका व मैं संबोधित कर रहे थे। मैंने जबाब दिया जैसा कि आप सभी लोगों को पता है कि आंदोलन का स्वरूप दिन-पर-दिन बढ़ता जा रहा है और सरकार भी हमसे जनता के हितो को देखते हुए हमसे अपेक्षा कर रही है कि हम लोग आंदोलन का स्थल बदल दें, इसलिए कोर कमेटी का निर्णय था कि हम आंदोलन स्थल को बदल दें, इसलिए हम लोग अब अंबेडकर मैदान में इकट्ठे होगें। पत्रकारो ने कुछ हल्के फुल्के प्रश्न पूछे, मगर एक प्रश्न जिससे मैं तिलमिला गया। लोकल न्यूज पेपर का पत्रकार था उसने पूछा - "मि॰ समर्थ आप कह रहे है कि आपने स्वेक्षा से स्थान बदला है मगर सरकारी महकमो में तो चर्चा है कि प्रशासन से डरकर आपने स्थान बदला है यह कहाँ तक सच है" मैंने कहा—"आप किसी भी एक्शन पर अपना ओपिनियन बनाने के लिए स्वतंत्र है मगर आप पत्रकार लोग इस बात का ध्यान जरूर रखिए कि आप जो भी लिखेंगे उसका असर जनता पर जरूर पड़ेगा और जिस मंशा से इस आंदोलन

का आगाज किया गया है उसकी सफलता आपकी रिपोर्टिंग पर काफी हद तक निर्भर करती है, ऐसा भी नहीं है कि आप सभी पत्रकार लोग शहर की समस्याओं से ही नहीं जुड़ें हैं बल्कि गाँव के प्रति भी आपकी ज़िम्मेदारी है। आपको किसानों की समस्या अपनी समझनी चाहिए, किसानों में आपको माता, पिता, भाई व बहन दिखना चाहिए। आए दिन किसानों पर न्यूज पेपर में लेख छपते हैं उनकी समस्याओ पर लगातार रिपोटरिंग हो रही है तो क्या हम ये माने कि जो कुछ लिखा या दिखाया जाता है वह मात्र और मात्र छलावा है या उसमें कुछ गंभीरता भी है। इसलिए कृपया करके इस आन्दोलन को गंभीरता से ले, इसे फिल्मों की गोशिप न्यूज न बनाए।" यह कहकर मैंने प्रेस कान्फ्रेंस को खत्म कर दी।

16

तेरह अगस्त से सारे कार्यकर्ता अंबेडकर मैदान में इकठ्ठा होना शुरू हो गए। अगले दिन के पेपर में मेरे दिये गए वक्तव्य ने कमाल का रिस्पांस दिया। सोशल मीडिया व वाट्स एप पर मेरा बयान चलने लगा। प्रदेश के सभी क्षेत्रों से लोगों का समर्थन पहले से ज्यादा मिलने लगा। लगभग हर शहर में लोगों ने किसानों के साथ मिलकर छोटे-छोटे स्तर पर आन्दोलन छेड़ दिया। अब लगभग हर रोज लोगों की संख्या लखनऊ में बढ़ने लगी। हर शाम को एक वक्तव्य हमारी तरह से जारी किया जाता जिसका असर बढ़ता जा रहा था। चौदह अगस्त की रात में गिरधारीलाल कुछ गुर्गों व पुलिस के सुरक्षा गार्ड के साथ अंबेडकर मैदान पहुँच गया। आज काफी समय बाद गिरधारीलाल से मेरा सामना हो रहा था। फर्क सिर्फ इतना था कि पहले मैं अकेले कमरे मे इनका सामना कर रहा था और आज मेरे आगे पीछे कई हजार लोगों का समूह खड़ा था। खुले मंच पर गिरधारीलाल ने अकेले में बात करने की गुजारिश की, मगर मैं कोई भी बात पर्दे के पीछे नहीं करना चाहता था। उसने धमकी भरे लहजे में कहा - "समर्थ बाबू, बहुत बड़े नेता न बनो, मुझे अच्छी तरह से जानते हो मैं क्या कर सकता हूँ" इतना सुनना था कि मेरे इर्द गिर्द खड़े बीस स्टूडेंट तुरंत खड़े हो गए। पवन ने मुझे पीछे करते हुये गिरधारीलाल से आँख मिलते हुए कहा - "गिरधारीलाल, भईया को धमकी तो देना मत, आज हम अगर किसानों के लिए जान दे सकते हैं तो जान ले भी सकते हैं, ऐसा न हो कि एक इशारे पर भीड़ में तुम भगदड़ का शिकार हो जाओ।" नेता जी के एक साथी ने देशी पिस्टल निकाल ली। एक स्टूडेंट चिल्लाया - "सभी लोग अपना मोबाइल फोन की वीडियो रिकार्डिंग आन कर लो।

कल तक इसे सोशल साइट पर डाल देंगे।" गिरधारीलाल ने चेले को पिस्टल तुरंत अंदर करने के लिए इशारा किया। मैंने गिरधारीलाल जी से कहा - "नेताजी,आप इतना पैसा तो कमा चुके हैं। मगर अभी भी पेट नहीं भरा है और ये भरने वाला है भी नहीं, कृपा करके दूसरी चीजों में पैसा लगाओ जिससे लोगों को रोजगार मिल सके और समाज में तुम्हारा योगदान बढ़ सके।" मगर नेता का चेहरा बता रहा था कि वह अंदर-ही-अंदर अपमान का घूंट पी रहा था। परिस्थितियाँ विपरीत देख उसने वहाँ से निकल जाना ही बेहतर समझा और बदले की भावना का तमतमाया गुस्सा चेहरे पर लिए वह वहाँ से निकल गया।

शाम की प्रेस कान्फ्रेंस में हमारी टीम ने अलग-अलग दिये इंटरव्यू में नेता जी की धमकी का उल्लेख् जान बुझ कर किया गया। इसका फायदा विरोधी पार्टी ने उठाया और सरकार पर गिरधारीलाल को हमले के लिए प्रोत्साहन देने का आरोप लगाया व उसको तीन दिन तक विधान सभा में विरोधी पार्टियों ने मुद्दा बनाया। सभी विपक्षी पार्टी चाहे वह छोटी हो या बड़ी इस आंदोलन को अपने पक्ष में करने के लिए चारा डाल रही थी। उनका इतना ही कहना था कि आप हमारी पार्टी का झण्डा लगा लीजिये, आप के आंदोलन का सारा खर्चा हमारी पार्टी फंड से मैनेज कराया जाएगा। हम सभी जानते थे कि यदि कोई भी पालिटिकल पार्टी इसमें हिस्सेदारी करेगी तो इसका हश्र उन आंदोलनो की तरह ही होगा जो अतीत मे हो चुके हैं। राजनैतिक पार्टियों का स्वरूप कुछ इस तरह का होता है कि वह कोई भी कार्य करती है उसमें पार्टी को सत्ता तक पहुँचने मे कैसे लाभ मिलेगा, इसी पर सारा फोकस रहता है। हमारा ये मानना नहीं है कि सत्ता पाने के लिए किसान एक मुद्दा नहीं है मगर किसान के लिए राजनीति हो तो किसान को लाभ मिले, मगर आजादी के बाद से पार्टियां इन्हे यूज एंड थ्रो की तरह प्रयोग कर रही हैं। हमारी अब तक की रणनीति सफलता पूर्वक काम कर रही थी। देश के अन्य प्रदेशो में जो आंदोलन सुप्त अवस्था में थे उनमे एक जान उत्पन्न हो गयी, हमारा आंदोलन

उनके लिए उत्प्रेरक का काम कर रहा था। पंद्रह अगस्त को हम लोगों के संगठन ने स्वतन्त्रता दिवस मनाया जैसे और देशवासी मनाते हैं।

आंदोलन की गति दिन दूनी रात चौगुनी बढ़ने लगी। 25 अगस्त को अंबेडकर मैदान में लगभग एक लाख लोगों की उपस्थिति ने मुझे प्रोत्साहित व गौरवान्वित कर दिया। आंदोलन की गूंज विधानसभा से लेकर लोक सभा तक गूंज गयी। केंद्र सरकार ने आंदोलन के संबंध में प्रदेश सरकार से रिपोर्ट तलब कर ली। संगठन की तरफ से सारा आंदोलन शांतिमय तरीके से चलाया जा रहा था। कई अन्य शहरो में छुटपुट झड़प किसानों व पुलिस के बीच होने की खबर सुनाई देने लगी थी। कोर कमेटी ने 30 अगस्त को राष्ट्रव्यापी बंद का आहवाहन किया। सभी वर्ग को इसमें शामिल होने का अनुरोध किया गया। ये हमारा सौभाग्य था कि आन्दोलन का केंद्र लखनऊ को हमने बनाया था। सरकार की तरफ से कृषि मंत्री ने आकर हम लोगों से बातचीत भी की, मगर हमारा मानना था कि सरकार हमारी माँगो को लिखित रुप से स्वीकार्य कर एक पत्र जारी करे। मगर मौखिक स्वीकार्यता वह भी बंद कमरे में कितनी मायने रखती है यह सारा समाज जानता है, वह भी नेताओ से। बातचीत बिना नतीजे के समाप्त हो गयी। हमने कोर्ट ऑर्डर की कापी वाट्स एप, फेसबुक व ट्विटर के जरिये सोशल मीडिया में सरकुलेट करा दी। हर तरफ इस बात की जागरूकता दिख रही थी कि किसानों की जमीन को हथियाकर बड़े लोग क्या कर रहें है इसका खेल इतना गहरा था कि कोई स्कूल के नाम पर जमीन आवंटित करा रहा है तो कोई हास्पिटल व खेल एकादमी के नाम पर और अंततः एक अपार्टमेंट वहाँ खड़ा हो जाता है डेवलपमेंट अथारिटीज पैसा लेकर वहाँ प्रोजेक्ट अप्रूव कर देती है। इस तरह राष्ट्रव्यापी बंद से राष्ट्रवादी आन्दोलन की नींव रख दी गयी थी।

29 अगस्त को दुर्गाकाकी को हास्पिटल जाना था इसलिए 28 अगस्त की रात को दुर्गाकाकी घर चली गयी। मैंने भी उनको घर भेजकर अगले दिन शाम को घर आने का वादा किया। मैं काफी दौड़

भाग कर थक गया था। इसलिए एक दिन का रेस्ट मैं करना चाहता था। 29 अगस्त को दस बजे सुबह मैं घर चला आया। उस समय आदित्य दुर्गा काकी को हास्पिटल ले कर जा चुका था। घर पर पहुँच कर निहारिका और मैंने थोड़ा आराम किया,उसके बाद खाना खा कर थोड़ा घर पर सफाई करने का विचार बनाया और दुर्गा काकी के कमरे से शुरुआत की। जो भी कागजात मेरे हाथ लगते उसे मैं सम्हाल कर एक जगह रखता जा रहा था। इतने में दुर्गा काकी की मेडिकल रिपोर्ट की फ़ाइल मुझे आलमारी के ऊपर रक्खी दिखाई दी, शायद जानबूझ कर सबकी नजर बचा कर रखी गयी थी। उत्सुकतावश मैंने फ़ाइल को पढ़ना शुरू किया। एक के बाद एक टेस्ट रिपोर्ट पढ़ते-पढ़ते मेरे माथे पर बल पड़ते जा रहे थे। मैंने चिल्लाकर निहारिका को आवाज लगाई। निहारिका घबड़ाकर दौड़ी-दौड़ी कमरे मे आई, उसने पूछा - "समर्थ क्या हुआ?" मैं फाइल हाथ में लिए बैठा था। मेरा चेहरा एक झटके मे मुरझा गया था जैसे किसी ने मेरे शरीर से सारा खून सोख लिया हो, ऐसा लग रहा था मानों हजारो जोंक मेरे शरीर से लिपट गए हों। निहारिका के कई बार आवाज देने के बाद भी मेरे मुंह से शब्द नहीं निकल रहे थे। निहारिका ने रिपोर्ट्स मेरे हाथ से ले ली और पढ्ना शुरू किया। वही हाल निहारिका का हुआ जो मेरा हुआ। हम दोनों पंद्रह मिनट तक चुपचाप बैठे रहे। निराशा के बादल चारों तरफ से हम लोगों को घेरे हुए थे। एक क्षण में आंदोलन का सारा जोश ठंडा पड़ गया था। एक महीने से ज्यादा समय हो चुका था काकी को इलाज कराते हुए, मगर एक बार भी इस बात की भनक उन्होने हमें नहीं लगने दी कि उनको कैंसर हो चुका है, कैंसर भी तीसरी स्टेज का, जहां इलाज लगभग न के बराबर हो। मैंने निहारिका से कहा - "दुर्गा काकी ने जो त्याग समाज व हम लोगों के लिए किया है उसकी मिसाल नहीं मिल सकती, उनको शायद यह लग रहा हो कि यदि हम लोगों को पता चला की उनको कैंसर है तो शायद हम अपने काम को रोक देंगे, इसलिए उन्होने इस बात को सबसे छिपाकर रखा है और अपनी जिंदगी की लंबाई को थोड़ा खीचने के किए कीमोथेरेपी ले रही है।

इसके लिए उन्होने आदित्य को चुना है।" निहारिका ने मुझसे दुखी होते हुए कहा - "हमें काकी को आगे की गतिविधियों में जाने से रोकने के कुछ करना होगा। उन्हे आराम की सख्त जरूरत है।" हम दोनों यह बातें करके खुद को संभालने की कोशिश कर रहे थे।लेकिन सम्हाल नहीं पा रहे थे। मैं निहारिका से लिपटकर रोने लगा। हम दोनों ही रो रहे थे। मुझे बड़ी मुश्किल से एक हाथ मिला था जिसका सहारा लेकर आंदोलन की राह पर आगे बढ़ा था। मुझे इतने कम समय में उनसे अपनी माँ की तरह लगाव हो गया था और इस सच को जानने के बाद उनके प्रति मेरा सम्मान इतना बढ़ गया कि मै उसे शब्दों में बयान नहीं कर सकता। वह भी हमें आंदोलन के बीच में इस संसार से छोड़कर जाने की तैयारी कर रही थी। जिसका अनुमान भी हमें अबतक नहीं था।

मैंने निहारिका से तुरंत ही हास्पिटल चलने के लिए कहा। शाम के करीब तीन बज चुके थे। निहारिका ने काकी से फोन पर बात करनी चाहिए तो फोन स्विच आफ आ रहा था। मैंने काफी कोशिश की कि बात हो जाए। आदित्य का नंबर भी हमारे पास नहीं था हमें ऐसा कोई अंदेशा होता तो आदित्य का नंबर हमने लेकर रखा होता। निहारिका व मैंने सारे कोर कमेटी के मेंबर्स को फोन करके हिदायत दे दी कि यदि दुर्गा काकी वहाँ पहुँचे तो उन्हे वही रोककर मुझे खबर करे। इसके बाद निहारिका व मैं मेडिकल कालेज की तरफ भागे। मगर चार बजे जब हम कैंसर विभाग में पहुँचे तो ओ॰पी॰डी॰ बंद हो चुकी थी। फिर हमने कीमोथेरेपी विभाग में जाकर पता किया मगर वहाँ पर काकी का कोई रिकॉर्ड नहीं मिला। पिछले एक महीने का रिकॉर्ड चेक करने पर काकी का कोई भी रिकार्ड नहीं पता चला। मैं घबरा गया कि काकी एक महीने से कहाँ ट्रीटमेंट करा रही हैं?, इस समय कहाँ है? अब हमें घर पर वापस लौटना पड़ा। मैंने सावित्री दादी,बाबा,माँ, पवन व सुनीता को घर बुलवाया। पवन शाम के करीब सात बजे तक सबको लेकर घर आ गया। सभी उत्सुक थे कि आखिर बात क्या है? जो घर पर एकाएक

इकट्ठा होना पड़ा। निहारिका ने दुर्गा काकी की रिपोर्ट्स की बात सबको बताई, सभी अवाक रह गए। सभी सदमे में थे। कोई किसी से आपस में बोलने की हिम्मत भी जुटा नहीं पा रहा था। सावित्री दादी ने अंततः सन्नाटा तोड़ते हुए पूछा - "इस समय दुर्गा कहाँ है।" मैंने कहा - "पता नहीं दादी, काकी का फोन स्विच आफ है। मेडिकल कालेज जाकर पता करके आया हूँ और एक महीने का रिकॉर्ड भी चेक करके आया हूँ मगर उनका वहाँ कोई भी रिकॉर्ड नहीं है। समझ में कुछ भी नहीं आ रहा है।" रात भर हम लोग जागते रहे। दुर्गाकाकी का इंतजार करते रहे। सुबह के करीब पाँच बजे दुर्गा काकी का फोन आया तो मैंने फोन उठाते ही पहली चीज पूछी - "आप कहाँ है? वह इससे पहले कुछ कह पाती, मैंने फिर रुँधे गले से कहा - "काकी, आपने ठीक नहीं किया, आपको सारी बातें हम लोगों को बतानी चाहिए थी।" दुर्गा काकी ने कहा - "समर्थ बेटा क्या बताती कि मुझे क्या हुआ है तुम लोग जैसे आज टूट रहे हो वैसे ही उस समय टूट जाते। जो आंदोलन आज देश कि दिशा बदल रहा है, उस पर असर पड़ता। तुम लोग अपनी शक्ति का उपयोग नहीं कर पाते। चलो मैं दस बजे तक अंबेडकर मैदान पहुँच जाऊँगी।" इसके बाद उन्होंने फोन बंद कर दिया।

हम सभी लोगों ने तुरंत ही अंबेडकर मैदान पहुँचने का फैसला किया। आठ बजे तक हम लोग अंबेडकर मैदान पहुँच गए। सभी की आंखे दुर्गा काकी के इंतजार में पथरा सी गयी थीं। आज बाबा ने मंच सम्हाल लिया था। ऐसा नहीं था कि उन्हे सदमा नहीं लगा था मगर उनकी उम्र में इतना दुख दर्द देखने के बाद सम्हलने की क्षमता उनमें आ गयी थी। इसलिए नौ बजे से लेकर दस बजे तक मंच से उन्होने सम्बोधन किया। काकी के आने से पहले एस॰डी॰एम॰ मि॰ खन्ना मुझसे मिलने के लिए पहले से वहाँ मौजूद थे। मि॰ खन्ना ने मुझसे अकेले में बात करने की गुजारिश की। मि॰ खन्ना ने कहा - "समर्थ अंदर की रिपोर्ट है कि एक दो दिन के अंदर तुम्हारे ऊपर जानलेवा हमला हो सकता है इसलिए आप सावधान रहो और मैं दो हथियार बंद पुलिस

वाले आपके पास छोड़कर जा रहा हूँ। कोई भी अजनबी जिस पर आप को थोड़ा भी शक हो आप लोग मुझे या पुलिस को जरूर फोन करके बता दीजियेगा। मैं दो बजे के आस-पास फिर आऊँगा।" इसके बाद वो चले गए। निहारिका ने मुझसे मि॰ खन्ना के आने का कारण पूछा - "मैने निहारिका को सारी बात बताई, साथ ही साथ बाकी लोगों को कुछ भी बताने से मना कर दिया।" इससे लोगों मे दहशत फैलने का डर था। मगर पवन ने हमारी बातें सुन ली। वह कमरे के अंदर आकर बोला - "भईया, अब आप मेरे बिना कही नहीं जाएंगे। जब भी कही जाना होगा मैं आपके साथ जाऊंगा।"

हम सभी एक तरफ राष्ट्रव्यापी बंद का आहवाहन भी कर रहे थे, दूसरी तरफ दुर्गा काकी की चिंता भी थी, तीसरी तरफ मेरे ऊपर हमले की आशंका भी थी। एक साथ तीन घटनाओं ने मेरे सोचने समझने की शक्ति क्षीण कर दी। मुझे कुछ समझ में नहीं आ रहा था। आंदोलन स्थल के मंच के पीछे एक टेंट में, मैं अकेला बैठा यह सोच रहा था कि स्थिति को किस तरह से नियंत्रित करूँ। शायद कोई रास्ता सूझ जाये।

मंच से कुछ स्टूडेंट व कृषि बैज्ञानिक जो स्वतंत्र रूप से कृषि पर अनुसंधान कर रहे थे, वह लोगों का कृषि के संबंध मे ज्ञान बढ़ा रहे थे। मैंने ही स्टूडेंट से कहकर शहर व बाहर से जितने भी कृषि के अनुसंधान से जुड़े लोग थे उनको यहाँ आमंत्रित किया था। एक-एक करके कई कृषि बैज्ञानिकों नें कृषि से संबन्धित समस्याओं और उसका देश व समाज पर पड़ने वाले असर का उल्लेख् किया व भविष्य के प्रति लोगों को आगाह किया। बातें सारी काम की थी मगर उस वक्त मुझे कुछ समझ मे नहीं आ रहा था। मुझे सिर्फ शब्द सुनाई दे रहे थे कोई भाव समझ में नहीं आ रहा था। मैंने फोन निकाला और दुर्गा काकी को डायल किया। फोन की घंटी जा रही थी मगर फोन उठ नहीं रहा था। मैने फिर से डायल किया मगर फोन कट गया। मैं उठकर टहलने लगा। तभी मुझे दुर्गाकाकी की आवाज सुनाई दी मैं इधर-उधर देखने लगा।

फिर फोन की तरफ देखा। मेरा दिमाग कुछ असंतुलित सा हो गया था। मुझे आवाज सुनाई दे रही थी मगर कोई दिख नहीं रहा था। मुझे एकाएक लगा ये मेरा भ्रम है फिर मैंने कान पर हाथ रख कर अपने कान बंद कर लिये। मैं कान बंद कर सिर नीचे करके बैठ गया। निहारिका बाहर से मुझे आवाज लगा रही थी, मगर मुझे कुछ सुनाई नहीं दे रहा था। निहारिका ने आकर मुझे झकझोर दिया, मैं घबरा कर खड़ा हो गया। मैंने पूछा - "क्या हुआ?" निहारिका ने कहा - "कहाँ खोये हुए हो, काकी आ गयीं हैं और सीधे मंच पर जाकर माइक सम्हाल लिया है, शायद सीधे हमारा सामना करने से बच रही हैं।" मैं सीधे मंच पर पहुँच गया। दुर्गा काकी मंच पर बड़ी तन्मयता से बोलती जा रही थीं। बगल में सावित्री दादी बैठी थीं, मंच पर गद्दे लगे हुए थे, कुछ पर कमेटी के लोग बैठे हुए थे। दुर्गा काकी आज अन्य दिनों से ज्यादा जोश में थीं। उन्होने उस भाषण में जीवन का कोई पहलू नहीं छोड़ा जो किसान के जीवन से जुड़ा न हो। उन्होने अंग्रेज़ो के अत्याचार से लेकर आज तक की सारी घटनाओ का सिलसिलेवार ढंग से उल्लेख किया। किसान की जीवन पद्धति, दिनचर्या व मेहनत को समझाया। इसके बाद किसान को बदले में मिलने वाले मेहनताने, सुविधा को समझने व समझाने पर ज़ोर दिया और किसान की बदहाली के पश्चात मजबूरी में उसके मजदूर बनने की त्रासदी की विस्तार से चर्चा की। उनका एक वाक्य जो बड़ा ही अच्छा लगा कि अगर जीवन के लिये आक्सीजन जरूरी है तो पेट भरने के लिए किसान जरूरी है। सब कामों के बिना चल सकता है मगर खेती के बिना नहीं चल सकता है। उन्होने लगातार दो घंटे का लंबा भाषण दिया। किसान, दुर्गा काकी की जय हो के नारे लगा रहे थे। मैं तो उनके भाषण से ज्यादा उनको ही देख रहा था। एक तरफ उनके जीवन का अंत निकट था, दूसरी तरफ लोगों को जीवन के प्रति सजगता का पाठ सीखा रही थी।

कैसी विडम्बना थी कि मैं कुछ न कर पाने की स्थिति में था। वह बोलते-बोलते थक सी गयी तो सावित्री दादी ने पीछे से उन्हे भाषण

खत्म करने के लिए आवाज लगाई। सावित्री दादी खुद ही उठ खड़ी हुई और मंच उन्होने सम्हाल लिया निहारिका व मैं उनके अगल-बगल बैठ गए।उनका एक हाथ मैंने पकड़ हुआ था दूसरा निहारिका ने। मैं बिना बोले ही आंखो से प्रश्न कर रहा था आखिर क्यों आपने यह सब कुछ हम लोंगों को नहीं बताया। उन्होने दोनों के हाथो को अपनी आंखो के पलकों से लगा लिया। अचानक पता नहीं कहाँ से एक पत्थर मंच पर आ कर गिरा, मैं तेजी से खड़ा हुआ और माइक के पास आकर खड़ा हो गया। मैंने सावित्री दादी को काकी के बगल में बैठा दिया। निहारिका और मैं मैदान में खड़े लोगों को नियंत्रण में रहने का अनुरोध करने लगे। मैंने कहा - "सभी लोगों से अनुरोध है कि शांति बनाये रखें। आप लोगों के बीच में कुछ अवांछित तत्व घुस गयें हैं, कृपया इसका ध्यान रखें और कुछ भी ऐसा पता चले तुरंत कोर कमेटी के मेंबरो को या पुलिस को सूचित करें। पवन को खतरे का आभास हो गया था। वह तेजी से मंच पर चढ़ गया। मैं माइक पर बोलने पर मशगूल था कि ठीक सामने से एक गोल चीज मंच की तरफ किसी ने फिर फेकी, इससे पहले की वह मुझ तक पहुँचती, पवन मुझे लेकर मंच से कूद गया। एक धमाका मंच पर हुआ और मंच पर हाहाकार मच गया। मैं कुछ समझ पाता तब तक पुलिस ने मुझे चारो तरफ से घेर लिया। लोगों ने उस आदमी को पकड़ लिया और पीटने लगे, मैं तेजी से भीड़ की तरफ बढ़ा कि उसको छुड़ा कर पुलिस के हवाले कर दूँ। मि॰ खन्ना उस समय तक वहाँ पहुँच गए थे। उन्होंने उसको पुलिस के हवाले किया और मंच की तरफ बढ़े कि माँ के चीखने की आवाज सुनायी दी। मैं एक अनजानी आशंका से डरते हुए मंच के पास पहुंचा तो देखता हूँ कि सावित्री दादी व दुर्गा काकी का शरीर मंच पर पड़ा हुआ है, शरीर झुलस गया था वह खून तेजी से बह रहा था। मि॰ खन्ना चिल्लाए एंबुलेंस लाओ जल्दी। लोगों ने तेजी से एंबुलेंस को अंदर आने का रास्ता दिया। सावित्री दादी व दुर्गाकाकी को ट्रामा सेंटर ले जाया गया। मि॰ खन्ना ने सभी से शांति बनाए रखने की अपील भी की। मंच पर शांति छा गयी। पूरे मैदान में एक सन्नाटा पसर गया। मीडिया न्यूज़ कवर करने के लिए

इधर-उधर भागने लगी। मैं सभी को वहाँ छोड़कर एंबुलेंस के साथ मेडिकल कालेज के ट्रामा सेंटर चला गया। दादी व काकी दोनों लोग बुरी तरह से झुलस गयी थी। उनको एडमिट कर ट्रीटमेंट देना शुरू कर दिया गया। डी०एम० मि० शेखर भी हास्पिटल पहुँच चुके थे। सरकारी व पुलिस महकमे में हड़कंप मच गया।

शाम होते-होते पुलिस ने उस व्यक्ति से सारा सच उगलवा लिया। रात दस बजे तक नेता गिरधारीलाल को अरेस्ट कर लिया गया। उसके जो साथी पकड़ में आये, उन्हें भी अरेस्ट कर लिया गया, कुछ भाग गए। वो बिल्डर जो इस घटना में शामिल थे, अगले दिन गिरफ्तार कर लिये गए। मुख्य मंत्री ने एक रिटायर्ड जस्टिस की अध्यक्षता में जांच कमेटी बैठा दी और एक हफ्ते में रिपोर्ट देने का आदेश दिया। इधर पूरी रात हम लोग ट्रामा सेंटर पर बैठ कर सावित्री दादी व दुर्गा काकी के होश में आने का इंतजार कर रहे थे। अंबेडकर मैदान में कालेज के स्टूडेंट्स ने पूरी जनता को सम्हाल रखा था। सभी जानने में उत्सुक थे कि सावित्री दादी व दुर्गा काकी कैसी हैं। काफी लड़कों नें थाने को घेर रक्खा था कि गिरधारीलाल उनके हाथ लग जाए तो उसे पीट-पीट कर मार डाले। मगर प्रशासन पूरी मुस्तैदी से लगा हुआ था। स्पेशल कोर्ट में गिरधारीलाल और उसके साथियों की पेशी की गयी और उन्हे जेल भेजने का आदेश दे दिया गया। शाम को ट्रामा सेंटर में डाक्टरों ने बताया कि बम के प्रभाव से शरीर का साठ प्रतिशत से ज्यादा हिस्सा जल गया है। हम अपनी कोशिश कर रहे हैं। उम्मीद है कि कल सुबह तक कुछ प्रोग्रेस हो पायेगी। दो रातों से हम सभी लोग जागे हुए थे। बेंच पर बैठे-बैठे ही हम लोगों को नींद आ गयी। सुबह चार बजे मेरी नींद खुली तो देखा बाबा चुपचाप पेड़ के नीचे चबूतरे पर सिर टिकाकार बैठे हुए थे। मेरी हिम्मत नहीं हो रही थी कि उठ सकूँ। मैंने निहारिका को हिलाकर उठाया और बाबा के पास बैठने के लिए भेज दि या। बाबा के कंधे पर जैसे ही निहारिका ने हाथ रखा,तो बाबा की आँखों से आँसू छलक गए। आज बाबा की ताक़त जबाब दे गयी थी। निहारिका उन्हे सम्हालने की कोशिश करती रही।

सुबह करीब सात बजे नींद खुली तो देखा सावित्री दादी के बच्चे भी वहाँ आ चुके थे। माँ व पवन शायद दादी व काकी को देखने अंदर गए थे। चारों तरफ पुलिस लगी हुई थी। डी॰एम मि॰ शेखर व ए॰ डी॰एम॰ मि॰ खन्ना पहुँच चुके थे। डाक्टर से बातचीत हुई। बर्न यूनिट के सीनियर सर्जन भी वहाँ मौजूद थे। उन्होने बताया कि सावित्री दादी अब खतरे से बाहर हैं , उनका बर्न अंदरूनी नहीं है, एक हफ्ते तक उन्हे बर्न यूनिट में रहना होगा, मगर दुर्गा काकी की हालत काफी खराब है और अभी कुछ कहा नहीं जा सकता है। वैसे उनके करीबी जो भी हैं उन्हे बुला लें। मैंने दुर्गा काकी के देवर को खबर भेजने के लिए पवन को उनके घर भेजा कि डायरी से उनका नंबर ले आए। पवन एक घंटे मे डायरी ले कर आ गया। मैंने फोन पर काकी के देवर को बताया कि उनकी तबीयत खराब है वह आपसे मिलना चाहती हैं। उनके देवर ने कहा - "मै शाम तक पहुँच जाऊंगा।" मुझे लगा शायद उन्होने टीवी की न्यूज देखी थी। मैंने प्रेस के रिपोर्टरस को आंदोलन को स्थगित करने की सूचना दे दी। अंबेडकर मैदान में उपस्थित लोगों को सूचना भिजवा दी कि सावित्री दादी ठीक है और दुर्गा काकी का ट्रीटमेंट चल रहा है सभी लोग वही उपस्थित रहे जैसे आगे की स्थिति साफ होगी वैसे उन्हे सूचित किया जाएगा।

अगले दिन शाम के वक्त करीब चार बजे डाक्टर ने डी॰एम॰ शेखर को सूचित किया कि दुर्गा काकी को होश आ गया है। आप सिर्फ थोड़ी देर के लिए उनसे मिल सकते हैं। डी॰एम॰ शेखर ने दुर्गा काकी से मिलकर उनका स्टेटमेंट लिया। दुर्गा काकी ने निहारिका व समर्थ से मिलने की इच्छा जताई। डी॰एम॰ साहब ने निहारिका व मुझे दुर्गा काकी से मिलने के लिए बुलाया। निहारिका व मैं दुर्गा काकी के पास पहुंचे। दुर्गा काकी की सांस बहुत तेज चल रही थी। मैंने कहा - "काकी, आपने ये क्या किया।" हम लोग अपने आप को कभी माफ नहीं कर पाएगें, आप हम लोगों की खातिर पिछले एक महीने से कष्ट सह रही हैं, आपने अपनी बीमारी के बारे में बताना जरूरी नहीं समझा, अगर

आज आपका खुद का बेटा या बेटी होते तो क्या आप उसे ये बात नहीं बताती, हम लोग कम से कम आपकी सेवा तो कर ही सकते थे। आपको मुंबई ले जाते तो शायद हम आपका ट्रीटमेंट करवा सकते थे। आपके इस तरह के व्यवहार ने हमे पराया कर दिया, हम तो जीते जी मर गये।" निहारिका ने मुझे रोका - "समर्थ, ये क्या कर रहे हो, काकी ने हमे कुछ कहने के लिए बुलाया है और उनकी जगह तुम ही बोलते चले जा रहे हो।" दुर्गाकाकी ने उखड़ती साँसो के साथ कहा - "निहारिका, समर्थ को बोल लेने दो, मुझे पता है कि मेरी बीमारी की खबर से सबसे ज्यादा कष्ट इसे ही हुआ है। लेकिन मैं एक बात स्पष्ट करना चाहती हूँ कि अगर आज मेरे बच्चे जीवित होते तो तुम्हारी ही उम्र के होते, तुम दोनों मेरे बेटी-बेटे हो, तुमको देखकर अब मुझे जीने की इच्छा फिर से पैदा हो गयी थी, जब से तुमसे मैं मिली हूँ तब से हर रोज तुम्हें देखकर मेरा दिन व रात अच्छे से बीते हैं, अपना कहने के नाम पर तुम्ही लोग तो हो। जीना व मरना कोई अपने हाथ में तो है नहीं, मरना तो एक दिन सभी को है तो मेरी भी मौत निश्चित है। अच्छी बात तो ये है कभी भी मेरी मौत कैंसर से हो सकती थी मगर एकाएक इस घटना से ऐसी मौत ने मेरा इस संसार से जाना आसान कर दिया। मेरा शरीर इस समय भले ही कष्ट से कराह रहा है मगर आत्मा मेरी संतुष्ट है, एक ऐसे युद्ध के आगाज में मेरी सांस टूट रही है जिसकी लौ को तुम्हें दिये की तरह जलाए रखना है, मैं तुम दोनों को खुश देखना चाहती हूँ, मेरी मौत जाया नहीं होनी चाहिए, तुम्हारे राह में कोई बाधा ना आए इसलिए मैं चुपचाप दर्द सहती रही। मेरे बच्चों मुझसे वादा करो कि यह आंदोलन तब तक चलता रहना चाहिए जब तक किसानों का उचित हक उन्हे मिल न जाये। अपने हाथ दो मुझे।" हमने अपने हाथ उनकी तरफ बढ़ाए मगर हमारे हाथों को पकड़ने के लिए उनके हाथ उठ न सके। बम के धमाके में उनके हाथ उड गए थे। मैंने रुन्धे गले से कहा - "काकी, आप चुप हो जाइए, हम आपके बताए रास्ते पर ही चलेंगे। मैंने आपके देवर को फोन करके बुला लिया है वह आते ही होंगे।" काकी ने कहा - "मेरे देवर से कहना

मेरे पास समय नहीं है इसलिए मेरी इच्छानुसार मेरी सारी जमीन व मकान का एक ट्रस्ट बना देंगे जिसकी देखभाल तुम करोगे।" उनकी आंखो से दो बूंद छलक कर गालों पर आ गयी, उनकी सांस कुछ और तेज चलने लगी। वह छत पर ऐसे देख रही थी जैसे कोई उन्हे बुला रहा हो। एक बार वह फिर बोली - "मेरे बच्चे, मेरे पति के साथ सामने खड़े हैं, मुझे चलना चाहिए। मैं आती हूँ मेरे बच्चों" वह इतना ही कह पायी थी कि बाहर दरवाजे से किसी ने पुकारा - "भाभी" दुर्गा काकी के अंतिम शब्द उनके मुख से निकले - "मेरा देवर आ गया मगर मैं जा रही हूँ....। "इसके साथ ही उनकी सांस थम गयी। एक पवित्र आत्मा इस संसार को छोड़कर ब्रह्मांड में विलीन हो गयी। मैंने डाक्टर को आवाज लगाई। डाक्टर ने उनकी छाती पर धड़कन सुनने की कोशिश की मगर सब कुछ शांत हो चुका था। काकी का देवर बेड के सिरहाने पर खड़ा अवाक से उनके चेहरे को देखता रह गया। उनके जबान से बस इतने ही शब्द निकले - "भाभी, थोड़ा और इंतजार कर लेतीं।" हम सभी कमरे में फुट-फुट कर रोने लगे माँ, बाबा, पवन व सुनीता सभी के ऊपर से एक पवित्र मनुष्य का साया जो चला गया था।

प्रशासन ने सारे शहर में सुरक्षा बढ़ा दी कि कहीं कोई अनहोनी घटना न घटे। इसके लिए डी॰एम॰ साहब ने मुझे प्रेस के सामने शांति बनाए रखने की अपील करने को कहा। मैंने प्रेस कान्फ्रेंस में पत्रकारों के सामने कहा - "मुझे खेद से कहना पड़ रहा है कि दुर्गा काकी का निधन हो गया है और उनकी अंतिम इच्छा थी कि सभी किसान भाई शांति पूर्ण तरीके से अपना आंदोलन चलाये,कहीं भी हिंसा न हो, इससे उनकी आत्मा को शांति मिलेगी और उनका अंतिम संस्कार गोमती नदी के किनारे कल शाम चार बजे होगा।" मैं अपने आँसू पोछते हुए काकी के कमरे में वापस जाकर बैठ गया। रात में पुलिस प्रशासन की सुरक्षा में काकी का शव घर पर लाया गया। उनके देवर ने काकी के अन्तिम संस्कार की व्यवस्था की। काकी के निधन की खबर तेजी से सारे शहर में फैल गयी। सुबह तक घर पर ना जाने कितने संगठन के

लोग अंतिम दर्शन के लिए आ गए थे। गुड्डी का रो-रो कर बुरा हाल था, ऐसे न जाने कितने परिवार जिनके लिए दुर्गा काकी ने कुछ-न-कुछ किया था, वहाँ पर खड़े होकर भाव भीनी श्रद्धांजलि दे रहे थे। मुझे इस बात का अंदाजा ही नहीं था कि दुर्गा काकी की हस्ती क्या थी। आज न जाने कितने सरकारी अधिकारी, डाक्टर्स व नेता उनके दर्शन के लिए इकट्ठे थे। शाम को जब अंतिम यात्रा शुरू हुई तो पानी काफी तेज बरस रहा था। मगर घाट तक पहुँचते-पहुँचते शहर के हर कोने से लोग पहले से ही वहाँ इकट्ठे हो गए। अंबेडकर मैदान से लेकर घाट तक सारे किसान व कार्यकर्ता सड़क के किनारे खड़े होकर अंतिम दर्शन का इंतजार कर रहे थे। चारों तरफ पानी ही पानी फैला हुआ था ऐसा लग रहा था मानो देवता भी उनकी मृत्यु पर आँसू बहा रहे हों। शाम को सारे रीति-रिवाज से उनका अंतिम संस्कार किया गया। उनके देवर ने उनको मुखाग्नि दी। उस रात मैं व उनके देवर सारी रात उनके शरीर को राख होने तक बैठे रहे। बहुत से लोग रात बारह बजे तक वहीं पर रुके रहे। धीरे-धीरे लोग अपने-अपने गंतव्य स्थानो को चले गए।

अगले दिन जैसा कि दुर्गाकाकी की इच्छा थी, हम लोग रुके नहीं। सभी लोग अंबेडकर मैदान में फिर से इकट्ठे हुए और निर्णय हुआ कि बीस लोगों का डेलीगेशन बने जो इस मुददे पर सरकार से आगे की बात करेगा। डेलिगेशन में कुछ वैज्ञानिक, स्टूडेंट, निहारिका व मै खुद शामिल थे। हमने सरकार को ज्ञापन दिया। डी.एम. साहब की मदद से सरकार से बात चीत हुई। चुंकि दुर्गाकाकी की मौत ने प्रदेश को हिला कर रख दिया था और सरकार के बहुत से विधायक उनकी मौत से आहत भी थे इसलिए उनके दबाव में सरकार ने एक कमीशन गठित किया और रिपोर्ट को एक महीने में प्रस्तुत करने की शर्त रक्खी गयी। इस एक महीने तक हम सभी लोग अम्बेडकर मैदान में डटे रहे। दूसरी तरफ सावित्री दादी की रिकवरी तेजी से हो रही थी। काकी का घर संगठन का कार्यालय बन गया।

सरकार ने किसानों की बेहतरी के लिए जो संस्तुति की थी उस पर हम सभी सहमत थे। अब हमारा काम ये था कि हम जीवन पर्यन्त उसको पूरा करने के लिए संघर्ष करते रहें। मेरा एक काम जो अभी तक पूरा नहीं हुआ था, वह था अपने बाबा और दादी के प्रति खुद से किये गए वादे को निभाना।

इसके बाद मै गाँव की तरफ चल पड़ा।जैसे ही गाँव के करीब ट्रेन धीमी हुई तो मुझे दूर से ही अपना घर नजर आ गया।गाँव में पेड़ पहले से कम हो गए थे।मुझे ऐसा लग रहा था मानो बाबा व दादी घर पर खड़े हैं, स्टेशन से उतर कर हम सभी लोग गाँव पहुंचे। गाँव के घर में ताला टुटा हुआ था, शायद जंक लगी थी। दरवाजे को खोला तो अन्दर चारों तरफ घास ही घास उगी हुई थी मगर एक पेड़ आम का, जो बाबा ने मेरे हाथ से लगवाया था, मेरी ही तरफ जवान हो कर लहलहा रहा था। गाँव में खबर तेजी से फ़ैल गयी कि समर्थ घर लौट आया है।मेरे चाचा का लड़का जो उम्र में २० वर्ष के आस पास रहा होगा, दौड़ता हुआ आया और बताने लगा, मै आपका चचेरा भाई हूँ। सुबह से शाम होने तक में उसने गाँव के लड़को के साथ मिल कर घर साफ़ करवाया। इतने वर्षो की यात्रा में मुझे, आज जो ठहराओ मिला उसको बताना मुश्किल है। माँ तो आत्म विभोर हो गयी, घर के एक-एक कोने में जाकर उसने दीवारों को छु-छु कर देखा, बाबा दादी की खाट,पिताजी की वस्तुएँ व रेनू की एक पुरानी छोटी सी फ्राक। कुछ भी तो नहीं था ऐसा जो बदला हो, सिर्फ मौसम बदले थे, इन्सान नए स्वरूप में आ गया था, कुछ लोग छुट गए थे कुछ नए मिल गए थे। शायद जीवन की यही सच्चाई है और यही गति है जो सदियों से चली आ रही है।

समर्थ, नदीम व आकाश तीनो उठ खड़े हुए सुबह हो चुकी थी। नदीम व आकाश होटल में लौट आये व समर्थ अपने गंतव्य को चला गया। आकाश ने नदीम से कहा - "नदीम, समर्थ की कहानी ने काफी झकझोर दिया है अब तुम ऐसी स्क्रिप्ट लिखो कि फिल्म का अंत एक

मैसेज के साथ ख़त्म हो।" नदीम व मै दोनों ही शाम को बीच पर जाते थे मगर समर्थ फिर कभी वहाँ नहीं दिखा। एक कसक सी छोड़ गया था समर्थ। आकाश ने काफी कोशिश की समर्थ का कुछ पता चल जाये। बची हुई फिल्म की शूटिंग ख़त्म होते-होते दो महीने लग गए। काफी पैसा भी खर्च हो गया था फिल्म का प्रमोशन भी करना था। फिल्म का सब्जेक्ट जब भी किसी को सुनाया जाता तो वह साफ़ कहता कि ये फिल्म चलेगी नहीं बिना मतलब नुकसान होगा मगर दिल से बनायीं इस फिल्म को एक वितरक मिला नाम था अभिषेक शंकर। आखिरकार फिल्म रिलीज हो गयी, पहले हफ्ते में तो फिल्म को कोई खास दर्शक नहीं मिले मगर दूसरे हफ्ते से फिल्म हिट हो गई। बड़े शहरों, छोटे शहरों व कस्बों सभी जगह फिल्म को काफी सराहना मिली। कई राज्य सरकारों ने इसे टैक्स फ्री कर दिया।

राष्ट्रीय फिल्म अवार्ड की घोषणा हुई, मेरी फिल्म को बेस्ट फिल्म व बेस्ट डायरेक्टर का अवार्ड मिला। लीला तो मानो ख़ुशी से पागल हो गयी दिल्ली के अवार्ड सेरेमनी में यशोदा व लीला दोनों पहुंचे। नदीम ने भी बेस्ट स्क्रिप्ट राइटर का अवार्ड इस फिल्म के लिए जीता।जब अवार्ड लेने मै आगे बढ़ा तो लगा हर तरफ समर्थ बैठा है, हर चेहरा मुझे समर्थ जैसा लग रहा था। आज हौसला इतना बुलंद हो गया था मानो सारा संसार आज मुठ्ठी में बंद हो।इसका श्रेय उन सभी लोगों को जाता है जिनका त्याग व बलिदान दिखता नहीं है मगर वह नींव है इस समाज की जो दिखती नहीं है मगर समाज टिका उसी पर है अवार्ड लेकर आकाश के दिमाग में एक और गम्भीर विषय कौंध गया और वह मुस्कुराता हुआ ऊँचे मनोबल के साथ फिर नए समर्थ व नई कहानी की तलाश में हॉल से बाहर निकल पड़ा।

www.ingramcontent.com/pod-product-compliance
Lightning Source LLC
Chambersburg PA
CBHW020650220526
45464CB00001B/367
9781947634749